21世纪中国高校社会工作专业
系列教材

家庭社会工作

Family Social Work

主　编　张翠娥
副主编　孔海娥　钟　华

中国人民大学出版社
· 北京 ·

21世纪中国高校社会工作专业
系列教材编委会

总 序

湖北是我国恢复、重建社会学最早的地区之一，至今已有超过35年的历史。华中工学院（现华中科技大学）在1980年就着手建立社会学学科，尔后武汉大学、华中农业学院（现华中农业大学）、江汉大学、华中师范学院（现华中师范大学）、湖北大学等都相继建立了社会学学科。湖北也是全国最早成立省一级社会学学会的省份之一。1980年年末，在刘绪贻先生、艾玮生先生等老一辈社会学学者的指导和领导下，成立了湖北省社会学学会，之后武汉市也成立了社会学学会。

湖北社会学的发展，多年来一直得到全国社会学界同仁们的大力支持，特别是几代前辈社会学家曾多次亲临湖北指导。费孝通先生领导成立中国社会学会，在1982年来湖北出席了在华中工学院举行的中国社会学会成立大会暨第一次全国年会，并到在华中工学院举办的全国社会学讲习班接见了全体学员，给一百多名学员授课。在20世纪八九十年代，王康先生不仅亲自领导组建了华中工学院的社会学所、社会学系，亲自组织举办了全国社会学讲习班，而且帮助、指导湖北省社会学学会的成立和建设，还多次出席湖北省社会学界的活动。在近十几年间，郑杭生先生亲自指导华中师范大学社会学学科建设、指导和培养学生，并数十次到华中农业大学、华中科技大学、武汉科技大学、武汉大学等高校，为师生授课、举办讲座，为湖北同仁作报告。陆学艺先生曾数次来湖北，为湖北省学术会议以及在湖北举办的全国学术会议作学术报告，到华中农业大学、华中科技大学为师生作报告。前辈社会学家和全国学界同仁对湖北地区社会学发展的鼎力支持，湖北社会学界的同仁们永远不会忘怀！

对于湖北地区社会学的发展，许多前辈先生做出了很大的贡献，有老前辈社会学者刘绪贻、艾玮生，有余荣珮、李守经、刘中荣、齐金堂、于真、水延凯、夏邦新、张勋、罗东山、严武、王福霖、周运清，还有刘崇顺、李振文、冯兰等，现在他们中的很多人已经去世，其他人也年事已高。正是这些前辈先生开创了湖北的社会学事业，领导和组织了湖北社会学界的学术活动，在高校和湖北省社会科学院领导组建了社会学教学、科研实体，并指导、培养、扶持了一批青年学者。湖北社会学界的晚辈同仁们，对前辈先生们的教导、指导和培养，都一直心存敬意和感激！

35年来，湖北社会学界在不断发展中形成和保持了优良的传统：精诚团结、真诚合作、广泛交流、相互学习。这个传统不仅使湖北社会学界的同仁共享了更多的学术资源，同时完成了多次成功的合作，而且获得了共同发展，也使学界的活动越来越兴旺、越来越具有人气。这个传统已经成为推动湖北社会学发展的一个强大动力。

“21世纪中国高校社会工作专业系列教材”的出版，是湖北社会学界同仁的又一次成功合作，各本教材的主编都是华中科技大学、华中农业大学、华中师范大学、武汉大学、武汉理工大学、中南民族大学的教授。这个合作得以实现有三个条件：一是得益于湖北社会学界的优良传统，同仁们之间乐于合作、易于合作。二是社会工作专业在湖北已有相当的发展，一些高校较早建立了社会工作专业，有着十几年的办学历史。目前，湖北已有十几个本、专科社会工作专业，八个社会工作硕士专业学位点，形成了一百多人的专业教师队伍。三是得到了中国人民大学出版社的支持和信任，特别是编辑宋义平的精心策划和组织工作。

这套“21世纪中国高校社会工作专业系列教材”约二十本，涵盖了社会工作专业的核心课程，还有一些选修课程，特别是有残障人社会工作、学校社会工作、医疗社会工作、农村社会工作这些比较“新”的课程。对于社会工作专业教学而言，这套教材不仅课程的覆盖面更广泛、更全面，而且显示了我国社会工作专业教育的发展水平，也显示了湖北地区社会工作专业发展方向的一些特点。

这套教材的主编和作者们都是实际承担社会工作专业教学的教师，而且大都积累有十余年的教学体会、经验，特别是有多次指导、督导学生专业实习的经验，许多人还有创办社会工作服务机构、完成专业社会服务项目的经历和经验，他们不仅是社会工作的教学者，也是社会工作专业社会服务的实践者和带领者，至少可以说是目前我国“比较成熟”的社会工作专业教师。这些教师编撰的教材，已不再是仅有社会工作理论和方法的一些概念，而是融入了他们专业教学、专业社会服务实践的经验和成果。因此，这套教材的特点在于：更具有社会工作的实务性、应用性，更具有社会工作理念、价值观的社会实践性。同时，大部分教材中都安排有“案例”、“批判性思考问题”、“知识窗”等栏目，这在引导学生课外阅读、思考社会服务实践中的问题、拓展知识面及培养社会学想象力等方面，都能起到很好的作用。我相信这套教材会对社会工作专业的教学大有裨益。

在这套教材的编撰者中，大概只有我本人不那么专业，组织大家共同编写这套教材，只是我乐意为同仁们之间的合作做点事情，特别是乐意为社会工作专业的发展做点事情，而且我在负责华中科技大学社会学系建立、建设社会工作专业的十几年间也积累了一些经验，更是信任同仁们之间的乐于合作、易于合作。

雷 洪

2016年1月1日于喻家山

前 言

家庭是社会的细胞，家庭的发展变化折射着社会的变迁。作为社会工作的重要领域，家庭一直受到社会工作者的高度重视。本书的三位作者都长期关注性别与家庭问题，并从事与家庭相关的教学、研究和社会服务。因而本书既是在吸纳前人研究实践基础上对当前中国家庭社会工作研究与实务的成果的整合，也是三位作者自身对相关家庭问题教学、研究与社会服务经验的提炼。

本书分为三篇，共十章。第一篇为总论，共三章，主要介绍家庭社会工作的内涵与基本内容、家庭社会工作的理论基础以及家庭社会工作的主要方法。第二篇为过程，共两章，从实施过程的角度对家庭社会工作的基本程序与方法技巧进行了介绍。第三篇为专题，共五章，分别探讨了夫妻关系、亲子关系、单亲家庭、空巢家庭、家庭暴力的社会工作介入方法与技巧。

本书的三位作者在写作中的大致分工如下：张翠娥负责第一章、第二章、第三章及第六章的撰写（华中农业大学社会学系研究生李伟、陈春云和李跃梅协助进行了资料的收集和整理，在此表示感谢）；孔海娥负责第七章、第八章、第九章与第十章的撰写；钟华负责第四章、第五章的撰写。本书最后由张翠娥进行全书的修改和统稿。

任何新生事物的成长，都需要经历时间的洗礼。尽管本书还有很多不成熟的地方，但我们依然殷切地将它捧出，期望与同行者分享。我们期待，本书能成为家庭社会工作这棵幼苗成长中一滴小小的雨珠，滋润和促进它的茁壮成长。

张翠娥　孔海娥　钟　华

2015年4月28日

目　录

第一篇　总论

第二篇　过程

第三篇 专题

第一篇

总论

总论部分是全书的基础，共分为三章。第一章“家庭社会工作概述”旨在回答什么是家庭社会工作。第二章“家庭社会工作的理论基础”重在家庭社会工作的具体理论，归纳和概括了家庭系统理论、家庭压力理论、家庭发展理论、女性主义理论等四种理论的核心概念和基本观点。第三章“家庭社会工作的主要方法”在介绍如何在家庭中整合运用社会工作方法的基础上，重点讲解了家庭治疗的方法与技巧。

第一章
家庭社会工作概述

【本章要点】

- 家庭社会工作即社会工作者运用社会工作的理论与方法，以家庭为中心，以促进家庭发展为目的，将家庭视为一个整体并顾及家庭中每一个成员的需求而提供的家庭服务。
- 家庭社会工作的特征在于：从家庭整体角度认识问题，以家庭为本解决问题，以家庭整体发展为目的，以案主家庭为基础开展工作。

【基本概念】

家庭 ◇ 家庭社会工作 ◇ 家庭治疗 ◇ 家庭服务

家庭社会工作是最早的社会工作实务，也是当前最为重要的社会工作分支与领域之一。本章阐述了家庭社会工作的内涵和特征，介绍了家庭社会工作的发展历史和主要内容。

第一节 家庭社会工作的内涵与特征

家庭是社会的细胞。家庭社会工作是社会工作理论与方法在家庭领域的运用。理解家庭社会工作的内涵和特征必须从了解什么是家庭开始，家庭的定义决定着哪些人应该被纳入家庭社会工作中。

一、什么是家庭

（一）家庭的内涵

作为人类社会中最古老、最普遍的组织形式，家庭（family）是一个具有丰富内涵的概念。在不同的历史阶段与社会文化中，家庭的含义不同。狭义的家庭指一夫一妻制构成的单元；广义的家庭则涵括人类进化的不同阶段上的各种家庭利益集团即家族。从社会设置视角来看，家庭是最基本的社会设置之一，是人类最基本最重要的一种制度和群体形式；从功能来看，家庭涵括了儿童社会化、老人赡养、性满足、经济合作等功能，是人类亲密关系的基本单位；从关系角度来看，家庭是由具有婚姻、血缘和收养关系的人们长期组成的共同群体。综上，家庭是以婚姻、血缘（包括拟制血缘）关系为纽带联结起来共同生活的社会群体。

在认识家庭概念时，首先必须明确，它与日常生活中所指的家（home）是不同的，家更侧重于居住地和居住场所，而家庭概念侧重于家庭的成员，指的是具有实际功能的确切的生活单位。其次，家庭与户（household）的概念也是不同的。户通常是从户口登记的意义上说的，一般指居住在同一单元房屋的人们。

在把握家庭的内涵时要注意理解和掌握家庭的本质。首先，家庭是自然关系和社会关系的统一体。家庭建立在血缘关系和姻缘关系的基础上，无论是血缘关系和姻缘关系，都既是一种自然关系，也是一种社会关系。因而家庭既具有自然属性，也具有社会属性，是自然关系与社会关系的统一体。其次，家庭是一个历史范畴。作为人类生活的一种组织形式，家庭不是从来就有的，也不是一成不变的，它是人类社会发展到一定阶段的产物。因此，家庭不断随着社会的发展变迁而变化，具有历史性。再次，家庭是一个最典型的初级社会群体。家庭是社会的细胞，它满足了家庭成员的多种需要，家庭成员之间有着持续和稳定的互动，他们对家庭投入了自己的全面个性和丰富的情感。最后，家庭是一种最普遍的社会制度。从横向看，家庭普遍地存在于一切民族、国家和社会。从纵向看，家庭是最古老、最原始的制度之一，存在于人类社会的各个历史阶段。

在认识家庭概念时，要了解家庭的多元化。事实上，对家庭进行界定是非常复杂和困难的。家庭的界定与其所处的社会历史文化紧密相关。在不同的历史阶段，在不同的国家和民族，人们对家庭的认识是不同的。尤其是在家庭社会工作实务中，“家庭是什么”常常是让家庭社会工作者非常困扰的一个现实问题。家庭既可以包括传统意义上的双亲家庭、单亲家庭、继父母家庭、收养家庭，也可以包括丁克家庭、同性恋家庭，甚至还可以包括那些非亲属关系、非法律认可，也不一定居住在一起，只是分享生活的人。因此，建立家庭的两位成人不一定是异性（如同性恋家庭），不一定住在同一地方（如通勤夫妻即两地分居夫妻），不一定有性关系，也不一定有爱情。家庭中可以没有父母（如父母双亡，由兄弟姐妹组成的家庭），可以没有子女（如丁克家庭），也可以没有兄弟姐妹，有子女和兄弟姐妹也不一定有血缘关系。家庭社会工作者必须在理解、接受和尊重家庭这些多元化特性的基础上把握家庭的本质。

你怎么看

家庭的多元化对社会工作者有什么影响？

（二）家庭结构

家庭结构（family structure）指家庭的构成情况，即家庭中成员构成及其相互影响、相互作用的状态，以及基于家庭成员的不同配合和组织关系所形成的联系模式。[①]

对家庭结构的考察主要有三个视角：第一，家庭的人口组成状况；第二，维持家庭运转和家庭稳定的机制；第三，家庭成员在日常交往中所形成的稳定的关系模式。[②] 从不同的视角出发，家庭结构的主要分类方法如下：

（1）依据家庭的规模，分为大家庭和小家庭。

（2）依据家庭中配偶的人数，分为多夫多妻制家庭、一夫多妻制家庭、一妻多夫制家庭与一夫一妻制家庭。

（3）依据参与和决定家庭事务的权力，分为父权家庭、母权家庭、舅权家庭与平权家庭。

（4）依据家庭传袭规则，分为母系家庭、父系家庭、平系家庭（男女两系平等计算或者任何一系都可以）和双系家庭（同时属于父族和母族）。

（5）依据家庭成员居住地，分为从妻居家庭、从夫居家庭与单居制家庭。

（6）依据家庭的代际层次和与亲属的关系，分为核心家庭（即由父母和未婚子女所组成的家庭）、主干家庭（即由父母与一对已婚子女所组成的家庭）、联合家庭（即由父母和两对或两对以上已婚子女所组成的家庭，或者是兄弟姐妹婚后不分家的家庭）、其他家庭（以上三种类型以外的家庭）。

（三）家庭功能

家庭功能指家庭在人类生活和社会发展上所具有的功能与效用。

萨提亚（Satir）指出，家庭具有以下七种功能：（1）为配偶提供异性恋的性经验。（2）借由生产和养育孩童，促进种族延续。（3）依据性别、便利性和先决条件将成年人分工，实施经济协作。（4）维护界限（乱伦禁忌），以利于事务顺利进行并维持稳定的关系。（5）通过教导与沟通、情绪表现、环境适应、角色等方式将文化传递给孩童。（6）当家中一员已届成年时，给予认可。（7）由子女提供父母晚年照顾。[③]

> **你怎么看**
>
> 家庭的这些功能有哪些已经过时？哪些已经变化？发生了什么变化？

二、家庭社会工作的内涵

家庭社会工作常被翻译为 family social work，但事实上国外对家庭社会工作

① 参见邓伟志、徐新：《家庭社会学导论》，42 页，上海，上海大学出版社，2006。

② 参见张文霞、朱冬亮：《家庭社会工作》，17～23 页，北京，社会科学文献出版社，2005。

③ 参见［美］Donald Collins 等：《家庭社会工作》，2 版，11 页，台北，洪叶文化事业有限公司，2009。

的英文表述是多元化的。据《美国社会工作百科全书》，常用的名词主要有 family treatment（家庭处置）、family practice（家庭实务）、family-centered practice（家庭中心实务）、family centered social work practice（家庭中心社会工作实务）、family service（家庭服务）等。[①]

家庭社会工作的内涵可以从两个方面来认识，一方面，指以家庭为服务对象的社会工作的一个实务领域；另一方面，当将社会工作视为一个学科时，家庭社会工作可视为将社会工作的理论与方法运用于家庭这一实务领域所形成的社会工作的一个分支学科。

既有的对于家庭社会工作的定义多是从其作为一个实务领域来展开的。对于这一实务领域，学者们在界定时的分歧主要表现在：第一，家庭社会工作的服务对象主要是被问题困扰的家庭，还是所有家庭；第二，家庭社会工作的提供者仅限于社会工作者，还是包括非专业的家庭服务管理人员；第三，家庭社会工作的服务内容仅限于家庭心理辅导咨询，还是包括各种家庭服务。

较为典型的家庭社会工作定义主要有：

《中国社会工作百科全书》指出："家庭社会工作是为帮助解决家庭问题、增进家庭福利、更好地实现家庭功能而进行的社会工作，特指以协助整个家庭为主旨的社会工作。"[②]

中国台湾学者周月清认为："凡是以社会工作方法或理论，并以家庭为中心（family-centered）及维护家庭的完整，视家庭为一个整体（wholeness）及顾及家庭中每一个成员的需求，提供各项家庭服务，以从事各项问题之解决，问题解决的过程，包括对整体家庭及各家庭成员两者的需要（wants）从事评量（assessment）、介入（intervention）及评估等，即为家庭社会工作。"[③]

本书认为，家庭社会工作即社会工作者运用社会工作的理论与方法，以家庭为中心，以促进家庭发展为目的，将家庭视为一个整体并顾及家庭中每一个成员的需求而提供的家庭服务。

理解家庭社会工作的概念，要注意把握以下几点：第一，家庭社会工作的对象：家庭。家庭社会工作虽然常常从发现个人问题开始，在解决问题时亦关注个人，但它是以整个家庭为服务对象的，这是家庭社会工作与企业社会工作、儿童社会工作等社会工作领域存在的明显差异。第二，家庭社会工作的提供者：社会工作者。并非任何人都可以开展家庭社会工作，家庭社会工作是由掌握社会工作理论与方法的社会工作者开展的。家庭社会工作者的角色主要包括支持者、教育者、使能者、咨询者、协调者、动员者、倡导者等。第三，家庭社会工作的目的：支持与强化家庭功能，促进整个家庭的发展。

---

① 参见周月清：《家庭社会工作：理论与方法》，39 页，台北，五南图书出版公司，2001。

② 转引自朱东武、朱眉华主编：《家庭社会工作》，23 页，北京，高等教育出版社，2011。

③ 周月清：《家庭社会工作：理论与方法》，42 页，台北，五南图书出版公司，2001。

【知识窗】 家庭社会工作者的基本信念

柯林斯（D. Collins）等[①]指出，家庭社会工作者需要奉行以下基本信念：（1）家庭渴望健康。（2）家庭希望能聚在一起并克服彼此差异。（3）为了维持满意关系和养育子女，家长需要获得了解和支持以面对挑战。（4）如果父母有机会获得支持、知识和技能，就能够学习正向且有效的回应子女方式。（5）父母需求必须先获得满足，才能有效且正向回应其子女的需求。（6）每个家庭成员都需要爱的滋养。（7）不论性别、年龄，家庭成员都应该彼此尊重。（8）孩童的情绪和行为困难应该放在家庭和更大的社会环境脉络中看待。（9）所有人都需要家庭。（10）大多数家庭困难不是一夜之间出现，而是经年累月形成的。（11）教养的想法和行动是两回事。（12）当个“完美”父母不同于当个“称职”父母。（13）家庭需要环境系统的公正和平等对待。

在认识家庭社会工作的内涵时，要注意认识和区分家庭社会工作与相关、相近概念的关系。

首先，要正确认识家庭社会工作与家庭治疗（family therapy）之间的关系。家庭社会工作与家庭治疗的差异主要表现在五个方面：第一，渊源不同。家庭社会工作的历史早于家庭治疗。第二，聚焦点不同。家庭治疗主要关注家庭的抽象模式、关系结构与家庭功能，而家庭社会工作的关注范围比较广泛，强调个人与社会系统多层面的复杂互动关系。第三，价值理念不同。家庭治疗更为注重家庭系统的服务理念，强调家庭系统。而家庭社会工作更强调“人在情境中”的服务理念，注重家庭所处的自然生活场景。第四，专业关系不同。家庭社会工作要求社会工作者与受助家庭建立良好的合作关系，以便深入到其自然生活场景中开展工作，但家庭治疗并不强调良好的合作关系。第五，工作场所不同。家庭社会工作虽然也会在办公室进行家庭面谈，但主要以案主家庭和社区为基础，在日常活动和家庭生活的自然社会环境中进行，而家庭治疗一般在办公室进行。家庭社会工作与家庭治疗之间也存在着紧密的联系。一是共同关注家庭领域；二是两者的服务模式互为借鉴，相互影响；三是工作人员之间联系紧密，相互交流频繁，互相影响和转换。一些家庭可能最初求助于家庭社会工作，但其可能会被转介到家庭治疗，而一些家庭可能在家庭治疗过程中或治疗后接受家庭社会工作服务。

其次，要注意家庭社会工作与家庭服务（family service）之间的区别和联系。一般认为，家庭服务是对家庭所提供的各种服务的总称，包括家庭教育、婚姻咨询与治疗、家庭咨询等。家庭社会工作与家庭服务的区别在于家庭社会工作强调社会工作的理论指导和介入方法，而家庭服务则可以涵括各种方式方法。

---

① 参见［美］Donald Collins等：《家庭社会工作》，2版，23～26页，台北，洪叶文化事业有限公司，2009。

三、家庭社会工作的特征

与一般社会工作或儿童社会工作、医疗社会工作等不同领域的社会工作相比，家庭社会工作具有以下典型特征。

（一）从家庭整体角度认识问题

尽管家庭社会学常常是从个人发现问题，但其之所以称为家庭社会工作，是因为这些个人的问题并不是他们个人的问题，而常常是整个家庭的问题。

因为个人有了困难，因此难以履行其作为一个家庭成员应该扮演的角色，由此协助家庭重建的任务和重要性远远超出对个别家庭成员困难的帮助，如失业的父亲或重病的母亲，遭受影响的不只是个人，而是整个家庭；同时，当个别成员有了问题时，其原因可能来自非功能性的家庭，如一个离家逃学的青少年，可能是非功能性家庭的受害者，因此家庭社会工作者要处理的不只是青少年个人的问题，而是需要介入到整个家庭。

（二）以家庭为本（家庭中心）解决问题

家庭社会工作并非只是单一地帮助家庭中个别的成员，或解决个别成员的困难，而是因个别成员问题的发现介入到家庭，问题的解决以整体家庭为对象，即家庭中的所有成员都是社会工作者服务的对象。家庭社会工作不仅从家庭整体来观察、理解家庭中有问题的成员，而且认为家庭成员的问题通常意味着家庭本身有问题，因此注重将整个家庭作为介入对象，改善和增强家庭的整体功能。

（三）以家庭整体发展为目的

家庭社会工作以促进家庭的整体发展为目的。家庭社会工作建立在这样一种价值上，即家庭是一个整体，家庭有权也应该获得协助，从而获得更好的发展。家庭社会工作的最终目的是通过社会工作服务，提升家庭的功能，增强家庭的应变能力，促进家庭生活有序运转。

【知识窗】 家庭社会工作的目标

家庭社会工作的目标主要有：(1) 帮助家庭成员更有效地管理其日常生活及互动，以减少压力和提升家庭的和谐度。(2) 帮助家庭学习更有效地解决问题的技巧，以减少危机的发生，并更有能力去应对不可避免的危机。(3) 帮助家长学习和改进教育孩子的方法和技巧，以适应孩子成长过程及个性化的需要，改善和促进亲子关系的良性互动。(4) 帮助家庭成员学习有效地解决冲突的技巧，支持家庭以一种建设性和促进成长的姿态来应对那些不可避免的压力和争议。(5) 帮助家庭成员进行有效的沟通，直接、真诚和清楚地表达自己的需求和渴望，或者失望和痛苦，避免破坏性的家庭互动，建立正向的、具有建设性的家庭沟通模式。(6) 帮助家庭建立起个人、家庭与社区的网络联结，提升解决问题的自助和互助能力，使家庭在承受困难和压力时能得到相应的社会资源。(7) 帮助家庭赏识每个成员的潜能和独特价值，从而为其成长和发展拓展更大的空间和机会。①

(四) 以案主家庭为基础开展工作

家庭社会工作注重以案主家庭和社区为基础。以案主家庭为基础来展开社会工作能够促进家庭社会工作者对家庭日常运作的熟悉，并且有助于提供当场且具体的协助。家庭常常是问题发生所在，这也使其成为寻找问题和实施解决个案的合适所在。这种方式在家庭发生危机时尤其有用。以办公室为基础的家庭治疗在事后处理家庭问题时，很多日常家庭事件不容易在办公室中重演一次。而在问题发生的时间地点，家庭社会工作者可以更好地重现问题和解决问题。

【知识窗】 家庭研究的有关学科

学科	观点解释
人类学	变迁社会中的家庭；跨文化研究；进化论；亲族关系
生物学	人类的成长；遗传学、怀孕和生育
婴儿成长学	婴儿成长；学习；个性形成
咨询	家庭治疗；人际关系；职业向导
人口统计学	婚姻；生育；离婚率；变化模型
经济学	家庭财务；消费者行为；生活标准
教育学	家庭生活；婚姻准备；孩子发展；性教育
英语语言学	文学；诗歌；小说和大众媒介中的家庭
老年学	老年家庭生活；世代继替谱系；亲属赡养制度
历史学	家庭起源；发展趋势和历史上的各种家庭典型
家庭经济学	住房；营养；生态环境；孩子的发展
法律学	结婚；离婚；虐待；收养；福利；儿童保护
心理学	人际关系；学习；人类的心理发展
大众健康学	性病；母亲和婴儿保护；预防药
宗教学	道德、婚姻誓约；爱；性；宗教训练
社会工作	家庭；孩子；母亲和老年人帮助
社会学	家庭制度；人际关系；社会变迁

资料来源：［美］J·罗斯·埃什尔曼：《家庭导论》，39～40页，北京，中国社会科学出版社，1991。

① 朱眉华：《家庭社会工作实务》，见中国社会工作协会组编：《中国社会工作发展报告（1988～2008)》，147页，北京，社会科学文献出版社，2009。

第二节 家庭社会工作的发展

家庭社会工作起源于西方，其产生与发展的历史几乎与社会工作的历史相当。作为一个舶来品，中国家庭社会工作的发展较迟，目前还处于发展初期，专业化家庭社会工作还在探索形成中。

一、国外家庭社会工作的发展

欧美家庭社会工作起源于慈善机构面向贫困家庭开展的救济与服务。1663年，法国成立了慈善女儿社，以访问贫民家庭、改善贫民生活为宗旨。1869年，英国在伦敦成立慈善组织会社，聘用志愿工作者为家庭成员提供个人服务。德国于1919年在柏林成立婚姻及性问题咨询中心。20世纪初，许多国家相继成立了专门的家庭福利机构，并有专业人员从事家庭社会工作。家庭社会工作开始走向专业化。以下主要以美国的家庭社会工作发展为例进行介绍。

美国的家庭社会工作起源于家庭服务，早期的家庭服务限于地方政府对贫困家庭、疾病家庭、老年家庭和失业家庭的经济援助。1877年，美国在纽约水牛城成立慈善事业组织会社（Charitable Organization Clubs)，除提供早期的经济援助外，也从事家庭友善访问和提供个案服务工作。1911年，美国各地相同类型的服务组织成立了联合会，后正式命名为“美国家庭服务协会”（Family Service Association of America)。1929年，美国成立了比较专业的纽约社区教会的婚姻咨询中心（Marriage Counseling Center of the Community Church of New York)，开始了较为专业的家庭社会工作。1930年，美国家庭关系协会（American Institute of Family Relations）创立，后扩大并改称“美国婚姻暨家庭咨询员协会”(The American Association of Marriage and Family Counselors)，其成员包括社会工作者、精神病医生、心理学家、律师、牧师及家庭咨询员等。到1950年，全美有74 240名社会工作者和24%的社会工作专业毕业生的工作集中在家庭和精神健康服务。

1956年美国修正1935年通过的社会安全法案时，增加了对个人服务方面应“维持并加强其家庭生活”（maintain and strengthen their family life）的要求。1962年，公共救助局（Bureau of Public Assistance）改名为“家庭服务局”(Bureau of Family Service)，儿童福利和家庭社会工作领域正式成为美国社会工作的四大领域之一。此后，由民间组织推动的美国家庭社会工作不仅日益受到社会和公众的重视，而且开始受到政府的重视并获立法保护。1972年，为促进和加强家庭生活，美国成立了全国家庭生活同盟（National Alliance for Family Life)。

随着专业性的社会组织与服务工作的发展，美国的家庭社会工作逐渐走向专业性治疗工作，主要包括：家庭治疗、婚姻咨询和治疗、儿童日间照顾服务、儿童领养、儿童寄养、少女怀孕服务、未成年父母服务等。但一般性的社会服务工作仍然受到地方政府及社会福利机构的重视。

美国家庭社会工作的服务内容随着时代变迁和社会需要的变化而不断发生变化，但始终以促进儿童及青少年的健康成长和发展为核心，其服务对象也主要以儿童及青少年为重点。因此，美国的家庭社会工作对家庭的分类多以孩子为标准进行，如将家庭分为父母和孩子组成的家庭，单亲父母和孩子组成的家庭，非监护人父母和孩子组成的家庭，扮演父母角色的祖父母、其他亲戚和孩子组成的家庭，领养和收养孩子的家庭等，据此有针对性地开展社会工作服务。

当前美国的家庭社会工作主要由公立的家庭服务局和私立的家庭服务协会负责，目的是协调家庭关系，帮助家庭成员适应社会，强化家庭生活的积极功能，促进家庭成员人格的健全发展尤其是儿童及青少年的健康成长。

纵观美国家庭社会工作的发展历史，其发展具有以下四个特点：第一，从以经济援助为主的家庭服务逐渐发展为以专业性治疗为主的家庭服务；第二，从早期的政府救济逐渐发展为社会组织专业服务；第三，从民间社会组织发起和推动逐渐发展为政府机构立法保护；第四，逐渐强化家庭功能，强调促进家庭成员发展，特别是促进儿童及青少年健康成长。

二、中国家庭社会工作的发展

（一）中国内地的家庭社会工作

中国内地的专业家庭社会工作还处于起步阶段，但面向家庭开展的服务却具有悠久的历史。

当前，面向家庭的服务主要由妇联、民政、社区组织以及非政府组织提供。

1. 政府体制内的家庭工作

第一，家庭救助。家庭在遇到生活变故引起的特殊困难和意外灾害时，国家和政府给予家庭现金和实物的救济，使家庭增强应对困境的能力，度过困难期。包括：（1）专项的政策性救助，如为解决响应政府计划生育号召的农村独子或双女户家庭的特殊困难，国家卫生和计划生育委员会与财政部对年满60周岁的夫妇给予奖励扶助，帮助他们安度晚年；（2）发放救济金，如城市低于最低生活保障线的家庭、失业家庭、农村遭遇自然及意外灾害的家庭由政府提供救助；（3）特定时间的救助，如每年春节的慰问和救助活动等。

第二，家庭生活服务。面向城市居民的家庭生活服务起步较早，近年来发展较快，目前主要有以下几种类型：（1）保姆入户服务——起始于20世纪80年代，主要职责是协助家庭照料婴幼儿、老人及专做家务；（2）钟点工——以计时方式领取工资的入户服务；（3）社区服务网点——依托社区居委会兴办的服务于社区居民的小型服务项目；（4）小饭桌——由学校、社区或居民家庭为小学生和老人提供的饮食服务；（5）家庭病床——医院为行动不便的病人提供的上门服务；（6）便民热线服务——社区服务的一种新形式，主要通过电话为居民提供服务；（7）网络服务平台。这些家庭生活服务项目多为有偿服务。除此之外，社区还拥有自己的志愿者队伍，无偿为家庭特别是经济和行动上有困难的家庭提供免费的志愿服务。

第三，教育与培训。家庭教育与培训的目的是通过讲座、宣传、知识竞赛等各种方式提高家庭成员预防和解决家庭问题的能力，改善家庭关系，提升家庭功能和家庭生活质量。城乡社区针对家庭开展的教育与培训机构主要有妇联、社区、工会和各种社会组织等，教育与培训的形式和内容主要包括：（1）婚姻学校——主要进行婚姻家庭相关知识的教育培训，通过介绍婚姻不同阶段易产生的问题及相关的生理、心理、法律知识，帮助人们科学理智地面对婚姻，更好地处理婚姻矛盾与冲突；（2）家长学校——主要进行科学育儿和家庭教育的方法与技巧培训，通过介绍儿童成长不同阶段的特征及传授家庭教育的方法和技巧，培养家长科学的育儿观和教育方法；（3）家政学校——主要进行家庭理财购物、家庭生活料理、家庭布置、病人护理等方法与技巧的培训；（4）再就业培训——针对失业或下岗的人群，进行职业技能、创业能力等的培训，提高再就业能力。

2. 非政府组织开展的家庭工作

（1）贫困家庭的救济与扶助。非政府组织开展的家庭救助，通常具有应急性和目标性。应急性表现在对突发灾害的迅速回应能力。目标性表现在其家庭救助工作通常采取项目运作的方式，事先制定明确的目标与规划，确定受益群体及数量，选定为达目标而运用的各种工作手法，具有较为规范的管理、监测与评估模式，以及精心计算并经过审核的经费投入等。

（2）家庭心理辅导。家庭心理辅导的形式包括热线电话、个案咨询、家庭治疗等。已获得一定发展的婚姻家庭心理辅导可视为内地专业家庭社会工作的雏形。社会工作的价值观如强调工作者与求助者的平等关系、助人自助原则等逐渐受到重视。

（3）家庭能力建设。面对因社会转型出现的家庭问题，非政府组织及民间社团也开展各种形式的家庭能力建设项目。比如为促进婚姻家庭和谐、提高婚姻家庭建设能力而开办的系列知识讲座，为掌握家庭生活管理的知识而进行的娱乐性活动和知识竞赛，为提高家庭的团结与凝聚力、为家庭成员强身健体而举办的拓展训练，等等。

（二）中国香港地区的家庭社会工作

1958年，香港社会福利署成立，其最早开设的服务就是家庭服务。香港的家庭服务以赈济贫民、保护妇孺及伤残人士为主。这些服务基本满足了衣食住行、升学、就业、人际关系方面的需要。

当前，香港的家庭社会工作内容主要包括：

第一，婚姻和家庭问题咨询。针对婚姻和家庭出现问题或危机的个人及其家庭提供咨询和辅导，是香港家庭社会工作的重要内容。

第二，家庭生活教育。运用小组活动、工作坊、研讨会、媒体宣传等各种形式，提高人们扮演家庭角色、承担家庭责任和处理家庭关系的能力，预防家庭问题的产生。

第三，提供家庭服务。如为有需要的家庭提供儿童寄宿、日托、领养等服务。面向中低收入家庭，尤其是那些不能照顾自己或不能维持正常家庭功能的个人和家庭，依据其需要，提供家务服务。

（三）中国台湾地区的家庭社会工作

1946年成立的台湾妇女会是台湾家庭社会工作开始的标志。它以改善家庭生活、健全家庭组织、调解家庭纠纷以及从事婚姻辅导为目标。1950年，基督教儿童福利基金会成立，后改名为中华儿童福利基金会，主要从事对贫困家庭和问题家庭的经济协助、生活指导、心理疏导及亲子教育等工作。1960年，中国家庭教育协进会成立。1974年，台北地方法院设立了“家事法庭”，专门调解家庭纠纷。此后，各地相继成立家庭辅导中心、儿童福利咨询中心，许多大学开始开设家庭社会工作课程。台湾的家庭社会工作逐渐由一般性服务转向专业性服务。

目前台湾家庭社会工作主要包括四个方面：(1) 经济协助，即政府和社会福利机构从经济上对困难家庭进行救济和支持，包括失业救济、医疗救助等；(2) 心理治疗，即对问题家庭由专业家庭社会工作者通过心理治疗使其恢复家庭功能；(3) 社会服务，即通过整合社区资源，为困难家庭提供社会服务；(4) 制度配合，即通过新制度的建立和原有制度的改善为家庭提供支持。

第三节
家庭社会工作的内容

一、家庭社会工作的基本内容

对于家庭社会工作的主要内容，可以从不同的角度来进行划分。

一是将家庭社会工作的内容分为临床式服务与具体式服务。其中，临床式服务包括咨询辅导、社会个案工作和小组工作，如家庭关系咨询、婚姻辅导、教育方案、就业协助等。具体式服务包括经济补助、住所、食物、信息提供等有形的服务。

二是将其分为以家庭问题为内容的服务和以儿童为主要内容的服务。其中，以家庭问题作为服务内容主要包括：（1）夫妻关系紧张、离婚、分居、婚外恋；（2）亲子关系障碍；（3）单亲家庭；（4）青少年离家出走或逃学；（5）未婚妈妈或未婚怀孕；（6）身体和智力障碍、慢性疾病、艾滋病患者；（7）儿童虐待和疏忽；（8）性虐待；（9）婚姻暴力；（10）老人虐待、老人照顾；（11）家庭成员的问题，如化学性物质依赖（酒瘾、药瘾）、情绪与行为、意外伤害、死亡、服刑、赌博等；（12）与家庭福利有关的服务，如经济援助、老年服务、移民服务、在宅服务和法律服务等。以儿童福利为取向的服务内容主要包括：（1）支持性服务，包括个案、小组、家庭治疗、家庭倡导、社区心理卫生、保护性服务、情绪治疗和性虐待等；（2）补充性服务，包括在宅服务、日托等；（3）替代性服务，包括寄养照顾、中途之家、教养机构、领养等。

三是将其分为直接服务和间接服务。直接服务指直接提供给家庭的援助和支持，包括各种治疗、救助、咨询、辅导和培训等。间接服务指间接提供给家庭的援助和支持，包括家庭政策、计划的研究和倡导以及各类资源的链接和整合。

四是将其分为问题解决式服务和预防发展式服务。问题解决式服务主要针对家庭中已经出现的问题进行介入和干预，以帮助家庭恢复正常功能为目标，包括家庭治疗、社会救助、法律援助等。预防发展式服务是在家庭问题出现之前提前介入，以提升家庭应对环境的能力、强化家庭正常功能为目标，主要包括婚前咨询、亲子教育、生活技能培训、职业生涯辅导等。

二、中国家庭社会工作的主要内容

中国专业家庭社会工作虽然开展的历史较短，但在家文化和家国同构的背景下，一直有着丰富的家庭社会工作实践。

（一）中国内地家庭社会工作的主要内容

中国内地传统的面向家庭的服务主要包括：（1）家庭生活服务，主要包括由家政工提供的家政服务、由居委会等提供的各种面向家庭的便民利民服务；（2）家庭教育与培训，主要包括由妇联、民政等组织的婚姻家庭讲座、家长学校以及面向家庭的各种教育培训和活动项目等；（3）家庭救助，主要包括由国家和社会提供的面向困难家庭的经济救助，如家庭最低生活保障、特困家庭救助等；（4）家庭心理辅导，主要包括由民政、妇联及社会组织提供的旨在帮助人们解决家庭矛盾和问题的电话热线、家庭咨询等。

随着社会工作在中国内地的迅速发展，由专业社会工作者提供的家庭社会工作主要包含以下基本内容：（1）家庭救助；（2）家庭咨询与治疗；（3）亲职辅导；（4）家庭服务。

（二）中国香港地区家庭社会工作的主要内容

香港的家庭社会工作主要由综合家庭服务中心提供。综合家庭服务中心大多由香港社会福利署和非政府组织营办，资金一般来源于香港政府。综合家庭服务中心将“儿童为重、家庭为本、社区为基础”作为基本服务方向，以方便使用、及早识别、整合服务和伙伴关系作为指导原则。

香港特别行政区政府认为，家庭和儿童福利服务的整体目标是通过协助个人和家庭照顾问题所在，解决问题或防患于未然，并为未能自行应付需要的家庭提供协助，以维系家庭凝聚力。因而，其家庭社会工作主要包括以下三个层面。

1. 预防性社会工作

预防性社会工作主要包括家庭生活教育服务、宣传活动、提供资源和热线电话服务等，重点在于通过这些工作减少家庭问题和危机的产生，降低家庭伤害。其中，家庭生活教育是一种兼具预防和发展功能的教育活动，通过座谈会、讲座、小组活动、家庭活动以及展览等各种教育性或者推广性的活动，提升家庭功能，改善家庭关系，防止家庭破裂。

2. 支援性社会工作

这是香港家庭社会工作的重要内容，即由专业社会工作者为有需要的人员和家庭提供由发展到深入辅导的支援服务，帮助服务对象解决问题。

（1）短期生活援助。主要是协助有需要的人员及家庭申请短期经济援助，实施“体恤安置”房屋援助计划、综合家庭援助金等，以帮助家庭渡过难关。

（2）儿童成长支援。主要包括幼儿服务、课业托管辅导、亲子互动小组、家务指导服务等，以协助家庭处理儿童成长过程中的问题，增进家长和儿童的关系，促进儿童健康成长。

（3）婚姻家庭辅导。主要包括婚前辅导、家庭婚姻辅导、家事调解服务等，引导夫妻更好处理双方的矛盾和冲突，提升婚姻质量。

（4）精神健康服务。此项服务主要是通过提供精神健康的服务，缓解家庭成员的心理压力，改善家庭精神状况，促进家庭成员的精神健康。

（5）长者服务。既包括提升家庭照顾长者能力的各种服务，如指导家庭成员为长者提供适当的家庭生活照料的家务指导服务，也包括通过家庭服务实现长者的居家养老。

3. 危机介入服务

主要包括为遭受虐待的儿童、长者、妇女等提供庇护服务，为有自杀危机的人提供危机介入服务等。这些服务主要由专业的服务机构承担，如社会福利署的服务热线、香港关注妇女性暴力协会的风雨兰热线等。

（三）中国台湾地区家庭社会工作的主要内容

1. 经济支持

由政府和社会福利机构给予经济困难家庭经济支持，主要包括失业救济、医疗救助、小额贷款等。

2. 心理治疗

对出现冲突和矛盾的家庭，由专业社会工作对家庭成员提供心理治疗，从而改善家庭关系，提升家庭功能。

3. 社会服务

社会工作者协助案主寻求社会资源，包括社区资源、邻里资源、政策资源等。

4. 社会政策

针对各种家庭社会问题，制定相应的政策，为困难家庭提供政策支持。

复习思考题

1. 何为家庭？如何理解家庭的多元化对家庭社会工作的影响？
2. 何为家庭社会工作？家庭社会工作具有什么特征？
3. 家庭社会工作的主要内容是什么？

推荐阅读书目

1. [美] J·罗斯·埃什尔曼．家庭导论．北京：中国社会科学出版社，1991.
2. 邓伟志，徐新．家庭社会学导论．上海：上海大学出版社，2006.

第二章

家庭社会工作的理论基础

【本章要点】

- 家庭系统理论将家庭视为一个由家庭成员所形成的互动的系统，是家庭社会工作中运用最广的理论之一。
- 家庭压力理论主要有希尔的ABC—X模式、博斯的ABC—X模式、麦卡宾和帕特森的ABC—X模式。
- 家庭发展理论认为家庭也有一个从成立到消亡的过程。杜瓦尔将家庭生命周期划分为八个阶段，并指出每个阶段的不同任务，是最有影响的家庭生命周期理论。
- 女性主义流派众多，主要有自由主义女性主义、马克思主义女性主义、社会主义女性主义、激进女性主义、心理分析女性主义、第三世界女性主义、生态女性主义、后现代女性主义等。不同流派的女性主义理论对家庭的看法不同。

【基本概念】

家庭系统 ◇ 家庭压力 ◇ 家庭生命周期 ◇ 女性主义

家庭社会工作的理论基础非常广泛，既包括结构功能理论、社会冲突论、符号互动论等对家庭的研究理论，也包含家庭系统理论、家庭沟通理论等专门的理论。这些理论共同建构了家庭社会工作的理论基础。本章主要介绍家庭系统理论、家庭压力理论、家庭发展理论、女性主义理论等。

第一节 家庭系统理论

一、系统与家庭系统

家庭系统理论起源于20世纪40年代的系统理论，20世纪70年代被广泛应用于家庭社会工作实务中。家庭系统理论认为家庭可以被视为一个由家庭成员所形成的互动的系统，因此，系统与家庭系统是家庭系统理论的核心和基础。

(一) 系统

系统是一个由各要素组成的整体。要素与要素、要素与整体之间是相互影响、相互作用的。系统按照高低层级组成，每一个较高层次的系统都包含较低层次的系统，并提供较低层次系统的生存环境。

系统存在的基本条件是必须具有特定的目标及执行任务的功能，其每个构成部分都具有相互依赖性，每一个部分都以某种方式既影响着其他部分，又影响着整体。同时，系统还有自己的边界和保护自身存在的机制，以适应那些将会破坏系统的问题。

(二) 家庭系统

家庭系统理论将家庭看成是一个由多个子系统组成的系统，每个子系统间既相互联系又相互制约，使家庭系统有序运转，以此来实现家庭的功能。家庭系统虽小，但功能却很复杂。家庭本身是个系统，但其又包括许多子系统，如夫妻子系统、亲子子系统、手足子系统等。由此，家庭系统一是由若干个子系统组成，二是由个人组成。

家庭系统并不能孤立地存在，它是更大的社会系统的子系统，生存于环境之中。家庭系统的环境可分为两大部分：第一，社会环境，包括人的社会关系网、社会组织、结构。第二，物质环境，指自然状况下生存的动植物、空气以及人类所构建的物品。

家庭系统概念包含着六项核心元素：(1) 家庭整体大于各部分之和。(2) 家庭试图在变动和稳定间取得平衡。(3) 家庭中任何一位成员的改变都会影响所有其他成员。(4) 家庭成员的行为遵循相互影响的循环因果的原则。(5) 每个家庭系统既包含着许多子系统，又被涵盖在更大的社会系统中。(6) 家庭遵循已经建立的规则运作。

> **你怎么看**
>
> 你的家庭建立了什么样的规则？如何理解家庭规则对家庭的影响？

二、家庭系统理论的基本概念

(一) 整体与部分

第一，系统的整体和各部分，以及各部分之间在互动的过程中总会保持一个聚合的运作趋势，使其成为一个独特的整体。第二，系统的整体和各部分，以及各部分之间是保持运动状态的，而不是静止不动的，而且在动态中维持相当的稳定和平衡。第三，系统的整体与各部分之间，既有其脉络和特质，也具有整体特质和独特的表现。第四，系统的整体和各部分是不可分开的，其所有内外层面都可能影响系统的生存与调试。

（二）边界

边界也称为界限或者领域，它是将系统、子系统或个人与外界环境分离开来的一道隐而不见的界限。家庭的边界指一个家庭与其他家庭或其他外部社会单位的界限。边界的渗透性，是区分开放系统与封闭系统的主要依据。

（三）封闭系统和开放系统

系统的封闭和开放是相对的，系统必须适时调整，特别需要吸纳足够的和必要的外在资源，才能维持生存与成长发展，否则将导致系统失衡甚至自我封闭，无法在环境中继续生存。家庭系统大多数是开放系统。开放的家庭系统，能够有更多的信息交流，更愿意改变自己以更好地适应外界环境的改变。封闭系统则无法进行信息交流，易于出现家庭适应不良、功能失调等各种问题。

（四）回馈

回馈指过去行为的结果再次进入大系统，影响或控制系统运作的一种情况。对家庭而言，回馈有正向回馈和负向回馈。正向回馈指那些增加改变的力量，又称为偏差—扩大路径。负向回馈指减少改变的力量，即致力于维持稳定状态，又称为偏差—减弱路径，也是常态性的路径，在系统的稳定中扮演很重要的角色。正向回馈力量越大，家庭系统越趋向于改变和不稳定；负向回馈力量越大，家庭越倾向于平衡和恒定。

三、家庭系统理论的主要假设

（一）多尔蒂的观点

多尔蒂（Doherty）指出，家庭系统理论在运用于家庭社会工作实务时有八个基本假设：（1）家庭关系是影响人们心理健康与个人是否病态的主要因素；（2）家庭的互动模式可以代代相传；（3）家庭的健康建立在家庭的向心力及个别家庭成员是否被尊重的平衡点上（即两者都要被重视）；（4）家庭的弹性是家庭功能实现的关键，家庭越有弹性，就越能发挥家庭的良好功能；（5）家庭互动的分析需要从家庭的基本三角即由婚姻关系和亲子关系构成的父母子三角来切入；（6）个人的问题常常与其家庭的互动模式及家庭价值观有关；（7）任何家庭系统的微小改变，都有可能引起家庭主要系统的改变；（8）实务工作者介入到家庭中，即成为家庭的一个新系统。[①]

---

① 参见周月清：《家庭社会工作：理论与方法》，76～77页，台北，五南图书出版公司，2001。

（二）爱泼斯坦和毕晓普的观点

爱泼斯坦（Epstein）和毕晓普（Bishop）则提出，家庭系统理论的主要假设有五个：（1）家庭的各部分是相互关联的；（2）了解家庭系统，不可能不去看家庭其他部分的子系统；（3）若只是简单地了解家庭中各部分的子系统，家庭功能就不可能被了解；（4）家庭的结构和组织是决定家庭成员行为的重要因素；（5）家庭系统的转换模式也会影响家庭成员的行为。[①]

综上，当我们运用家庭系统理论去评估家庭时，要特别注意：（1）边界。当社会工作者介入家庭时，要清楚自己所面对的家庭是开放的还是封闭的，家庭与外在环境之间的互动关系如何。（2）沟通模式。每个家庭都有自己独特的沟通方式。社会工作者需要观察与评估家庭的沟通方式，例如：家庭内信息的传达是否清楚？讨论家庭事务时，成员参与的情况如何？

四、家庭系统的两个重要机制

家庭作为一个系统，有着自身的控制调节机制，以使家庭沿着既定的目标向前发展，保持正常的运作方式。在家庭系统中，有两个重要的机制。

（一）改变机制

当家庭内部发生突发事件，或家庭外在环境发生变化时，家庭为适应变化，必须加强系统的生存能力，以凝聚家庭，增长能力，共同面对困难。

（二）平衡机制

家庭是一个可调节的自稳态系统。不管外在环境如何改变，家庭总会维持一个稳定平衡的状态。平衡指的是一个体系围绕中心趋势而维持动态均衡的倾向，家庭只要面临威胁，就会通过运作来恢复均衡。家庭一旦成立，就需要作息有序，能为家庭成员提供稳定安全的生活，满足家庭成员的基本需求。因此，每个家庭都会极力维持家庭的平衡，当发生某些事件打破家庭成员的基本平衡时，家庭会自行调动各种资源和动力，使家庭尽快恢复平衡。

五、家庭系统理论与家庭社会工作

家庭系统理论是家庭社会工作中运用最广的理论之一。这一理论的基本观点在于：家庭成员的“问题”是由整个家庭不良的沟通交流方式所导致的；家庭所面临的危机既是挑战，也是机会；因问题而导致的家庭功能的失调能够有效解决。

---

① 参见周月清：《家庭社会工作：理论与方法》，77页，台北，五南图书出版公司，2001。

运用家庭系统理论分析家庭中某些成员或家庭的问题，可以使工作者运用综合、全局的眼光审视家庭成员的情绪、行为，认识到困扰是来自家庭系统的互动关系，即家庭系统可能是造成其现状的根源。家庭系统理论被各家庭治疗专家和家庭社会工作者接纳和运用，掌握家庭系统理论可以很好地指导工作，促使工作者思维方式发生转变，即从原来的直线式“因果关系”逻辑变为循环的“互为因果关系”的思维，由此能在关注、调整和改变关系上制定介入方案。

从系统理论角度，社会工作研究者一般将社会工作实务分为四个基本系统：(1) 改变媒介系统，指受雇于公立、志愿、非营利机构、组织、社区中的社会工作者以及与服务对象有关的具有不同专长的专业人士。他们是案主改变的媒介，也是专业的助人者，是促进改变的行动者。(2) 案主系统，指社会工作的服务对象，也是社会工作的直接受益人。案主系统可以是个人和家庭，也可以是团体、组织或社区；可以是现有的案主，也可以是潜在的案主。(3) 目标系统，指为了达到改变案主系统的目的所需要改变和影响的系统。目标系统的确定需要由社会工作者和案主系统共同确认。(4) 行动系统，指与社会工作者一起工作、实现改变目标的人所构成的系统。

在运用家庭系统理论分析家庭时，应重点聚焦于以下三方面：第一，以系统论的视角认识家庭，分析家庭问题。家庭出现问题，不是单个人有问题，需要子系统、各成员相互协助，恢复家庭功能和稳定。第二，家庭是社会环境中社会系统的重要组成部分。社会环境对家庭具有重要的影响，家庭同时也会对社会环境产生影响。家庭社会工作者需要帮助社会、家庭与个人共同努力，创造积极向上、健康和谐的社区环境、社会环境。第三，有时家庭出现困难，是由于欠缺家庭支持网络。家庭社会工作者应积极帮助建立家庭支持网络、社区和社会支持网络。

第二节 家庭压力理论

一、压力与家庭压力

压力在物理学上是指发生在两个物体的接触表面的作用力，运用在家庭系统上即为家庭压力（family stress），指的是家庭系统中的压力或紧张。

家庭在发展中不可避免地会遇到干扰，打破家庭原有的稳定，给家庭及家庭成员带来心理及生活适应的压力。尤其是我国正处于社会转型期，家庭作为社会的细胞，面临新的风险，压力源多样，如就业难、单身、老龄化带来的空巢及流动等，都可能损害身心健康、诱发家庭冲突，甚至危害社会的稳定和谐。家庭压力理论可以为解决家庭面临的困境和压力提供有利的指导。

二、希尔的ABC—X模式

希尔（Hill）被称为“家庭压力理论之父”。他对因战争造成的家庭分离和重逢的家庭压力进行了研究，建构了ABC—X模式。希尔将家庭压力解释为家庭面临危机时，由于资源匮乏所产生的压力。在ABC—X模式中：

A指产生家庭压力的事件，或称为家庭压力源。家庭压力源按不同的分类标准可分为常态的和非常态的、意志的和非意志的、长期的和急性的。常态的指家庭生命周期中可以预期的、理所当然会发生的事件，如结婚、孩子出生等；非常态的指不可预期的生活事件，如火灾、车祸等。不管是什么类型的家庭压力源，都会改变家庭的互动模式、家庭界限、家庭目标、家庭角色与家庭价值等。

B是家庭处理事件时的资源。既包括由共同利益发展成的家庭整合、共享价值、相互情感、经济依赖以及克服困难、改变困境的适应能力等；也包括家庭成员对角色的承诺以及相对于个人目标而确定的家庭目标与需求，以及家庭单位符合成员需求而引起的满足感；还包括家庭成员的生理、心理健康，有效地组织符合成员需求及需要的结构，以及时间、精力、金钱、沟通技巧、知识及信息、朋友和社区等。

C是家庭对事件的定义或认知。不管来源于家庭内部还是外部，这种认知都反映家庭的价值和先前处理变迁、应付陌生情境需求的经验。

X即家庭需要解决的压力事件，指经由A与B和C的互动之后所产生的压力程度或危机。

L. 威克勒（L. Wikler）曾将此理论成功运用于障碍者家庭的介入。他指出，家庭如何因应压力事件，主要有两个中介因素：（1）家庭如何解释这个压力源或事件（C）；（2）这个家庭是否有适当的资源来因应这个压力源（B）。不同的家庭有相同的压力源，但压力程度却是不一样的，原因在于这些家庭的中介因素不同，即B与C之间的个别差异。例如，如果家庭发生发展性障碍，如迟缓儿童家庭，社会工作者应该在早期介入，提供家庭支持（改变B）、增加家庭资源，或协助家庭认知的改变（改变C），将是预防这类家庭出现危机甚至瓦解的关键。[①]

ABC—X模型被视为系统理论分析家庭压力与因应的重要研究基础，但其将家庭及家庭压力视为一个静态的、结构化的概念，因而受到后续研究中众多学者的批评。

三、博斯的ABC—X模式

博斯（Boss）提出家庭压力的外在和内在脉动模式及压力管理代替因应的理

① See L. Wikler, “Chronic Stresses of Families of Mentally Retarded Childen,” *Family Relations*, 30, 1981: 281-288.

论，即家庭不应被动地维持系统稳定，而应主动管理，有时因应压力失败未必是坏事，面对危机，有时冲突、放弃、离开或许比忍耐、适应、无抵抗地接受更好。

家庭对压力源事件的认知受到外在脉动的影响。外在脉动即家庭的压力源来自家庭外的因素，包括五个向度：(1) 历史脉动，指发生在家庭的过去的事件或家庭存在当时的历史事件。(2) 经济脉动，指社区或社会的经济形成的家庭的经济环境。(3) 发展脉动，指家庭和个人两者的生活周期。(4) 遗传脉动，指生物学和遗传学脉动，影响家庭健康，这是一个不可控制的外在压力源。(5) 文化脉动，指社会带来的信念和价值观。

家庭是一个系统，在压力下，为了生存和不崩溃，必须维持它的界域，不能由局外人而需由局内人即家庭成员来维持，内在脉动即来自家庭内的因素。内在脉动有三个向度：(1) 结构脉动，指家庭结构或界域所形成的家庭角色和功能，家庭界域越模糊，家庭角色和功能越难彰显，压力越大。(2) 精神脉动，指家庭对压力源事件的认知和定义。(3) 哲学脉动，指家庭的价值和信念，哲学的信念会影响精神的认知。

就两种脉动的可控性来看，内在脉动比外在脉动更容易控制。家庭的外在脉动会影响内在脉动，从而引发压力。

四、麦卡宾和帕特森的 ABC—X 模式

家庭压力源因时间因素带来需求的增加 (aA)，家庭因应资源是否因此增加或减少 (bB)，家庭对压力源的认知是否修正 (cC)，导致后来的结果，即压力程度可能增加或减少 (xX)。据此，麦卡宾 (McCubbin)、帕特森 (Patterson) 提出了家庭调试和适应反应模式。

家庭调试和适应反应模式指出，当压力源因时间累积促使需求增加时，倘若因应的能力 (包括资源和因应行为) (bB) 没有随着增加，以及对压力事件非功能性的解释没有修正，就会带来家庭危机 (xX)，这个阶段就称为调试期。而当家庭面对压力源的时间因应能力增强，即资源 (包括来自家庭外的资源) 增加 (bB)，对事件非功能性的解释也获得修正 (cC)，则其由压力源所带来的累积需求 (aA)、因应能力 (bB) 和解释 (cC) 可以平衡，表示家庭处于适应期。

五、家庭压力理论与家庭社会工作

家庭社会工作服务的对象，一般或多或少都面临着家庭压力。在为这些案主家庭服务时，社会工作者可以运用家庭压力理论来分析案主家庭及其所面临的家庭压力。一方面，家庭压力理论有助于分析可能引起家庭压力的各种因素 (包括家庭外因素和家庭内因素) 及其影响。另一方面，引起家庭压力的各种因素对家庭的影响是不同的，这些因素的影响并不一定都是消极的，如果处理得当，也可能转化为家庭的资源。此外，家庭压力理论也为如何化解家庭压力提供了新的视角和方法。

第三节 家庭发展理论

家庭发展理论开始于 20 世纪 30 年代，50 年代开始运用到家庭研究工作上，60—70 年代达到兴盛状态。

一、发展与家庭发展

如同人的生命的发展阶段一样，家庭也有一个从成立到消亡的过程。家庭生命发展即家庭从成立开始，经历发展的各个阶段，最终归于消亡的整个生命过程。这一过程，可称为家庭生命周期，亦称为家庭生命历程，指家庭自成立之日（夫妻婚姻关系的缔结）开始，经历一系列发展阶段，分裂出新的家庭，最终本家庭灭亡的全过程。

理解家庭的发展过程，首先需要区分默多克所提出的两种家庭类型：一是原始家庭或生长家庭（the family of orientation）；二是生殖家庭（the family of procreation）。①

在家庭发展过程中，需要关注三个重要的现象：第一，家庭发展是一个组织的互动的现象；第二，它强调家庭生涯中家庭行为的相互与延续关系；第三，确认发展是带来改变的来源，包括有功能性改变上的要求，及生活压力的发生。

在认识家庭的发展过程时还要注意：第一，家庭生命发展具有多元性，它因文化、社会阶级、性别、移民和性倾向等的不同而异。第二，家庭的重要事件如分居和离婚、再婚、生育等均对家庭的发展具有重要的影响。

二、家庭发展理论的基本假设

家庭发展理论具有四个基本假设：（1）人们的“发展”受到其所在的社会环境和个人状态的影响；（2）人们的所作所为不能与他们的“发展”分开；（3）个人与团体的“发展”如何，取决于其社会环境和个人的能力；（4）家庭的内在事件（非有形的），可以由家庭所发生的事件来解释。

家庭发展理论在进行家庭分析时，将家庭视为一个社会团体，认为其是整个社会结构不可或缺的一个组成部分，家庭角色与角色之间的关系是根据社会结构的规范确立的。由此，家庭发展理论主要建立在以下四个基本假设上：

（1）人们是行动者，也是反映者。

① 参见朱东武、朱眉华主编：《家庭社会工作》，23 页，北京，高等教育出版社，2011。

（2）家庭成员的增加与减少是互动的重要变项。

（3）家人在同一处所的互动，不同于家人在不同处所的互动。

（4）转型的事件（急速的改变），会对家庭结构带来改变。[①]

三、家庭发展理论的核心概念

（1）规范：是指一组被期待的行为，尤其针对团体中的成员，因此规范是所有团体最基本的架构，其中包括家庭团体。

（2）位置：指在一个社会结构中的定位，就家庭结构而言，位置即指对亲属关系的定位。

（3）角色：指对所给的位置的规范。不同社会，其角色规范也会有不同。规范可以是稳定的，也可以是过程性的。角色和规范会因不同的年龄与家庭阶段而改变。

（4）阶段：指家庭生涯中的区隔，以区分前一个或后一个不同时期。

（5）事件：发展论者使用事件的发生来测量家庭阶段的转型。

（6）转型：家庭转型是与阶段、事件和时间概念相结合的，即家庭从一个阶段移至另一个阶段，而后阶段与前阶段衔接，有相互影响的关系。

（7）时间：在此理论中，包含个人、关系、团体等部分，即家庭中个别成员的不同年龄发展阶段有其不同的需求和任务，而家庭团体也有其年龄发展阶段、需求和任务，同时还有家庭成员关系上的年龄发展阶段。

（8）家庭结构：包含位置与位置之间的关系，每一个家庭结构都会有其不同的互动模式。

（9）家庭的生活历程：指家庭从成立之日起，经历一系列发展阶段，并分裂出新的家庭，最终本家庭灭亡的全过程。

（10）家庭生涯是过去阶段的延续，每一个阶段会有其开始与结束的事件。

（11）家庭发展是家庭生活阶段的延续，同时每一个阶段受其上一个阶段之形式持续时间长短的影响，两个阶段之间和时间长短是互相依赖的。

四、家庭发展的阶段划分

（一）朗特里和索罗金的划分

朗特里（B. S. Rowntree）依据对英国贫困家庭的研究，将贫困家庭的生活史划分为两个阶段：一是兴隆阶段，指随着孩子们长大，家庭收入增加；二是贫困阶段，指当孩子们成家立业、分庭立户，家庭收入减少，陷入贫困。[②]

---

① 参见周月清：《家庭社会工作：理论与方法》，63～64 页，台北，五南图书出版公司，2001。

② 参见谢秀芬：《家庭与家庭服务——家庭整体为中心的福利服务之研究》，31 页，台北，五南图书出版公司，1997。

索罗金（P. A. Sorokin）将家庭的发展分为四个阶段：（1）夫妻开始一起生活的阶段；（2）夫妻及幼小子女共同生活的阶段；（3）子女中有人能自立而离去的阶段；（4）子女全部自立门户后的老年夫妻阶段。[①]

（二）格里克和罗兹的划分[②]

格里克（Glick）将家庭发展分为五阶段：（1）家庭形成的初婚期；（2）长子女出生；（3）最后一个子女出生；（4）最后一个子女结婚，为空巢期；（5）夫妻一方去世，家庭解体。

罗兹（Sonya L. Rhodes）将家庭发展分为七个时期：（1）二人间的关系及婚姻关系之前出生的孩子；（2）第一个孩子的出生到最后一个孩子的入学；（3）学龄前儿童的生育与养育期已结束；（4）有青少年子女阶段；（5）孩子离家，有自己的生活；（6）第一期的次双亲阶段（从空巢到退休阶段）；（7）第二期的次双亲阶段，即从退休到死亡阶段，这也是家庭周期的最后一个阶段。

（三）杜瓦尔的划分

杜瓦尔提出，家庭作为一个有生命周期的单位，要继续存在下去，需要满足不同阶段的需求，包括生理需求、文化规范、人的愿望和价值观。家庭的发展任务就是成功地满足人们成长的需要，否则将导致家庭生活中的不愉快，并给家庭自身发展带来困难。

基于此，杜瓦尔将家庭生命周期划分为相互联结的八个阶段，并指出每个阶段均有不同的任务（见表2—1）。

表2—1　家庭生命周期

家庭生命周期阶段	家庭中的角色	家庭发展任务
1. 新婚期（没有孩子）	妻子； 丈夫	发展相互满足的婚姻生活； 怀孕及适应将成为父母； 适应彼此亲戚网络
2. 育儿期（从第一个孩子出生到该子女2岁半）	妻子—母亲；丈夫—父亲； 女儿—姊妹；儿子—兄弟	适应新生子女的诞生、成长； 发展一个可以满足需求的双亲、新生儿的家
3. 学龄前期（第一个孩子2岁半到6岁）	妻子—母亲；丈夫—父亲； 女儿—姊妹；儿子—兄弟	以激发性、成长方式适应学龄前期子女的重要需求； 以充沛的精力适应及因应子女需求，父母因此缺乏隐私
4. 学龄期（第一个孩子6岁至13岁）	妻子—母亲；丈夫—父亲； 女儿—姊妹；儿子—兄弟	有学龄子女的家庭以建设性方法适应社区的生活； 鼓励子女教育上的成就

① 参见朱东武、朱眉华主编：《家庭社会工作》，45页，北京，高等教育出版社，2011。
② 参见朱东武、朱眉华主编：《家庭社会工作》，47～48页，北京，高等教育出版社，2011。

续前表

家庭生命周期阶段	家庭中的角色	家庭发展任务
5. 青少年时期（第一个孩子 13 岁至 20 岁）	妻子—母亲；丈夫—父亲；女儿—姊妹；儿子—兄弟	青少年在自由及责任之内取得平衡；发展中年父母（子女已成年）的兴趣和工作
6. 空巢期（从第一个孩子到最后一个孩子陆续离开家）	妻子—母亲—祖母；丈夫—父亲—祖父；女儿—姊妹—姨、姑；儿子—兄弟—舅、伯叔	成年子女离家就业、服兵役、上大学、另组建新家庭，等等；维持支持性家庭关系
7. 中年父母期（从空巢到退休）	妻子—母亲—祖母；丈夫—父亲—祖父	新的婚姻关系重建；维护老的及年幼的亲属关系
8. 老年家庭成员（从退休至双亲死亡）	寡妇—鳏夫；妻子—母亲—祖母；丈夫—父亲—祖父	因应丧偶及独处；亲近家人或适应老年生活；适应退休生活

资料来源：周月清：《家庭社会工作：理论与方法》，68 页，台北，五南图书出版公司，2001。

（四）罗伊·H·罗杰斯的划分

罗杰斯指出，家庭生命周期从一个阶段向另一个阶段的发展并非一个平静的过程，应从团体变化的角度正确地理解家庭生命周期。他建立了二十四阶段循环法，在把家庭生命周期划分为学前阶段、入学阶段、青少年阶段、青年成年阶段和离家阶段五个阶段的基础上，将每个阶段又细分为多个子阶段。[①]

（五）埃尔德的划分

埃尔德（Glen Elder）围绕子女地位的变化，提出了生命过程理论。主要探讨家庭成员个人的发展历程，例如，何时成为儿童，何时成年，何时结婚，何时为人父母，晚年境况如何，在这个过程中，家庭发生了什么变化，等等。[②]

（六）王思斌的划分

王思斌针对中国家庭的情况，提出家庭的发展可以分为六个阶段，即：(1) 新婚期；(2)（学龄）育儿期；(3) 有学龄儿童期；(4) 有青少年子女期；(5) 空巢期；(6) 孤老期。[③]

五、家庭发展理论与家庭社会工作

家庭发展理论的提出，使人注意到个人、家庭与社会三个层次变迁的关系。

① 参见张文霞、朱冬亮：《家庭社会工作》，99 页，北京，社会科学文献出版社，2005。
② 参见张文霞、朱冬亮：《家庭社会工作》，99 页，北京，社会科学文献出版社，2005。
③ 参见王思斌主编：《社会工作概论》，2 版，北京，高等教育出版社，2006。

另外还应该注意的是，对于整个家庭发展而言，家庭生活各阶段是前后延续的，其间有一种转折和衔接，后面阶段将受到前面阶段的影响；每一个阶段都有其特别的发展任务，如果重点的发展任务不能得到很好地执行，或者家庭不能因应阶段之间的转折而相应做出调整，那么不仅容易遭遇家庭关系的紧张和家庭矛盾，而且会影响到下一阶段的家庭生活；阶段之间的转折过渡时期是最容易导致家庭关系紧张、家庭成员焦虑的时期，也是需要成员加倍投入精力，努力做出适应和调整的关键时期，应给予特别的重视。

对家庭发展理论的了解有助于家庭社会工作者进行家庭评估，明确不同阶段的家庭的不同问题及其表现形式，开展工作时坚持个别化的态度，确认个案家庭在哪个发展阶段以及在这个发展阶段面临的压力，尤其是对那些非传统的家庭（如单亲家庭）而言，以便针对不同家庭所处的不同阶段及面临的不同问题提供不同服务。

第四节 女性主义理论

一、女性主义的含义

女性主义（feminism）也译为女权主义。一些学者指出两者之间存在着差异，但更多的学者将其视为相同。

女性主义的定义众多，比较典型的主要有①：

《社会工作词典》认为，女性主义是为了争取女性在法律上与社会经济上的平等，致力于社会运动或是学说倡导；此运动最早源自大英帝国 18 世纪的妇女自由运动，为了抗拒当时对妇女的性别偏见与歧视，以争取男女平等机会，促使女性角色及阴性（feminity）受到肯定。

《美国妇女历史手册》指出，女性主义是为了争取女性平等自由，集体所从事之历史性运动；19 世纪妇女运动和 20 世纪的美国妇女运动为其例子。女性主义包括策略、方法、理论以促进妇女的权益。并指出，女性主义与妇女运动是不同的，妇女运动不一定是为了争取妇女的平等。

其他女性主义理论提出，女性主义可被视为一种理论——有一套观念、命题及分析方法，描述妇女的情境和经验，目的在于提高妇女的生活品质，了解妇女自己的观点，探索社会权威、权力结构及男性优势是如何影响妇女的；也被视为一种社会运动，目的是促使妇女可以自主其资源、生活得更好。女性主义有文化

① 参见周月清：《家庭社会工作：理论与方法》，99 页，台北，五南图书出版公司，2001。

及历史意义，对抗性别的不平等、男性霸权、性别歧视、父权及女性的被压迫，从事理论及政治性行动的多元与整合。

综上，女性主义可以是一种理论、模式和理念，一种实务，一种运动，一种策略或方法，从事政治、社会、经济、文化等方面的改变，以消弭性别歧视与妇女被压迫，目的是追求妇女的（包括政治、社会与经济权）平等与自由及权益。

【知识窗】　**生理性别与社会性别**

生理性别（sex）或曰自然性别，是生理学、生物学意义上对人的区别，指普遍存在的男性和女性的生理差异，或将女性与男性区分开的生理特征，简称性别。生理性别一般是不可改变的或者很难改变的。

社会性别（gender）指人们认识到的基于男女生理差别的、实际存在的社会性差异和社会性关系，它不是先天存在的，而是社会文化及其制度造就或建构的。社会性别概念被社会学家用来描述在特定社会中，由社会形成的男性或女性的群体特征、角色、活动及责任。

例如，我国著名作家赵树理曾写过一个山西农村过去的小故事，讲一个外村人到村里找人，对着一户人家喊："家里有人吗？"家中的妻子回答："没人。"在当时农村一些人的心目中，当家的男人才是"社会意义上的人"，妻子只是"屋子里面的人"，不是外面的人，这家的妻子也是这样认为的。这反映了当时山西农村某些人的社会性别角色和观念。

社会性别通常反映的是一种权力关系，是制度性问题，但它是动态的，因各种具体社会形态和文化形态的不同而有所不同，但它们是动态的，因各种具体社会形态的不同而有所不同，随社会发展而发生变化。与生理性别不同，社会性别是可以改变的。①

二、女性主义的主要流派

女性主义流派众多，观点纷杂。主要的流派包括：自由主义女性主义、马克思主义女性主义、社会主义女性主义、激进女性主义、心理分析女性主义、第三世界女性主义、自然女性主义、后现代女性主义等。

不同流派的女性主义的研究取向不同。自由主义女性主义关注理性与感性，激进女性主义注重生理与文化，社会主义女性主义侧重于经济与文化，马克思主义女性主义关注公共领域与私人领域，心理分析女性主义重视主体与客体，第三世界女性主义关注普遍与特殊，生态女性主义强调自然与文化，后现代女性主义关注一元与多元。

① 参见刘伯红主编：《社会性别主流化读本》，2页，北京，中国妇女出版社，2009。

在这些众多的流派中，比较有影响的主要有自由主义女性主义、激进女性主义、社会主义女性主义。

自由主义女性主义深受近代西方启蒙运动和资产阶级自由主义思想的影响。其代表人物早期主要有沃斯通克拉夫特、泰勒、穆勒，后期主要有弗里丹、波伏娃等。早期提倡理性，注重公正、机会均等和选择的自由，认为女性应当享有与男性同等的权利，包括投票选举权、受教育的权利、就业的权利，并把平等的权利诉诸法律。自由主义女性主义反对强调性别差异、以男性规范为标准、忽略两性差异和女性品质的特有价值，认为女性解放应该依靠个人努力，忽略女性群体的不利地位和集体行动的必要性。

激进女性主义认为女性是一个阶级，男性是另一个阶级。最主要的理论建树是“男权制理论”。激进女性主义认为男权的统治不仅存在于公众领域，而且存在于私人生活领域，如家庭和性。只有消灭男权制，摧毁男性对女性的统治机制，代之以赋权机制（systems of empowerment），才能达到女性运动目标。激进女性主义将女性的低下地位归咎于生理结构，特别是女性的生育，认为只有避孕技术、试管婴儿、人工授精等技术才能把女性从压迫她们的生理功能中解放出来。该理论主要关注两个方面，一是男性针对女性的暴力行为，二是男性对女性在性和生育领域的控制。由于过分强调女性的生理特征和两性性别差异，这一理论让人觉得男性对女性的压迫是难以消除的，因此过分仇视男人，将“男尊女卑”颠倒为“女尊男卑”，实际上是翻转过来的性别歧视，因而只能在女同性恋分离主义者中引起共鸣。至于主张女性与男性分离，这从某种意义上是对男女不平等的社会现实的回避，并非是实现女性解放的良策。这一视角未能解释男权的起源，因此难以提供结束男权统治的策略。激进女性主义在发展的第三阶段开始转向赞美女性优越。

社会主义女性主义认为私有制是性别压迫的起源，资本主义社会的妇女面临着来自资本主义制度和父权制度的双重压迫，主张女性问题在工人运动、社会民主运动和马克思主义运动中将得到根本的解决。其目标在于使社会上男女阶级的划分消失，鼓励妇女进入公共劳动领域，主张家务劳动、儿童养育的社会化。

三、女性主义理论与家庭社会工作

女性主义批评其他家庭理论忽略了妇女的经验以及婚姻与家庭中的权力关系。从女性主义视角来分析家庭，强调必须有性别平等敏感度及妇女的经验，关注家庭中的女性是否受到来自文化、社会、政治、经济等外在因素的影响，进而导致了她们在家庭中的地位不平等和被压迫。不同流派的女性主义理论对家庭的看法不同（见表2—2）。

表 2—2　女性主义视角下的家庭观

女性主义流派	对家庭的主要观点
自由主义女性主义	强调家庭性别平等，包括社会化、生殖、儿童照顾、家庭劳动。
激进女性主义	视家庭为父权的化身；强调消弭父权。
文化女性主义	认为家庭反映了女性文化的被压迫，但也认为家庭是可以带来改变的场域。
社会主义女性主义/马克思主义女性主义	强调平等；批判资本主义对家庭的影响，视家庭为一个经济单位与劳动力的来源系统；视家庭为一个经济单位，与父权及资本主义系统联盟；认为女性在家中的免费劳务也是一种被父权和资本主义社会压迫的表现。
后现代女性主义	针对第二次女性主义的偏见而发展的观点，认为家庭也是社会及制度的指标之一。

资料来源：周月清：《家庭社会工作：理论与方法》，108 页，台北，五南图书出版公司，2001。

复习思考题

1. 试阐述家庭系统理论的基本概念和主要假设。
2. 试比较三种不同的家庭压力理论的主要观点。
3. 试阐述杜瓦尔的家庭生命周期及其对家庭社会工作的启示。
4. 试阐述女性主义的主要观点及其对家庭社会工作的启示。

推荐阅读书目

1. 周月清．家庭社会工作：理论与方法：第 3、4 章．台北：五南图书出版公司，2001.

2. ［英］Lena Dominelli. 女性主义社会工作——理论与实务．上海：华东理工大学出版社，2007.

第三章 家庭社会工作的主要方法

【本章要点】

- 家庭社会工作是一项整合性的专业社会工作，其方法主要有整合社会工作方法和家庭治疗方法。
- 整合社会工作方法主要包括个案工作方法、小组工作方法、社区工作方法。
- 家庭治疗方法将家庭作为一个系统进行心理治疗，发展出了多种模式，已经成为家庭社会工作的重要方法。

【基本概念】

个案工作方法 ◇ 小组工作方法 ◇ 社区工作方法 ◇ 家庭治疗

家庭社会工作是一项整合性的专业社会工作。由于家庭问题是多种多样的，因此家庭社会工作者运用的方法也是多元的。本章一方面通过案例，介绍了社会工作的主要方法在家庭领域中运用的程序与技巧；另一方面，考虑到家庭治疗与家庭社会工作的紧密关系，介绍了家庭治疗的主要模式、基本程序与技巧。

第一节 整合社会工作方法

一、个案工作方法

个案工作方法是家庭社会工作实务中经常运用的方法之一。有的学者甚至认为个案工作主要就是针对家庭的，如我国台湾学者叶楚生认为："社会个案工作是现代社会工作中一种由个人入手的专门工作或方法，其实施对象为个人和家庭，主要目的是协助发生问题或遭遇困难的个人或家庭，对于他们的问题加以详细的研究与分析，予以适当的处理，以期解决其问题和困难，促进其个人人格之健全发展与家庭生活的调适，增进个人的、家庭的与社会的福利。”①

个案工作自产生开始，就非常重视家庭个案工作。一方面，在家庭社会工作中，很多家庭问题都是以家庭成员的个人问题形式表现出来进入到社会工作者的视野中的。另一方面，社会工作非常重视环境对个人的影响，强调人在情境中，而家庭是个人生活的最重要的环境之一。因而在对个人问题的关注中，常常也会强调其家庭。

家庭个案工作主要为处于失衡状态的家庭提供服务，使其恢复平衡。它以整个家庭为工作对象，因此包含家庭中的所有家庭成员。家庭个案工作所涉及的问题可以包括家庭经济困难、家庭成员的心理问题、家庭成员的身体疾病问题、家庭关系紧张或家庭暴力等。

家庭个案工作的理论模式、程序步骤等与其他的个案工作并没有明显的差异。但个案工作方法在家庭中的运用更为关注个人与家庭的联系以及家庭整体的观点。

下面以案例3—1来展示个案工作方法在家庭社会工作中的应用。

案例3—1

基于人本治疗模式的低保家庭个案工作：

1. 案例背景

阿斌，男，40岁，患有糖尿病，血糖一直未能得到很好的控制，经常会感到头晕、乏力。由于病情反复，经常要到医院接受治疗。这对家庭造成了很大的经济负担。

阿斌对自己的病情感到无奈，在与社会工作者面谈的过程中总会显得情绪低落。阿斌目前在家的大部分时间会卧床休息，和妻子、女儿之间也很少沟通。由于自身身体上的不适和所面临的经济压力，阿斌在性情上变得有点孤僻，很少出门参与社交活动，与以前的同事、朋友也不再来往。阿斌的这些消极表现让其妻子常常觉得对生活失去信心，女儿也开始躲着阿斌，甚至不愿意和阿斌打招呼，家人之间很少互动。

2. 问题分析

人本治疗模式强调人的本质是好的，有改变的潜能，以创造和谐、接纳和真诚合作的辅导关系为中心，关注服务对象本身的发展，帮助服务对象开发其自身的资源，使其可以有效地处理目前或将来会面对的问题，促进服务对象逐渐成熟。因此社会工作者要从服务对象的角度去理解服务对象，和服务对象建立良好的专业关系，获得其信任，对服务对象的生理、心理上存在的问题进行客观分析。

(1) 生理

阿斌患有糖尿病。血糖一直未能得到很好的控制，经常会感到头晕、乏力。

---

① 转引自宋林飞、朱力主编：《社会工作概论》，修订版，88～89页，南京，南京大学出版社，2002。

由于病情反复，他需要经常到医院接受治疗。他需要得到良好的康复治疗，提高其生活自理能力。

(2) 心理

阿斌患病以后一直未参加工作，主要经济来源是低保金，且长期住院治疗的费用使家庭经济负担过重，使其有很大的心理压力，性情变得孤僻，情绪低落。应通过专业面谈，疏导其情绪，给予心理上的支持，做与自信心有关的心理辅导和训练，提高其自信心。

(3) 人际交往

阿斌由于自身身体上的不适和所面临的经济压力，不愿与外界接触，且家庭成员之间的沟通也出现隔阂，家庭关系恶化。要使其问题得到缓解，首先要帮助服务对象学习和掌握互动的方式和技巧，鼓励服务对象在互动中处于积极主动的角色，提升服务对象的自信心。其次要营造轻松和谐的家庭氛围，鼓励家庭成员之间的互动与支持。

3. 服务计划

(1) 个案目标

第一，帮助阿斌在社区工作站申请临时救助资金，以减轻其经济上的负担；第二，提升阿斌的自我评价，恢复及增强阿斌的自信心；第三，提升阿斌在家庭互动过程中的积极性，促进和改善阿斌和家人之间的互动关系；第四，提升阿斌的保健意识。

(2) 行动计划

第一，提升阿斌关于低保政策的认识，帮助其申请临时救助；第二，肯定阿斌在家庭中所扮演的重要角色以及其在社会角色中所能表现的能动作用，鼓励其积极参与社交活动，找回自信；第三，对阿斌进行家庭辅导，教授阿斌沟通技巧和相处技巧，增强其与家人间的沟通理解，改善家人之间的互动关系；第四，提供给阿斌食疗方面的资讯，鼓励其勇敢面对生活，积极配合治疗。

4. 服务记录

(1) 第一次面谈

主要讨论事项：本次面谈由于服务对象突然不适并到医院接受治疗，主要是与服务对象妻子进行的。主要内容有：第一，向服务对象妻子介绍自己的社会工作者身份，并告知其相关的服务内容。第二，倾听她讲述目前生活中所面临的困境，并及时给予回应和情感上的支持，缓解其紧张的情绪和不安的心理；并告知服务对象妻子申请临时救助的事宜。第三，服务对象妻子在谈到丈夫的病情时表现得很无奈，表示不知道自己怎么才能帮助到他；觉得丈夫随着病情的反复，性格变得有点孤僻，不爱和外界接触。第四，服务对象妻子表示自己和丈夫都很担心女儿的学习成绩。同时觉得丈夫对女儿的教育方式不恰当，自己也会因为丈夫责骂女儿而和丈夫发生口角。第五，肯定服务对象妻子对家庭所付出的辛勤努力，也鼓励服务对象妻子和服务对象多进行沟通，多了解彼此的想法。

介入重点：第一，了解情况，建立专业关系；第二，收集服务对象信息，包括他的经历、与家人之间的互动模式等。

(2) 第二次面谈

主要讨论事项：第一，接见服务对象，向服务对象介绍自己的社会工作者身份，并告知其相关的服务内容。向服务对象讲述申请临时救助的事宜。第二，倾听服务对象讲述自患病以来，他身体所承受的痛苦和心理所承受的压力，并及时给予回应和情感上的支持，鼓励服务对象积极配合医生治疗。第三，询问服务对象和家人之间的互动情况。服务对象告知工作者在女儿教育问题上和其妻子存在分歧，也能感觉到女儿现在不愿意主动亲近自己。服务对象觉得自己应该是一个比较内向的人，不知道平时和家人能说什么，并表示自己也没有那个精力去了解家人。工作者告知并肯定服务对象在家庭中所承担的重要角色，同时也肯定服务对象这些年来为家庭所做出的贡献，让服务对象提高自我认可度，增加服务对象的自信心；鼓励服务对象多与家人进行互动。服务对象表示会尽力尝试。

介入重点：第一，了解情况，建立专业关系；第二，收集服务对象信息，包括他的经历、与家人之间的互动模式等。

(3) 第三次面谈（略）

(4) 第四次面谈（略）

(5) 第五次面谈（略）

(6) 第六次面谈（略）

(7) 第七次面谈

主要讨论事项：第一，询问服务对象的身体近况。服务对象表示最近血糖控制得还可以，自己也已经戒掉了吃夜宵的习惯。第二，询问服务对象最近的情绪状况。服务对象表示最近自己好像变得比较开朗了，早上出去运动的时候认识了好多朋友，现在好像去那里晨运的人自己都认识了，觉得自己这样挺好的。第三，继续鼓励、肯定服务对象这段时间在改善家庭互动关系上所付出的努力，并询问服务对象和家人是否还需要进行沟通辅导。服务对象表示自己已经改变了，不会像以前那样。

介入重点：关注服务对象在坚持食疗和运动上的持续性和动力。

(8) 第八次面谈

主要讨论事项：第一，询问服务对象近况。服务对象表示最近病情较为稳定，自己也开始注意饮食了，并表示会一直坚持运动。第二，和服务对象一起回顾自个案开展以来，服务对象在自己病情、和家人之间的关系以及自己的社交问题上所作出的努力，鼓励服务对象坚持下去。第三，结案。

介入重点：结案。

5. 过程评估

(1) 第一阶段（第一、二次面谈）：建立专业关系

服务对象变化情况：第一、二次会谈进展很顺利，服务对象和服务对象家人坦诚地对工作者讲述了目前生活中所面对的困难，以及在家人互动中出现的问题。服务对象更多地向工作者描述了自己自患病后情绪出现的变化，并表示很愿

意下次和工作者继续面谈。

工作重点及评估：建立关系，收集服务对象的信息；评估他的需求及愿意改变的动力。

专业行动：倾听，适时地回应服务对象；并适时地对他的经历加以专业视角的点评，提高服务对象改变现状的信心。

(2) 第二阶段（第三、四、五次面谈）：心理辅导，重建服务对象自信心；促进服务对象和家人之间的互动

服务对象变化情况：服务对象过去表示自己没有多余的精力和家人进行沟通的观念得到了转变，会更多地主动针对女儿的教育问题和妻子进行交流，也能更主动地和女儿亲近。

工作重点及评估：带领服务对象重建自信，肯定服务对象对于家庭的责任以及其在家庭中所扮演的角色，鼓励服务对象提升在家庭互动中的积极性。

专业行动：心理辅导，鼓励和肯定服务对象的努力，增加服务对象自我肯定感和提升服务对象自信心。

(3) 第三阶段（第六、七、八次面谈）：提升服务对象保健意识，鼓励服务对象积极参与社交活动，积极面对生活

服务对象变化情况：服务对象变得较为开朗，开始主动参与社交活动，并积极地通过食疗和运动等方式来辅助治疗疾病。

工作重点及评估：肯定服务对象所作出的努力。

专业行动：巩固个案成果，结案。

6. 结案情况

(1) 结案原因

服务对象病情得到了控制，社交情况和家庭互动情况也得到了一定的改善。

(2) 服务对象的改变情况

服务对象目前戒掉了饮食上的一些不良习惯，每天会坚持跑步或游泳，血糖在一定程度上得到了控制。服务对象在情绪上变得比较开朗，会主动结交朋友。和女儿之间的关系也有了较好的改善，由于促进了服务对象和其女儿的互动，服务对象女儿在学习上也有了较大的积极性。这让服务对象夫妻俩都感到欣慰。

(3) 个案目标达成情况

个案目标已达成。

7. 专业反思（略）

资料来源：见 http：//www.sowosky.com，有删改。

二、小组工作方法

相比较家庭个案工作，家庭小组工作的运用要略少一些，但近年来，小组工作方法开始越来越多地被运用在家庭社会工作之中。家庭小组工作指社会工作者

在专业价值、理论与方法的指导下，以多个不同的家庭为工作对象，通过将不同的家庭组成小组，运用小组工作方法帮助这些家庭汲取经验、克服困难、解决问题和恢复功能，最终实现家庭发展的专业社会服务。

家庭小组依据面向的对象不同，可以分为两类：一是针对具有某种特定问题的家庭而建立的以家庭为单位的小组，如单亲家庭小组、家庭暴力小组等；二是面向一般家庭，以促进家庭成长和发展为目标建立的小组，如针对不同家庭生命周期中的家庭成员角色转换而建立的小组，针对家庭的生育、升学或择业问题而建立的小组，等等。

家庭小组依据参与小组活动的家庭成员数量的不同，也可以分为两类：一是以单个家庭成员为单位而组成的小组，如单亲母亲支持小组、受暴妇女支持小组；二是以两名及以上家庭成员组建的小组，如婚姻成长小组、亲子互动小组等。

小组方法在家庭中的应用与在其他领域中的应用，在模式选用、程序步骤等方面并没有太大的差异。但如果以家庭为单位（即小组中包括多位家庭成员，如亲子小组）来构建的小组，通常会使小组的组建和维系难度较之于以个人为单位的小组要大。因为家庭成员的时间安排常常不一致，对活动的取向也不一样。另外，家庭社会工作的不少主题都具有一定的敏感性，因此，家庭小组工作的难度在同等情况下可能大于一般的小组。

以下通过案例 3—2 来展示小组工作方法在家庭中的应用。

案例 3—2

南京市社会儿童福利院在已下设一个儿童康复医院的基础上，于 1999 年成立了希望家庭资源中心。该中心的工作宗旨是向残疾儿童及其家长提供康复医疗方面的专业知识，提供康复社会工作的专业服务，尽可能帮助残障儿童恢复个人生活能力，扩展其社会生活的参与能力，最大限度地帮助残疾儿童家长充分挖掘自身资源、合理运用社会资源来减缓他们因孩子残障所面临的各种压力，最终使残疾儿童在生理、心理和社会功能上充分发挥潜力。

以下主要介绍该中心针对弱能儿童家长的“同路人”家长小组工作的方法及内容。

1. 小组工作的背景

残疾儿童的康复工作十分需要家长的协助与配合，否则，即使有最优秀的专业人员与最先进的康复设施，其康复的进程也有可能减慢。在对残疾儿童进行康复工作的过程中，中心工作人员发现残疾儿童家长从发现孩子是弱能，到接受孩子、珍爱孩子，学习护理孩子，为孩子进行康复治疗，其间经历了一段漫长而又艰辛的路程。他们面临着来自主观和客观的诸多压力：（1）难以接受孩子弱能的事实；（2）被弱能孩子康复占去了私人时间，没有精力从事其他工作；（3）康复弱儿需要花费高额的医疗费用；（4）因弱儿问题引起情绪不良以及家庭关系冲突；（5）怀疑社会对残疾儿童是否接受；（6）忧虑残疾儿童的前途问题；等等。

残疾儿童家长面对这些压力，普遍感到仅通过自身的调适，很难缓解和消除这些压力。为了帮助家长充分挖掘自身资源、合理运用社会资源来解决问题，中心决定开办一个“同路人”家长小组。

2. 小组工作目标

小组工作是社会工作的专业方法之一。它通过一个群体环境，提供人际交往的机会以及一些有助于处理各种困扰的经验和知识，从而满足小组组员的需要。“同路人”家长小组被定位为一个支持小组，其工作目标如下：

(1) 助家长正确全面地认识弱儿、接受弱儿；

(2) 介绍教育和训练弱儿的技巧；

(3) 加强家长的支持系统，使家长之间建立友谊，互相支持；

(4) 帮助家长充分挖掘自身资源，合理运用社会资源。

3. 小组工作的筹备过程

(1) 中心社会工作者强化培训。由于小组工作方法的运用在国内刚刚起步，社会工作者没有小组工作的实际经验，因此中心在杨震社会服务处的帮助下，对社会工作者进行了小组工作的专业培训。

(2) 确定工作对象。通过个别访谈，了解家长的意愿、动机及期望，并对中心会员的情况进行个案分析，初步确定了小组的目标对象，邀请了六位母亲参加小组，她们的家庭中都有一名十岁以下发育迟缓的弱儿，且都是独生子女。

(3) 建立专业工作关系。由于小组成员经常来中心参加讲座、培训、康乐等活动，与中心社会工作者接触密切。小组工作的组长是组员最喜爱的社会工作者之一，为人热情开朗。为了对六位家长的状况有一个比较深入的了解，组长特地拜访了六个家庭，走访了入学儿童的学校、幼儿园。组长与组员之间建立了信任、真诚与亲密的关系。

4. 小组结构与内容

小组活动分为八节，每次活动基本上可分为热身运动、主题讨论、分享心情等，大致经历了四个阶段。

5. 组员的反应

借鉴C. R. 罗杰斯（C. R. Rogers）的理论，中心社会工作者对家长在小组中的反应进行了分析。

在整个小组中，组长对于每个家长都有很重要的作用及影响。

首先，组长应是一位专业社会工作者。“同路人”家长小组的组长是一位有二十几年弱儿康复经历的社会工作者，也担任过教师。在小组工作开始时，她便通过不同的途径来塑造小组工作的氛围，同时也对家长的行为作出积极的正向回应。

其次，组长应是一位有爱心和修养的人。组长也是小组中的一员。她的第二个角色是做一个模范的参与者。“同路人”家长小组组长一直注意做个人化的分享，分享自己在弱儿康复工作中所遇到的挫折，不但强化了与家长之间的关系，也给组员起了模范作用。组长在小组中不掩饰自己，不做自我防卫，肯承认自己的错误，这一切都对组员起了积极的作用。因此，小组成功的要素，一方面是小组工作的技巧，另一方面也与组长的人格魅力有关。

6.“同路人”家长小组工作成效评估

(1) 家长的成长与改变。

第一，家长在无压力状态下，敞开心扉，真正直接面对内心深处积压已久的心境，并与组员做深层次分享。这对家长而言是一个倾诉、释放的过程。同时，家长在互动过程中建立起同质的支持系统，对生活增添了兴趣。

第二，家长在小组活动中通过听讲座、讨论学到的教育、训练孩子的技巧，有机会分享经验和建议，从而找到正面模仿对象，更有助于提高她们“自助”的信心及能力。

第三，大家在一种坦诚、彼此支持的状况下了解到自己与境遇相同的人有共同的想法，并彼此祝福，从而积极面对生活，笑对每一天，摆脱许久以来自怨自艾的痛苦无助状况。小组结束后，组员之间加强了联系，她们的友谊在小组外得到了发展，如自己举行康乐活动等，这样有助于她们舒展身心，提高生活质量。

(2) 资源的不断扩展。

中心的资源是有限的，而家长则是有待发掘的资源。六位母亲在知识、信息及心理情绪等方面有许多可分享的东西，她们之间的互相交流有助于各自资源的共享。例如，一位家长在其他家长的帮助下找到了一份工作；有的家长没时间带孩子，其他家长主动提出帮忙等。

(3) 对中心的积极影响。

在小组中受益的家长将信息传递给外界，从而扩大了中心的知名度，吸引了其他一些弱儿家长的参与，为他们带来了希望，也使社会都来关心弱能儿童。另一方面，小组也促使中心工作者不断探索工作方法，以便为弱儿及家长提供更好的服务，为社会福利机构的进一步发展奠定基础。

(4) 弱儿的变化。

残疾儿童的活动空间通常是十分封闭的，因其残障而与社会相对隔绝，又因其隔绝而产生生理及心理的更大的问题，直接影响其治疗和康复。参加“同路人”家长小组的家长自身在精神上有了很大改变之后，不再害怕别人知道自己有一个残疾的孩子，并能坦然面对现实。家长以一种比较正常的心态对待身患残疾的孩子，以正确的方法配合医生的治疗，这对弱儿的康复有着十分重要的影响。此外，希望家庭资源中心给弱儿提供了一个温暖并充满希望的社会生活与交往的空间，弱儿康复过程中的每一点进步都能得到外界充分的肯定，这对弱儿自信心的提高有很大的帮助。经过中心工作者一年来的努力，有些弱儿的生理与心智功能有了很大的提高，从不能上学到可以进入专为残疾人开办的学校读书。

资料来源：见 http：//www.sowosky.com，有删改。

三、社区工作方法

社区工作法是以整个社区中的民众作为服务对象，提供助人的、利他的服务的一种专业社会工作方法。具体而言，社区工作以社区和社区居民为案主，通过发动和组织社区居民参与集体行动，确定社区的问题和需求，动员社区资源，争取外力协助，有计划、有步骤地解决或预防社会问题，调整和改善社会关系，减少社会冲突，培养自助、互助及自决的精神，加强社区的凝聚力，培养社区居民的民主参与意识与潜力，发掘并培养社区的领导人才，以提高社区的社会福利水平，促进社区的进步。

家庭社会工作离不开社区工作方法，例如，提供婚姻与家庭关系咨询和家庭生活教育，鼓励家庭参与社区组织活动，协助家庭改善其社会环境等。同时，家庭社会工作也强调家庭与社区资源的连接，以增强家庭功能。在家庭社会工作中，工作者必须意识到，作为社会的基本细胞单位，个人的困扰、家庭功能的不完善与欠缺，往往是与家庭所在的社区的功能不完善和欠缺有直接关系的。因此，无论是解决个人的问题，还是提高家庭生活的品质，都必须首先搞好与社区功能有关的社会组织、服务设施和功能的建设，并进而提高整个社会的功能。这样，在家庭社会工作中，才能做到标本兼治。[①] 比如，中国法学会反家暴网络城市社区介入项目试点——北京市右安门街道通过由公检法司、妇联、医院等联合组成的多机构合作网及数百名志愿者队伍，尤其是白丝带男性志愿者的参与，有效地制止了该地区家庭暴力的发生，促进了妇女权益的保护和家庭的和谐发展。

案例 3—3 主要以江西万载县所开展的农村社区工作为例，探讨社区工作方法在家庭中的运用。

案例 3—3

万载县是江西省的“花炮之乡”和“百合生产之乡”。全县总人口 48.6 万人，其中农业人口 38.1 万人，是一个典型的农业县。2007 年 4 月，万载县被确定为首批全国社会工作人才队伍建设试点县。

社区需求调查显示，农村需要专业社会工作。以罗城镇卢洲村为例，该村有外出务工人员 600 多人，16 岁以下留守儿童有 700 余人，主要依靠爷爷奶奶、外公外婆照看。由于老人们本身年龄较大，教育方式和理念陈旧，难以担负起管教孩子的重任，致使许多小孩出现逃学、以自我为中心、自我封闭等行为和心理问题，有的甚至走向犯罪……84 岁的老年协会副会长廖志勇说，如果社区能配一

① 参见张文霞、朱冬亮：《家庭社会工作》，91 页，北京，社会科学文献出版社，2005。

个年轻的社会工作者，对留守儿童进行管理和教育（特别是双休日）就好了。这项工作老年协会承担不了，一是年纪大，精力不够；二是代沟深，不易管理。同时，普通的行政性、福利性的社会管理和社会方法也已经不足以解决农村经济社会发展中出现的这些新矛盾、新问题。农村家庭结构变化、农村文化教育发展、农村社会综合治理都需要专业社会工作的参与。

据万载县劳动就业部门统计，2007 年，全县农村外出务工人员占农村人口的 14.2%，由此导致的农村留守儿童、留守老人、留守妇女（简称“三留”人员）问题相当突出。在面向“三留”人员及其家庭开展个案工作与小组工作的同时，社会工作者发现，农村文化生活贫乏，而农民农闲时间充裕，很容易诱发“黄、赌、毒”等犯罪行为。在寨下村，社会工作者发现村民聚众打牌、赌博之风盛行，由此导致家庭矛盾突出。而这，仅靠开展个案和小组工作难以解决，需要运用社区工作的方法进行介入。

在寻找社区资源时，社会工作者发现了曾经兴旺、而今渐渐失传的周家狮子灯和王家龙灯。王家龙灯在民国初年就已经形成，每年正月初一到初六，村里就组织龙灯队外出表演。周家狮子灯历史更悠久，据说有几百年，每年春节的初七、初八后外出表演。每到一处，户主都会给点报酬，招待点水果。但是随着 20 世纪 90 年代“打工潮”的席卷，传统文化面临断流。社会工作者决定重整狮子灯队和龙灯队，这个想法得到了县委宣传部、县民政局、县文化局、村两委的大力支持。但重组狮子灯队面临的问题较多：队伍涣散，会武艺的村民大多外出务工，在家者则年纪偏大，体力不支；年轻人少有加入；武艺套路较老；组织发展缺乏资金，道具陈旧，服装不统一。社会工作者帮助他们改变“传内不传外，传男不传女”的传统观念，建立师徒传艺的奖励机制。县文化局则出资帮助狮子灯队更新道具和服装。队伍建立起来后，狮子灯队和龙灯队在村祠堂前进行了表演，中断十几年的本土文化重现民间，受到了村民的热烈欢迎，不但丰富了农村家庭的闲暇生活，促进了家庭的和谐，而且改变了村落的性别文化，促进了两性的平等和农村社区的整体发展。

资料来源：《江西万载：社会工作回应农村需求——万载县农村社会工作试点经验报道（上）》，载《中国社会报》，2008-12-11。有删改。

第二节
家庭治疗方法

一、家庭治疗的内涵

（一）家庭治疗的发展历程

家庭治疗作为一种治疗模式，出现在第二次世界大战以后的美国精神医学界，于20世纪50年代为社会工作和心理治疗界所认可，并被运用于家庭社会工作服务中。家庭治疗是一种整体论治疗方式，它把家庭作为一个系统进行心理治疗，从家庭视角来审视来访者的心理问题的根源，并经由任何形式的语言、互动等治疗行动来促使家庭关系和动力机制有所改变。其目的在于消除心理疾患，使家庭成员更加分化、更加自由地完成个人及家庭整体发展的阶段性任务。

家庭治疗在不同的心理治疗基础上形成了不同的家庭治疗流派：结构派、行为派、心理动力派、策略派等。20世纪末，家庭治疗各流派间的界限逐渐消失，在后现代主义、社会建构主义的影响下，性别敏感的家庭治疗、叙事治疗、寻求导向治疗等不同取向的家庭治疗出现，它们拥有自己独特的理论和技术，但能够取长补短，越来越呈现出融合的态势。家庭治疗以关怀家庭功能、强化家庭功能为治疗重心，将关注点投向调整与改变家庭系统的运作上。

家庭治疗的发展历程如下：首先是起源诞生期，即第二次世界大战后，许多家庭在战争后出现了离散和剧变，如晚婚、"婴儿潮"、离婚对家庭的冲击，以及性别角色的转换等问题，使得研究者和服务者开始认识到家庭结构及互动模式对于治疗问题行为或病症以及维持治疗效果的必要性，并将其关注的焦点转向家庭在创造或维持更多家庭成员的心理困扰中所扮演的角色。这个时期，弗洛伊德的精神分析理论、贝塔朗菲的一般系统论、鲍恩的共生母子关系、儿童辅导与婚姻咨询两个领域的发展、团体治疗临床技巧等学科或理论为家庭治疗的诞生打下了基础。其次是黄金发展期，即1970年到1985年，这期间是家庭治疗著名流派的发展成熟期，家庭治疗的先驱者纷纷建立自己的训练中心，并致力于将其治疗模式运用到实践中，同时主张考察家庭治疗中美学的一面。最后是整合、折中和挑战期，自20世纪90年代开始，家庭治疗的主流已经远离坚持"学派"的分别，进而走向整合，家庭治疗面临前所未有的挑战，陷入了男女平等主义者、社会建构主义者、后现代主义者和多元文化主义者的批评之中。①

（二）家庭治疗的含义

美国精神分析师内森·阿尔曼在20世纪50年代首次正式提出"家庭治疗"这个概念。此后的几十年，随着各种家庭治疗流派的发展和崛起，各种关于家庭治疗的定义纷纷出现。周月清指出，家庭治疗是心理治疗的一种形式，是将所存在的问题或症状从个体转向关系的一种思考和实践的方式，为了处理和消除所存在的症状，包括家庭和更大的机构在内的系统必须有所改变。② 也有学者把家庭治疗称作"家庭疗法"（family therapy），它是以家庭为对象而施行的心理治疗方法。该方法旨在协调家庭各成员间的人际关系，通过交流、扮演角色、建立联盟、表达认同等方式，运用家庭各成员之间的个性和行为模式相互影响、互为连

① 参见朱东武、朱眉华主编：《家庭社会工作》，149～152页，北京，高等教育出版社，2011。
② 参见朱东武、朱眉华主编：《家庭社会工作》，148～149页，北京，高等教育出版社，2011。

锁的效应，改进家庭心理功能，促进家庭成员的心理健康。家庭治疗与以个人为对象而施行的个体治疗有所不同，其特点是不太注重成员个人的内在心理构造与状态，而是把焦点放在家庭各成员之间的人际关系上。[①]

二、家庭治疗的基本内容

（一）家庭治疗的基本观点

1. 采用家庭关系框架

家庭远不只是一个分享特定物理和心理空间的多个个体的集合体，而是可以看作一个自然的社会系统：拥有自己的财产，发展了一套规则，成员各有角色分工，组织结构有力，交流方式复杂，或内隐或外显，并且着意形成了保证各种任务有效完成的协商和问题解决方式。处于这种精微文化中的成员之间的关系是深刻而多级的，它主要建立在共同分享的历史、业已内化的观念和关于世界的假定以及共同的目标上面。在这样的一个系统里面，个体与其他成员被强有力的、持久而互惠的情感依恋和忠诚联结在一起。尽管成员之间的这种情感依恋和忠诚某些时候可能在强度和心理距离上有所变化，但仍然将在家庭的生命全程中维系。家庭系统存在于特定的历史时间和空间中，受到种族、部落、社会阶层、生命周期阶段、宗教信仰、成员的身心健康状况、受教育程度、经济保障以及家庭价值和信念体系等多种因素的交互影响，而家庭具有制造和教养新的成员的功能，尽管最终还是要给这些成员自主权，也不再期望他们总是生活在同一个屋檐下，但家庭成员的关系依然无损于生活。家庭的力量就是这样，尽管家庭成员间可能存在时空阻隔，有时甚至生死分离，但家庭的影响仍然存在。[②]

2. 家庭发展的连续性和变化性

家庭生活是一个持续的交互作用过程，与此同时，它又存在于时间的线性维度上。在家庭当前的发展阶段中，同时发生着众多交织在一起的代际的相互作用。上一代面临孩子独立生活的事实，而下一代则正在为事业做准备或开始经历成人间的亲密关系。在这一家庭系统中，每一代人都影响着另一代人，同时也被另一代人影响着。因为家庭呈现出阶段性，所以当家庭成员在一起处理变化中的生活环境和需求时，他们能够预见到过渡期和转变期，在这个过程中，家庭关系系统——成员角色、成员间的亲密关系、界限的变化等会不断被定义和重新定义。[③]

---

① 参见于晶利、刘丽艳编著：《家庭社会工作实务》，47～48页，上海，上海人民出版社，2012。

② 参见［美］Irene Goldenberg、Herbert Goldenberg：《家庭治疗概论》，6版，1～2页，西安，陕西师范大学出版社，2005。

③ 参见［美］Irene Goldenberg、Herbert Goldenberg：《家庭治疗概论》，6版，15页，西安，陕西师范大学出版社，2005。

（二）家庭治疗的基本概念

1. 人际交往环境

家庭治疗的基本前提是：人是其所在环境的产物。因为几乎没有人比我们的父母或配偶与我们更加亲密。这个概念可以被解释为另一种说法，即个人与其家庭成员间的互相交往在很大程度上影响他的行为。

2. 互补性

互补性即互惠性是家庭关系的主要特征。在任何人际关系中，一个人的行为都是与其他人的行为联系在一起的。家庭治疗师一旦听到一个人抱怨另一个人时，就要考虑互补性。例如，丈夫经常抱怨妻子唠叨："她总是追着我说事情，她总是在抱怨。"从互补的角度，家庭治疗师会假设妻子的抱怨只是互补模型中的一个部分。无论何时，只要一个人被认为是喋喋不休，就可能意味着长时间没人倾听她所关心的事情。无人倾听使她感到愤怒和无助。互补性并不意味着人们在人际交往中相互控制，而是意味着相互影响。家庭治疗师可以通过指出家庭成员行为的互补性，帮助他们克服过去的抱怨，即始终伴随的无效行为。

3. 循环的因果关系

互补性描述了家庭成员的动态交往和相互影响，这种动态交往是线性的和水平面的，而循环因果则是对家庭成员动态交往和相互影响的纵向、循环且互为因果的特点的总结。

在家庭治疗出现以前，精神病理学的解释是建立在线性模型上的：医学的、心理动力的或行为主义的。病源学认为过去的事件——疾病、情绪冲突或学习情况——会引发现在的症状。使用循环的概念，可以改变精神病理学的思维方法，从某一件事情是由过去的事物引发转为是由正在发生的事物循环反馈回路引发。相互或循环的观念对于治疗师非常有用，因为许多家庭前来治疗就是为了寻找他们问题的"起因"，并明确谁该为此负责。但循环因果关系认为，不要与家庭一起毫无结果地分析、搜寻到底谁引发了什么事情，问题是由一系列正在进行的行动与反馈维系的。

4. 家庭结构

家庭人际交往的模式有些是可以预测的，但有些可能是无法预测的，因为它们深藏在强有力但却看不到的结构之中。动力学模式，如追逐者—逃避者，描述了人际交往的过程；家庭结构界定了人际交往产生的组织结构。起初，人际交往形成结构。一旦结构建立，结构就决定着人际交往。

家庭和其他团体一样，有人际交往的选择权。但是，很快，最初很自由的人际交往就会变为有规律、可预测的。一旦这些模式已经建立，家庭成员就只能使用全部可以采取的行为中很少的一部分。家庭由子系统组成，子系统可以按辈分、行为、共同兴趣以及功能划分，并由人际交往界线分隔开。看不见的界线调节着其与其他子系统的触摸数量。界线保护家庭及其子系统的独立性与自主性。例如，不许在晚饭时间打电话的规则就是一个界线，它保护家庭不受干扰。没有受到界线充分保护的子系统会限制人际交往技能的发展。如果孩子被允许随便打断父母的谈话，辈分间的界线就被侵蚀，夫妻关系就被父母角色所破坏。如果父母总介入孩子间的争执，孩子就无法学会处理相互的关系。

5. 文化

在所有促使家庭行为形成的影响因素中，很少有比文化更强大的因素。例如，一个来自波多黎各的家庭，对忠诚和成年孩子应尽义务等方面的期望，可能与来自美国明尼苏达州的白人中产阶级家庭的期望完全不同。治疗师应该对文化差异性保持敏感的一个原因就是要避免把主流文化的价值观和期望强加于少数民族。①

(三) 家庭治疗的适用范围

由于家庭治疗的学派、理论和术语各异，治疗模式也有差别。例如，行为学派的家庭治疗把要解决的问题明确下来，进行行为矫正。精神分析学派的家庭治疗探讨家庭中潜在的心理冲突和投射机制，启发内省力，促进人格成熟，以和谐家庭关系，等等。然而，所有这些学派又都有一个共同点，那就是把整个家庭作为治疗对象，并采取积极干预的策略，一方面力图打破原有的僵局，另一方面重建健康的交流和行为模式。总体而言，家庭治疗适用于神经症、心身疾病、个人的心理行为障碍、某些精神病（如精神分裂症、躁狂抑郁症、反应性精神病等）和药物依赖的康复与治疗，并应用于家庭危机、家庭成员关系、子女学习困难等，还能应用于婚姻危机、夫妻适应困难、性心理障碍、性变态等。②

(四) 家庭治疗的特点

家庭治疗不去关注成员个人的内在心理结构与状态，而把焦点放在家庭各成员的人际关系上。它的主要理论观点是，把家庭看成一个私人性的特殊的群体，需要以组织结构、沟通、扮演角色、联盟与关系等观念与看法来了解此小群体，并且依据系统学的观念来体会该家庭系统内所发生的各种现象。即在家庭的系统内，任何成员所表现的行为，都会受到家庭系统内其他成员的影响；个人的行为影响系统，而系统也影响成员的行为。这种系统相关的连锁反应，可导致许多所谓的病态的家庭现象；而一个人的病态行为，也常因配合其他成员的心理需要而被维持。基于此种观点，家庭治疗者认为，要改变病态的现象或行为，不能单从治疗某一个成员着手，而应以整个家庭系统为其对象。③ 因此，我们对家庭治疗的特点总结如下。

1. 以家庭为焦点

家庭治疗是以家庭而不是以个人作为治疗的单位。很多实例显示，个人问题

---

① 参见［美］Michael P. Nichols、Richard C. Schwartz：《家庭治疗基础》，2 版，75～77 页，北京，中国轻工业出版社，2005。

② 参见于晶利、刘丽艳编著：《家庭社会工作实务》，49～50 页，上海，上海人民出版社，2012。

③ 参见王成彪、林红编著：《家庭心理学》，140 页，北京，开明出版社，2012。

的成因并不仅仅在于个人本身，而是与他所身处的环境特别是家庭有很大关系。环境因素会直接或间接地影响个人的心理和行为，每个家庭成员的行为都是与其家庭、与家庭其他成员互动的结果，个人的行为和心理问题只是一个更严重但不显眼的家庭问题的表征。即个人的问题可能是家庭系统运转不良造成的，个人的行为问题和心理困扰背后可能是整个家庭存在问题或困扰。因此，要有效而彻底地解决个人的“问题”，不能仅从个人身上寻找问题的原因和解决办法，而必须正视和解决家庭系统中存在的问题，把整个家庭系统作为工作的对象，从家庭整体的角度去理解个人。由对整个家庭关系的调整，达到对个人的辅导和治疗。

2. 关注家庭内部不良的互动结构

家庭治疗的目标和焦点是改变家庭内不良的互动结构和家庭成员间不良的互动方式，从而根本上解决个人的问题和家庭的问题。与个案工作方法以个人为辅导和治疗单位，注重改变个人的看法、行为和感受，努力推进个人的自我了解不同，家庭治疗方法的关注点不是某个人的行为或心理问题，而是家庭的结构是否合理、家庭成员之间的交往和沟通方式是否合适、家庭成员之间的关系是否正当和协调、家庭的正常功能的发挥有没有受到阻碍以及在哪些方面受到阻碍、家庭中存在的不良结构和关系对于各个家庭成员的身心造成了怎样的影响，等等。一般来说，家庭功能是否良好，与家庭的价值观、家庭内的关系组合、权力结构及运作、生活的规则以及家庭氛围等方面互为因果、不可分割。因此，家庭治疗师应着眼于家庭系统的测评与调整。家庭治疗强调通过理顺家庭的关系、加强家庭的积极功能，以达到改变个人所处的家庭环境，帮助家庭和个人同时成长的目标。

3. 强调此时此景

家庭治疗注重家庭此时的境况以及家庭成员间互动的实际过程，并着意引导家庭向积极的方向改变。与精神分析法注重案主个人过去的经历不同，家庭治疗不去着意追寻陈年旧事对个人和家庭的影响，也不太注重个人的心理和行为问题的表征。家庭治疗对治疗过程中展现出来的家庭互动模式给予充分的关注。家庭治疗师相信，家庭的问题和家庭现在的模式并不是一朝一夕形成的，而是长期积累、家人共同作用的结果。所以，家庭的问题不是马上能够得到解决的，其改变也不是立刻就能完成的，家庭状况的好转要靠家庭成员自愿的合作与努力。因而，家庭治疗的过程并不只是直线的、单对单的谈话方式，而是多元化、多层次的照顾，要留意到家庭的动力和家庭系统的组织化情况。在家庭治疗过程中，治疗师的知识、态度、语言、表情、姿态、动作以及对于家庭的介入，对促进家庭的改变是十分重要的。

4. 以心理学、家庭社会学等相关理论为指导

家庭治疗以心理学、家庭社会学以及社会工作的相关理论为指导。家庭治疗除了应用心理学的有关理论去了解人的心理特征及其与境况的关系之外，还需要借助家庭社会学的一般理论，如家庭系统理论、结构功能理论、家庭周期理论、沟通理论等去了解家庭的动力和结构特征。对于不同家庭治疗学派来讲，其侧重的理论基础往往有所不同，但是家庭系统观点几乎是所有家庭治疗学派的主要理论基础。在家庭治疗过程中，还往往需要借鉴社会工作中个案辅导和小组工作的一些理念和技巧，如在家庭治疗中同样要贯穿社会工作者所崇尚的尊重案主、平等待人、助人自助的价值理念，借鉴投入、共情、挑战等个案辅导技巧以及某些小组工作技巧。只有把心理学、家庭社会学以及社会工作者的诸理论和技巧结合起来，用理论指导实践，以实践丰富理论，才能收到好的治疗效果。[①]

（五）家庭治疗的目标

家庭治疗的目标包括以下几个方面：（1）充分估量困扰家庭特定成员的心理与行为的家庭因素，了解家庭成员之间的互动关系素质；（2）使家庭成员了解并促进彼此之间的交互反应关系；（3）使家庭成员了解并促进个人在家庭中所应担当的角色与功能；（4）改善或解决家庭当前互动关系中的难题；（5）促进家庭成员的协调、发展功能，有能力去了解、体验及适应家庭生命周期的各个发展阶段；（6）使现代家庭生活功能得以充分发挥。[②]

（六）家庭治疗的原则

1. 中立原则

家庭治疗师在治疗过程中，应该始终以一种客观、理性的态度与家庭建立工作关系，保持情感、道德上的中立，不涉及家庭成员之间的任何纠纷，不做任何道德评判和价值判断，让每个家庭成员都感受到信任和支持。

2. 循环提问原则

对循环提问的重视最初来自贝特森。他认为差异产生信息，对于同一件事，不同人去看就有不同的角度，只有对比才能知道问题真正出在哪里。在家庭治疗过程中，治疗师要照顾到每个参与家庭治疗会议的家庭成员的想法和感受，循环提问有助于达成这一目标。治疗师通过向每个家庭成员发问的方法，引导他们谈出自己的感受和对问题的看法，这样不但可以全面收集家庭的信息，还能促进家庭成员之间的相互沟通和了解。

3. 积极赋义原则

对于家庭的困扰，家庭成员往往有所感受，并有着自己的（消极）解释。为此，家庭成员往往长时间沉溺于这种消极的情绪中而看不到解决问题的方向。对此，治疗师可以换一个角度对问题进行重新定义，从积极的方面给予解释，并引导家人从问题的根本以及自己能够有所应对的方向入手进行行动。对于不容易进行积极赋义的事情，治疗师也可以使用“未来取向”的解释，启发家庭构想未来的计划，而不使家庭由于当前的行为而感到难堪和无助。

---

① 参见张文霞、朱冬亮：《家庭社会工作》，121～122 页，北京，社会科学文献出版社，2005。

② 参见于晶利、刘丽艳编著：《家庭社会工作实务》，51～52 页，上海，上海人民出版社，2012。

(七)家庭治疗师的角色

家庭治疗理论的基本观点是，每个家庭成员的行为都是与家庭、与家庭其他成员互动的结果；个人的问题可能是家庭的问题，个人的困扰可能缘起于家庭的困扰，个人的行为失常是家庭系统运作失常的反映。因而，家庭治疗应该通过对家庭系统的测评和调整，来达到解决个人问题和家庭问题的目标。围绕这个目标，家庭治疗师的角色通常有以下几种。

1. 推动者

家庭治疗师首先是促进家庭转变的推动者。因为每个家庭都有其独特的权力关系结构和沟通模式，这种结构和模式往往是问题和压力的来源。要达到成功的治疗，转换家庭成员在家庭中的地位和角色往往是不可避免的。久陷困境、结构已经固化的求助家庭，虽然有着向往美好生活的期望和动力，但其成员常常缺乏自我改变的自觉性和能力。家庭治疗师需要担当起推动者的角色，引导整个治疗过程的发展。具体任务包括：帮助家庭成员探寻并认识问题的根源，提升家庭成员改善自己行为的动力，发掘其改变的潜能，并在治疗过程中提供其自我抉择和实践的机会，最终推动家庭结构和家庭功能的改善和重构。

2. 教导者

家庭在长期的生活中，由于社会经济状况的变化以及家庭的发展，往往会遭遇许多新的情况和挑战，面临众多新的发展任务。面对新的任务和外在压力，一些家庭往往缺乏心理准备和相关知识，不知所措，从而使家庭陷入长期的不适应。这时候，治疗师需要作为教导者，以专家的身份来教导家庭成员有关家庭生活知识和适应的技能，从而提高他们的适应能力。

3. 协调者

当家庭因为社会环境的影响和社会支持的不足而出现困难，或者家庭问题的解决涉及社会环境和社会资源的支持时，治疗师需要协助家庭寻找并使用可利用的社会资源，促使有关机构和组织为求助者提供服务，或者转介该家庭到相关部门接受帮助。此时，家庭治疗师是连接求助者和相关社会机构的协调者。

4. 组织者

当发现某些家庭问题由社会环境特别是物质环境的压力造成，而社会福利部门等相关机构不愿或不能提供有效帮助时，治疗师需要发动广泛的社会力量（如大众传媒、民间团体、社区组织或立法机构等），为家庭提供资助，帮助家庭渡过难关。此时，治疗师扮演着广泛发动社会资源帮助求助家庭的组织者角色。

5. 联盟者

治疗师常常还需充当联盟者。求助家庭在尝试改变的过程中，无疑需要外部的支持和协助。治疗师在推动家庭改变、协助家庭解决问题的过程中，只有表达出自己对求助家庭真诚的理解、接受和支持，

> **你怎么看**
>
> 家庭治疗与个人取向的治疗方法的区别主要体现在哪些方面？

才能与求助家庭建立起良好的联盟关系，也才能促使家庭成员自觉积极地配合治疗，把治疗目标和策略贯彻到家庭的实际行动中。①

三、常用的家庭治疗模式

针对家庭出现的不同心理问题，可采用不同的家庭治疗模式。主要的家庭治疗模式有以下四种：家庭系统治疗模式、结构家庭治疗模式、联合家庭治疗模式、叙事家庭治疗模式。

(一) 家庭系统治疗模式

1. 基本模型

家庭治疗的先驱者大多数是实用主义者，认为人是社会关系的产物，更为关注的是行为而不是洞察力，更感兴趣的是技术而不是原理。作为家庭系统治疗代表人物之一的莫瑞·鲍恩（Murray Bowen）是一个例外，他更倾向于把系统理论作为一种思维方法而不是一套干预的方法，并形成了鲍恩家庭系统治疗模式。

鲍恩的家庭系统治疗模式产生于20世纪50年代后期，又称“代际模式”或“鲍恩流派”。家庭系统治疗不仅限于核心家庭，而注意对更广泛的家庭脉络系统的分析。系统治疗特别关注家族跨越几十年的关系模式，为当前的家庭生活问题提供了一个具有实践敏感性的历史视角。鲍恩式家庭治疗模式是就人类行为及人类问题而言最为完整全面的方式。该方式的焦点不仅涉及家庭成员的心智，而且还涉及更为广泛的家庭网络。

鲍恩的理论是围绕着个体性（个人的力量）与连带性（共同的力量）这两股相抗衡的力量展开的。按照鲍恩的理论，在情感生活中，我们的自主性比我们所设想的更少，我们中的大多数人对另一个人有更多的依赖和反应。其核心思想是：在个人能分化出成熟且健全的人格前，必须解决个体对家庭的那种悬而未决的情感依附，而不能只是被动地接受或反抗性地抗拒。他认为，最适合的家庭发展是在家庭成员相当分化、焦虑度低，而父母与其原生家庭的情感联系良好的情况下产生的。年轻人在离家阶段不应以感情阶段或转而以替代性情感庇护的方式与家人分离，从而避免因与原生家庭的分离不当或过度的情感截断而给两位新人造成过大的压力。

2. 主要概念

鲍恩在其系统理论中使用了六个相互关联的概念来描述作为多代关系网络的家庭对个体和亲情的相互影响及塑造，即自我分化、情感三角关系、核心家庭的情感过程、代际传递过程、情感隔离、社会感情过程。

(1) 自我分化。

自我分化是鲍恩家庭系统理论的核心。它既是个人内部的又是人际的概念，

---

① 参见张文霞、朱冬亮：《家庭社会工作》，123～125页，北京，社会科学文献出版社，2005。

是一种即使面对焦虑也能富于弹性和聪明行事的能力。不能自我分化的人更倾向于情绪化，他们的生活容易被他们周围人的反应所驱使。自我分化好的人能够更好地平衡思想和感觉，即他们有强烈的情感和自我反应的能力，但是也拥有拒绝情感冲动的自我控制能力。

（2）情感三角关系。

日常生活中，最让人们苦恼的人际关系一般都包括一个或多至三个以上的人。而所有重要的人际关系都包括三个部分：相关因素、朋友和记忆。影响情感三角活动的主要因素是焦虑，随着焦虑的增加，人们更需要经历情感的接近，或者对来自他人的压力做出反应更需要距离。很多人由于焦虑的原因而做出反应，他们对他人的耐心更少，并出现两极分化。当两个人之间出现不能处理的问题时，他们通常会在某一点上难以达成一致，最终会有一个人或者所有的其他人都转而寻求同情；或者将第三方卷入冲突，以便处理问题或者偏袒其中一方。如果被卷入的第三方是临时加入的或力图使双方化解他们的分歧，则三角关系没有被处理。而如果冲突频繁发生的话，第三方就会被卷入其中并成为三角关系的一部分。第三方的卷入，就可以将焦虑分散至三角关系当中，使前两者的焦虑度减轻。例如，妻子因丈夫的疏远而与孩子产生过度卷入。造成这种三角关系的原因是能量的转移，这种能量的转移以不同的方式出现在婚姻当中。妻子花时间和孩子在一起，可以减少因为丈夫缺少对她的关注而造成的压力。然而，这也减少了丈夫和妻子共同培养能够分享的兴趣的可能性，并损害了孩子的独立性。总的来说，三角冲突可以减压，但会使冲突在某些方面冻结。抱怨和寻求安慰并非十分有害，但是三角关系造成的长期结果会对婚姻中的人际关系造成伤害。

（3）核心家庭的情感过程。

核心家庭的情感过程讨论的是家庭中的情感力量。其在反复出现的家庭模式中持续发生作用，鲍恩最早使用“未分化的家庭自我主体”来描述家庭中过度的情感反应或纠结。在原生家庭中，缺少自我分化就会导致与父母的情感的隔离，接下来导致婚姻中的纠结，因为情感资源有限的人们会将他们的需要投射到彼此身上。最常见的情况是，从父母和兄弟姐妹们中分离出来的丈夫与妻子保持相当疏远的关系，这就导致妻子产生对孩子的过度关注。与丈夫保持疏远的距离，使她特别依恋孩子，通常是依恋其中的一个孩子：最大的女儿或儿子、最小的孩子或拥有父母一方特征的孩子。这种依恋或关系不同：它有焦虑、过度关注。因为这可以减轻母亲自己的焦虑。丈夫接受妻子对孩子的过度卷入，又会加剧孩子的纠缠和丈夫的疏远。

（4）代际传递过程。

代际传递过程指焦虑从一代到另一代的长期传递过程。每一代中大多数孩子会发生从家庭纠结向低水平自我分化（长期焦虑）的迁移，少数孩子向高水平自我分化（较少焦虑）迁移，那些一定要给孩子过度关心的父母，不管其是遵从还是反抗，都给孩子提供很少的选择。孩子离开家庭时，希望成为自己生活的主宰，但是通常会与遗传作战，会被现实打败。

（5）情感隔离。

情感隔离被用来描述一代与另一代之间对焦虑进行管理的方法。父母与孩子之间纠结程度越强，隔离的可能性就越小。一些人选择离开家庭以寻求距离感，但他们这样做的时候带有很强的情绪化色彩，用避免与人交谈或者用现在的第三团体的方式使自己与原来的家庭隔离开来。

（6）社会情感过程。

社会情感过程即社会影响对家庭产生的作用。鲍恩认为，性别、阶层和人种的歧视是不快乐的社会情感过程的例子。但是，高水平自我分化的个人和家庭能更有效地抵御消极的社会影响。

总的来说，鲍恩应用家庭系统理论，探寻了家庭问题产生的原因，并在此基础上指出了代际互动治疗的方法和技巧。鲍恩认为，治疗的目标应该在于减轻焦虑以及加强自我分化程度，不能将困扰持续留在家庭系统中。治疗的关键点就是必须重新开放封闭的家庭联结以及化解三角关系。因此，治疗者首先要通过家族图的方式收集和整理多代间家族系统的重要资料，将已呈现的问题置于多代系统间的脉络之中，同时界定出主要的症状性三角关系及相关的三角关系，并在家庭内最为重要的三角关系上做修正。治疗者需要制造出新的三角关系，让自己加入到原有的两个家庭成员中。如果治疗者持续与配偶间联系，却保持情感上的中立，配偶间便可以进入其结构三角关系与分化的过程。这种治疗性的三角关系和转换问题持续存在的三角关系，对家庭系统造成深远且持久的影响。鲍恩的代际互动疗法中的另一个重点就是，开展与扩大家庭中每一成员间的互动关系。增加个人的重要关系，能使其散发情感能量，而且这也是自我分化过程中的一部分。鲍恩派治疗者将沟通视为开拓更广人际关系的工具。他们认为情感被切断时会产生沟通障碍，这使得人们无法看见自己的想法和情感。总之，鲍恩式家庭治疗在于让家庭成员了解有关三角关系方面的概念，增强其自我意识和识别思考与情感的能力，并以此能力结构三角关系等问题，最终减轻情绪反应。①

3. 对鲍恩家庭系统治疗模式的评价

鲍恩家庭系统治疗模式在家庭治疗中占据较为重要的地位，就在于这一理论所独具的优点。首先，鲍恩所提出的家庭系统理论致力于分析、调整和改变家庭关系，以达到心理治疗的目的，经治疗对象从个体转向家庭中的关系，为心理治疗开辟了一个新的视角。其次，鲍恩的家庭系统理论不局限于核心家庭，而注重对更广泛的家庭脉络的分析。鲍恩也成为少数高度关注家庭史的先驱之一。

但是，鲍恩的家庭系统治疗理论也有缺点。首先，太过专注于个人及扩大家庭上，所以会忽略直接与核心家庭互动的效力。鲍恩学派鼓励治疗者每次只与一位家庭成员交谈的方式，无法充分发挥直接与家庭所有成员解决问题的效力。其次，鲍恩治疗体系的建立受到了鲍恩个人及情感体验的影响。他所治疗的家庭多

---

① 参见［美］Michael P. Nichols、Richard C. Schwartz：《家庭治疗基础》，2版，93～95页，北京，中国轻工业出版社，2005。

为中产阶级家庭，具有一定的片面性。最后，鲍恩的理论绝大部分是以临床观察为基础架构的，但其基本纲领并非基于实验研究，所以未通过控制性实验加以验证，理论的真实性有待考证。

（二）结构家庭治疗模式

结构家庭治疗模式是由美国的米努钦和他的同事在20世纪60年代创立的。结构家庭治疗假设个人与家庭动力和家庭组织有着密切的关系，改变家庭动力和家庭组织可以导致家庭中个人的改变。

与大部分的系统理论者一样，结构家庭学派对家庭内如何交互影响、平衡或恒定如何形成、家庭回馈机制如何运作、不良沟通模式如何发展等问题都有系统的解释。该模式提供了有关家庭结构、家庭子系统、界线的渗透性以及同盟或联盟是否存在的线索，和根据这些线索进行干预的方法和技巧。

1. 基本概念

结构家庭治疗的基本概念包括家庭系统、家庭结构、家庭子系统、边界等。掌握这些核心概念有助于治疗师更好地分析、评估和介入助人工作。

（1）家庭系统。

结构家庭治疗模式基于家庭社会学理论，认为家庭是一个系统，由家庭成员构成。在家庭构成中，家庭是一个整体，尽管家庭是由不同的家庭成员构成的，但是，家庭的功能却并非单个家庭成员功能的简单相加，家庭作为整体，重新生成了全新的结构和功能。构成家庭的每个成员都扮演了各自的角色，他们彼此之间相互影响、相互依赖，并共同隶属于家庭，家庭的变化直接影响到每个家庭成员，反过来，家庭成员的变化也会对家庭本身产生影响。家庭系统要求我们用整体的眼光来看待家庭，在家庭系统中同样可能会进一步产生家庭子系统，如父母子系统、亲子子系统等。结构家庭治疗中家庭系统的基本思想包括：注重家庭成员之间的互动过程，家庭成员之间的互动不是单线的；注重家庭成员目前的交往方式等。

（2）家庭结构。

家庭结构是结构家庭治疗中最主要的概念。米努钦认为家庭结构是一组隐性的功能需求或规则，整合家庭成员彼此互动的方式。家庭结构是家庭整体的基本保障，是家庭成员在实际交往过程中的产物，是固化的家庭关系。家庭结构可以帮助我们看到一个家庭中成员之间的相互关系，以及各个成员在这个关系中所扮演的角色和发挥的功能。家庭结构包含了一系列家庭运作的隐性规则，主动将一些行为组织成家庭中可预期的常规，控制着家庭内的权力、劳动分工和互动模式。这些互动模式是一串冗长的行为系列，它可能会在许多不同内容的领域重复出现，也就具有了“结构性”，改变家庭中任何一个既定互动，也许不会对隐藏在其后面的结构造成影响，但是如果改变了其基本结构，在家庭成员的互动上就会造成一连串的连锁反应。

（3）家庭子系统。

家庭子系统是家庭结构的成分，它们是为了实现整体家庭系统功能运作所必需的各种家庭任务。家庭的子系统通常是依照性别（男性/女性）、世代（父母/孩子）、共同兴趣（智能性/社会性）或功能来区分的。子系统由成员之间的规则和界线所界定。每个成员都可能同时属于几个不同的子系统，在不同的子系统可能拥有不同水准的权力、扮演不同的角色、进行不同的互动。例如，当一个7岁孩子的要求被家长拒绝后，他可以安静地听父亲给他讲道理，但在母亲面前却大哭大闹。因而，在结构家庭治疗中，治疗师区分不同的子系统是非常重要的。配偶、父母和手足子系统是家庭中最为显著和最重要的子系统。配偶子系统的强度和持久性尤其是家庭稳定性的关键。丈夫和妻子如何学习沟通谅解，从而协调彼此的需要和发展互补角色，这些都告诉我们家庭在应对未来改变和需求时可能保有的稳定性和弹性。当一个子系统中的成员占据或侵犯另一个他不属于的子系统时，结果经常是家庭结构出现问题。例如，在家庭中，一旦允许小孩评价、研究、干预父母的争吵，他/她就会不适当地卷入配偶子系统中。确保父母子系统、配偶子系统能适当地隔离儿女子系统是结构派的重心。①

（4）边界。

任何子系统之间都存在一定的边界。它使得子系统之间维持分离性，又能够保持家庭系统的整体归属感。理想的边界是子系统之间既能够提供支持，能够进行沟通和协商，同时又能保持个别子系统的独立和自由。② 过度“僵化”或“弹性不足”的边界导致子系统间具有不可渗透性，家庭成员呈现疏离状态；而松散和过度模糊的边界，也很容易被其他家庭成员侵入，家庭成员之间过于纠结。过度“僵化”的边界像一道永远关闭的门，过度模糊的边界好似一道敞开着的门，清晰的边界就是一道可开可关的门，在遇到新的情况和压力时，能灵活地调整，从而满足协调成员的需求。对于边界品质的关注几乎贯穿于结构家庭治疗的整个过程中，真正了解边界才是结构家庭治疗的精髓。功能良好的家庭，应该保持清楚的边界，使每个家庭成员都有“我”和“我们”的状态和感受。

（5）结盟、权力和联盟。

结盟是家庭成员在从事家庭活动时共同参与或彼此反对的方式。具体指在执行一项操作时支持对方或不支持对方的程度。权力是指家庭成员对一项操作结果的影响力。联盟则是指反对第三方的特定家庭成员之间的结盟。在很多家庭中，联盟常常是带来家庭功能失调的重要原因。例如，在一个家庭里，夫妻关系不合，结果妻子拉上孩子结盟去反对丈夫，这样，原本已经功能失调的夫妻关系又卷入了第三者（孩子），使得冲突更加无休止，整个家庭的功能更加失调，而且孩子也受到了伤害。

（6）权力架构。

权力架构主要用来表示家庭成员之间的权力分配，简单来说，就是家庭事务的决定权归谁支配。父权家庭、母权家庭以及平权家庭是常见的家庭权力架构。

---

① 参见于晶利、刘丽艳编著：《家庭社会工作实务》，67～72页，上海，上海人民出版社，2012。

② 参见朱东武、朱眉华主编：《家庭社会工作》，168～169页，北京，高等教育出版社，2011。

家庭应该有适当的权力架构，父母有权力行使管教子女的职责，子女有服从父母管教的义务。适当的家庭权力架构是完成家庭不同角色及相应责任的基本前提。在现代家庭中，经常能看到全家围绕独生子女转，祖父母袒护孙子而不允许父母管束，这样的家庭显然是一个权力架构混乱的家庭（见图 3—1）。

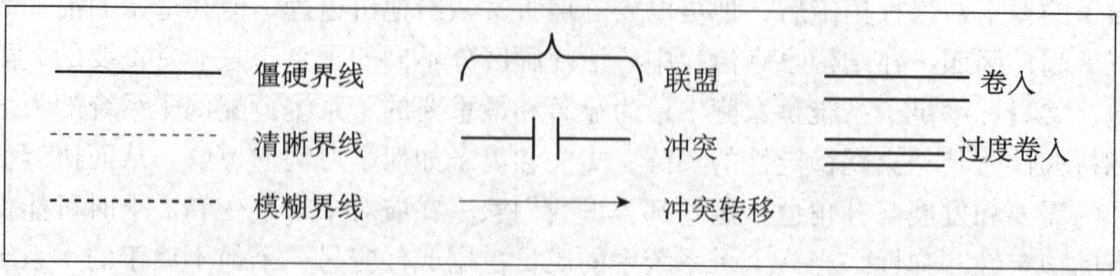

图 3—1 结构家庭治疗常用符号

2. 结构家庭治疗的主要内容

结构家庭治疗模式强调整个家庭的结构、规则、界线、联盟等用于描述结构的重要元素。主要任务是挑战家庭现有的互动模式并提供一些训练和教导。

不良的家庭结构是造成家庭成员问题的真正原因。不良的家庭结构主要表现为纠缠与疏离、联合对抗、三角缠、倒三角缠等方面。

（1）纠缠与疏离。

在正常的家庭结构中，各子系统之间有清晰的边界，来完成家庭的分工与权利义务的分配。而所谓的纠缠与疏离是指各子系统之间的边界模糊或混淆，该封闭的不封闭、该开放的不开放，从而导致家庭角色的混乱。例如，夫妻感情不好，不再关注彼此，转而关注孩子。从而使得妻子把孩子作为唯一的倾诉对象，时间一久便形成了母子联盟，使夫妻感情日趋疏远（见图 3—2）。在这里，母子关系就是纠缠，而夫妻关系就是疏离，因为在日常家庭中，夫妻应该是一个较密切的子系统，孩子不应该过分介入夫妻关系。

图 3—2 母亲—孩子联盟

（2）联合对抗。

纠缠与疏离往往使家庭成员中某些成员结成同盟，而与其他成员相对疏远和对立。当发生冲突时，结成同盟的成员会不分青红皂白地一味维护本同盟的成员。家庭中壁垒分明的情形就是联合对抗。

（3）三角缠。

三角缠是一种非直接的互动，它是通过第三方来实现双方互动的。如夫妻之间感情不好，不再关注彼此，而转为关注孩子。夫妻之间通过孩子来传话，或者通过骂孩子来发泄夫妻之间的不满，这样，就把孩子带入了夫妻关系中。这种方式虽然减轻了父亲和母亲的压力，但是却使孩子成为受害者（见图3—3）。

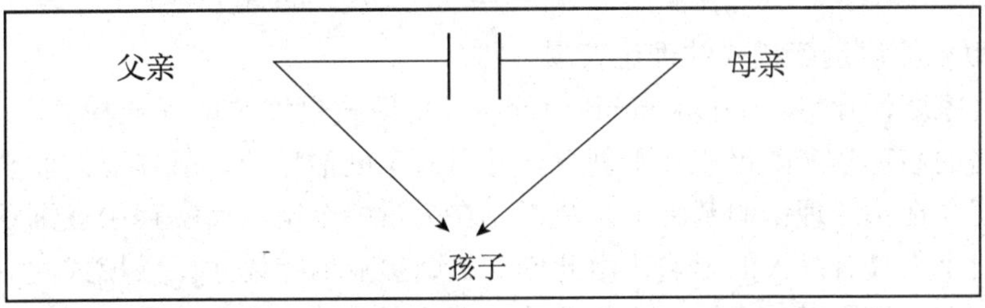

图3—3　孩子成为替罪羊——家庭冲突转移的手段

（4）倒三角缠。

在核心家庭中，权力一般操纵在父母手中，但是一些家庭由于父母不和或性格软弱，导致出现孩子支配父母的局面，这就是“倒三角”。这种家庭权力结构对孩子的成长十分不利，父母要学习行使权力。

在现实生活中，所有家庭都会面对很多压力和困扰，不可能永远快乐地生活。当外界环境或家庭内部发生变化时，正常的家庭能快速做出调整，以使家庭正常运行，而功能失调的家庭不能根据情况做必要的调整，固守原有的结构或失效的交往方式，形成不良的结构，导致大量家庭与个人问题产生。①

3. 结构家庭治疗技术

结构家庭治疗的目标在于促进家庭系统的成长，以消除家庭成员或者家庭系统的不良症状并鼓励每个个体的成长，同时维持家庭内部的相互鼓励和支持。在介入过程中会用到行为技术、建议或者控制，以便在较短的时间内获得效果。

治疗师的工作计划包括：与家庭建立关系，处于领导地位；画出家庭潜在的结构图；进行干预，以转换结构。这个计划看似简单，实际上很复杂，因为家庭模式是无限多变的。如果计划有效，治疗师就需要制定组织治疗的策略。总体来说，结构家庭治疗遵循以下步骤：介入和适应；与家庭进行交互作用；画结构图；突出和修正交互作用；设定界线；打破平衡；挑战没有效果的假定。②

4. 对结构家庭治疗模式的评价

20世纪七八十年代是结构家庭治疗的黄金阶段，带动了整个家庭治疗的发展，是整个家庭治疗史上的一个重要流派。实践证明，结构家庭治疗对儿童精神异常、神经性厌食症、戒毒等都有相当好的治疗

> **你怎么看**
>
> 我国现代家庭面临着规模小型化、结构简单化和模式多样化的现状，这给家庭治疗带来的挑战和机遇各有哪些？

① 参见于晶利、刘丽艳编著：《家庭社会工作实务》，67～72页，上海，上海人民出版社，2012。

② 参见［美］Michael P. Nichols、Richard C. Schwartz：《家庭治疗基础》，2版，144页，北京，中国轻工业出版社，2005。

效果，至今仍是家庭治疗领域的主流模式。

(三) 联合家庭治疗模式

1. 联合家庭治疗模式的理论背景

联合家庭治疗（conjoint family therapy）模式也称“萨提亚模式”，它是由美国著名的心理学家萨提亚女士创立，并引入家庭治疗的。萨提亚的联合家庭治疗模式建立在系统理论的基础上。萨提亚在大量的个案治疗实践中逐渐认识到家庭系统对个人具有巨大的影响，由此创立了萨提亚治疗模式。该模式建立在家庭治疗基础上，注重对整个家庭系统的治疗而非对单独个人的治疗。同时，受系统理论影响，萨提亚主张全面、系统地看待问题。

萨提亚模式认为，个人本身是一个系统，家庭是另一个系统，个人和家庭所处的环境又是一个系统。个人系统的形成受家庭系统的影响很大，家庭系统的形成又是与个人系统互动的结果。个人系统与家庭系统呈现出彼此影响、彼此决定的复杂关系，两者互相塑造，形成了特定的家庭氛围与情景。萨提亚模式的真正目的是家庭每一个成员的成长。为了达到此目的，需要良好的家庭情景作为“引擎”。与其讨论是先有良好的自我观念与自尊才能达到良好的家庭情景，还是必须要有良好的家庭情景才能培养每一个家庭成员良好的自我观念与自尊，不如把它们理解为一个动态的过程，其中任何一个方面的改变都将导致另一个方面的改变。

萨提亚家庭治疗模式也深受人本主义和积极存在主义的影响，认为人性本善，相信人类能够展现出积极的生命力量并具有改变自己和让自己生活得更好的潜能，注重人的价值和人格的发展，强调人的成长。①

基于此，萨提亚家庭治疗模式认为，家庭成员是主要的治疗对象，家庭系统则是治疗的基础。联合家庭治疗模式主要关注的治疗内容集中在家庭成员以及家庭系统两个方面，是一种由内而外帮助治疗主体提高自我价值感、改善沟通方式的人本主义心理治疗模式，在家庭治疗的发展史上占有重要地位。

2. 联合家庭治疗的方法与技巧

萨提亚受弗洛伊德的影响，认为一个人如今的行为可以从他早年的家庭生活经验中找到原因，而只有找到原因并进行妥善的澄清与处理，才能真正解决问题。找到历史原因后，接着就需要对旧经验赋予新的意义，即用新眼光看旧问题，把重新阐发的新经验应用到对当前行为的理解上。

萨提亚认为，对旧经验的重新阐释与领悟并不一定带来新行为，这是因为仅仅只有理性的认识并不能使人真正改变，“知易行难”。为了达到真正的改变，必须把这种领悟统合到个人现实的系统中去。萨提亚运用沟通游戏、角色扮演、模拟家庭会谈、家庭塑像等技巧实现个人的真正领悟，提出了“家庭重整”的概念。

家庭重整首先需要准备家庭历史资料，如家庭图、家庭年表和影响轮。家庭

---

① 参见陈芳：《萨提亚家庭治疗模式评述》，载《社会心理科学》，2013（2）。

图包括了案主的核心家庭及其父母的核心家庭的资料，其中，除了个人的基本资料外，还包括个人习惯的沟通形式及能表明案主特点的五六个形容词。家庭年表列出从祖父母出生开始在家庭里发生的重大事件，如出生、死亡、疾病和迁徙等，也包括同时期社会上的大事，如战乱、经济危机和政变等，这是将家庭的事情放在一个更大的范围内去理解。影响轮则列出了案主认为曾经对其成长有重大影响的人物及案主与他们的关系。

家庭重整有助于达成家庭成员之间的理解与容忍，通过家庭重整，了解、体谅、和好、爱取代了以前的痛苦、愤怒、憎恨等感受。家庭成员学会了怎样过自己的生活与怎样让别人过他们的生活，他们不再要求别人改变，而是懂得更好地照顾自己，也因而能够更好地与别人相处而不会觉得受到强迫或威胁。

在萨提亚模式中，社会工作者的功能在于引导家庭成员进入改变的历程，其角色主要包括：(1) 解释者。让案主及其家庭成员了解他们之间存在的沟通问题。(2) 示范者。通过表里如一的沟通形式向案主及其家庭示范开放、真诚和直接的沟通方法。(3) 引导者。引导案主及其家庭成员学习改变，达到彼此接纳和建立更好的关系的效果。社会工作者的工作目标是：(1) 创造一个环境，让每个人都可以无需害怕地看清楚自己和自己的行为。(2) 与每个人建立信任和支持的关系，使他们感受到个人的价值受到肯定。(3) 使每个人觉得转变是可能的，并提供指导、提示、经验和技巧。(4) 示范应如何去领会别人的意思，不清楚时要如何核对和澄清，如何觉察自己的感受及如何达成自己的目标。(5) 引导每个人学会思考、感受和行为的新途径。

萨提亚强调，社会工作者的品质是治疗成功的先决条件，其重要性甚至在技巧之上。社会工作者必须说话坦诚、态度富有弹性、感觉敏锐并勇于尝试。社会工作者要相信人有改变的可能，并且尊重人的尊严，真正的投入是不可缺少的。因此，社会工作者最重要的资源并非其技巧，而是其“人性”。治疗效果只有通过社会工作者“使用自己”才能产生。①

3. 对萨提亚联合家庭治疗模式的评价

萨提亚模式的主要创新之处在于，她认识到家庭在人的自我观念和行为模式中的重要性，并且希望通过对家庭历史的追溯与家庭沟通方式的理解，找出家庭成员问题的成因，并在此基础上通过家庭互动方式的改变实现个人的成长。

萨提亚家庭治疗是一种极具效用的治疗方法，也成功治疗了成千上万的西方家庭。但同时，我们也应该看到它存在的一些局限：首先，萨提亚家庭治疗的理论建设相对薄弱，它的许多概念都是在实践中得来的，没有十分准确的科学界定，它的许多理论信念也是在哲学层面上发展出来的，尚未得到证实。其次，萨提亚治疗模式把问题归因于家庭系统内部，即家庭的沟通方式、家庭规则对家庭成员的影响，而忽略了家庭系统以外的一些因素。并不是所有人的问题都来自家庭，也可能会来自社会其他群体或其他社会、环境因素。最后，有许多学者认为

---

① 参见于晶利、刘丽艳编著：《家庭社会工作实务》，72～77页，上海，上海人民出版社，2012。

萨提亚治疗模式虽诞生于西方，但极其适用于中国家庭。然而，每个国家的地域、文化和国情不同，萨提亚治疗模式对治疗家庭是具有效用，但是否完全适用于中国家庭，这还有待考证。中国长久以来的“家丑不可外扬”的思想，以及现阶段人们素质的普遍偏低等，可能会阻碍中国家庭治疗的发展。希望今后能探索出更适合我国的萨提亚治疗模式，促进我国家庭社会工作的发展和成熟。

(四) 叙事家庭治疗模式

叙事家庭治疗模式就是通过倾听来访者讲述自己生命的故事，帮助来访者澄清他是如何使用故事组织经验、赋予意义的，并通过发现其生活故事中遗漏的部分，引导来访者重建具有积极意义的生命故事，唤起来访者内在力量的治疗方法。它是由澳大利亚临床心理学家麦克·怀特（Michael White）夫妇及新西兰的大卫·爱普斯顿（Davil Epston）等人于20世纪80年代在家庭治疗的基础上提出的，并在后来得到了快速发展，是叙事理论、后现代主义思潮与临床心理学相结合的产物。

根据叙事治疗师的观点，家庭成员经常呈现出关于他们生活的消极的、自我挫败的以及进入死胡同的叙事（如神话、借口、消极的自我标签、感到被压制、不足或者受挫折的原因，以及个体为何不能以不同方式行事的解释和理由）。要获得改变，家庭成员需要接触其他的故事，学会考虑其他可以用来替代的，用于评价价值观、假设和生活经历的意义的方式。因此，他们最终需要创造并内化新的故事，形成新的假设，对关于未来可能性的新观点持开放的态度；他们需要重新撰写自己未来的故事线索，积极地改变和重塑他们的生活。总的来说，家庭治疗师的任务是与来访者一起为他们的生活探索更多有益的选择或其他备选的计划。治疗过程要关注限制性的自我叙述和制度化的文化叙述。

对于叙事治疗师来讲，来访者本身并不是问题，问题在于问题本身。因此治疗性谈话通常从外化问题开始。为帮助家庭从问题外叙述其生活，叙事疗法采取提问（通常是结构性提问）的形式，以使治疗师帮助来访者获得关于他们的未来替代故事基线的坚实或丰富的手段，及使来访者获得关于他们的未来替代故事基线的“坚实的”描述。

1. 叙事治疗的理念

首先，“问题”才是问题，人不等于问题。叙事治疗认为，人不等于问题，家庭也不等于问题，许多问题都是种族、阶级、性取向、性别等文化环境所营造出来的，那么，它们也就可能在这些知识与标准失效的情况下消失。因此，问题是独立于人和家庭的，人如果能够和问题分开，即“将问题外化”，就会开始感觉个人的自主，感觉自己有能力介入自己的生活和各种关系之中。

其次，人们都在让自己的生活充满意义，会将自己过去的经验以叙事的形式加以组织，以使其与自己的解释或所处的环境相一致。这种自我叙事给人提供了一种连续感和意义感，并转而成为解释后续事件的基础。因此，我们自然也就可以转换自我叙事的方式，使来访者重新叙述其生命故事，从而发生治疗性的改变。

再次，每个人都是面对自己生命问题的专家，自己才是自己生命故事的作者，社会工作者相信个体会再度对生命取得主权，会重新获得自我资源。因此，在叙事治疗中，来访者与治疗师具有平等的话语权，治疗师是陪伴者，而不是权威者和指导者。

最后，人在一生中，总有几次不被问题影响的经验，问题是不会百分之百操纵人的。来访者往往会忽略这些例外情况，从而很难看到希望和其他的可能性。叙事治疗会通过重建性对话与来访者一起找到这些不被问题影响的经验，重写自己的生命故事。

2. 叙事治疗的技术

叙事治疗有三种主要技巧：外在化、解构和重写。

> **你怎么看**
>
> 外在化有什么不足之处?

外在化是指将人和问题分开来考虑的技术。经由外在化，问题变得客观化，即问题位于外部，而不是人的内部。外在化是叙事治疗的一种特殊方式，旨在分离个体对问题的认识，帮助来访者和家庭修正他们与问题的关系。因此，叙事治疗不花时间去揭示家庭模式或探索家庭动力，也不需要寻找导致当前状况的关键事件；不去关注家庭互动模式是如何影响当前问题的，而是关注该问题是如何影响家庭的。外在化的提问常常将问题拟人化，通过提问来访者“这个问题是如何来到你们家的”、“当你们家被问题控制的时候，你们做了一些什么事”这样一些问题，使来访者将问题置于家庭之外来讨论，问题成为一个外在的实体，从而使家庭成员能够联合起来解决问题。①

解构是与来访者一起探索问题的历史、影响力及结果，从而使来访者可以看到问题是如何被构建的，获取从不同角度看问题的可能性。在此基础上，来访者有可能会开始形成新的叙事。主流文化的价值观常常会不知不觉地做我们生命的主人，指引我们如何思考我们的生活，甚至判定我们是怎样的人，进而削弱我们的生命力。为了找回我们的生命力，我们必须结构主流文化对我们的影响，去发现什么是有益的，什么是无益的，从而重新去体会、欣赏过去我们不被主流文化肯定的独特地方，找回我们被主流文化压制的独特结果和宝贵的生命力。独特结果是指不受问题影响的事件、行动或想法，找到它是解构非常重要的任务。

重写是指来访者重新叙述自己的生命故事，对自己的生活赋予新的、积极的意义。找到独特结果后，还需要不断丰富这个结果，将不同的独特结果串联起来，组成新的故事主线，由此，来访者就可以在与过去相同经历的基础上，看到之前没有注意到的事件、想法和情绪，从而形成新的意义。②

除了以上三大技巧外，叙事治疗还使用信件、支持性团队等方式。这些不同

---

① 参见王成彪、林红编著：《家庭心理学》，131～132页，北京，开明出版社，2012。

② 参见于晶利、刘丽艳编著：《家庭社会工作实务》，78～82页，上海，上海人民出版社，2012。

方式的使用，不仅有助于强化、巩固治疗的效果，还可以让来访者的生命故事更加丰富多彩。

3. 对叙事家庭治疗模式的评价

叙事家庭疗法和治疗解构文化与精神分析学派和传统家庭治疗流派的观点不同，它认为问题并非源自个人或家庭或其他更大的某个系统，而源自主流文化话语。叙述治疗师把更多的治疗时间放在帮助个人重新审视自我而不是讨论家庭问题上。叙事家庭治疗法作为一种理论观点和视角，以其独特的方式推动了整个家庭治疗运动，为家庭治疗的发展做出了贡献，给予了家庭治疗领域崭新的动力，活跃了家庭治疗内部的讨论和研究氛围。

【知识窗】 **叙事治疗**

叙事治疗属于后现代建构主义的家庭治疗流派。后现代模式摒弃了我们所知的固有真理或单一现实的想法，相反更加关注来访者对当前事实的建构或主观感知。后现代思潮出现的文化背景反映了在20世纪末开始引起关注的社会、政治、思想等主题。受社会建构主义影响的治疗师倾向于采取一无所知的态度，这与预先决定家庭如何改变的传统观点不同。叙事治疗师认为家庭系统应该以相互合作的态度进行改变，即家庭成员与治疗师平等相待，都应该从其他成员的角度来检验不同家庭成员用以审视现实的信念系统。

复习思考题

1. 整合社会工作方法如何更好地应用于家庭社会工作中？

2. 鲍恩家庭系统治疗模式有哪些优点和不足之处？

3. 四种主要的家庭治疗模式的核心要素各是什么？分别适用于哪种家庭问题？

推荐阅读书目

1. ［美］Michael P. Nichols，Richard C. Schwartz. 家庭治疗基础 . 2 版 . 北京：中国轻工业出版社，2005.

2. ［美］Irene Goldenberg，Herbert Goldenberg. 家庭治疗概论 . 6 版 . 西安：陕西师范大学出版社，2005.

3. ［美］维吉尼亚·萨提亚，等 . 萨提亚家庭治疗模式 . 北京：世界图书出版公司，2007.

第二篇

过程

家庭社会工作通常分为开始、评估、介入、评监、结案五个不同的阶段。不同的阶段看似相互排斥，其实在实际操作层面，它们往往是相互重叠的。本书主要从开始与评估、介入与结案两个部分来探讨家庭社会工作者所要面临的任务与挑战。

第四章

家庭社会工作过程Ⅰ：开始与评估

【本章要点】

- 家庭社会工作的接案准备关系到家庭服务的顺利开展，社工应注意安排好首次会面、确保首次会谈的行程顺利、选择参与会谈的家庭成员以及注意自身的探访仪表、态度和安全保障。
- 初次会谈的核心目标在于建立服务关系，鼓励家庭参与问题，并对问题进行初步评估。开始阶段社工的任务主要有了解家庭背景资料，介绍自己和机构，说明会谈目的、政策与伦理问题，以及了解家庭期望与需求。
- 家庭评估结果将决定家庭社工的处遇决策。量化评估与质化评估是家庭评估的两类主要方法。质化评估运用描述性方法（如话语、观察、影像和图形分析等）获得案主资料，使家庭社工能了解家庭生活中的重要事件，从而帮助社工获得家庭生活和功能的概况。家族谱和生态图用于描绘家庭内部和外部的关系模式，家庭时间线等其他评估工具可用以补充家族谱和生态图。量化评估是通过量化测量来获得评估资料的方法。通过案主自述、案主行为观察、外部报告及观察等方式，社工获得有关案主或家庭特定功能的数字指标。

【基本概念】

非自愿性案主◇家族谱◇生态图◇家庭时间线

家庭社会工作通常分为五个具体阶段：开始、评估、介入、评监、结案。不同的阶段看似相互排斥，实际上在操作层面，它们往往相互重叠，互有交集。本书接下来的两个章节，将从开始与评估、介入与结案来探讨家庭社会工作者所要面临的任务与挑战。

第一节 接案准备

家庭社会工作者在正式为一个家庭开展服务前，尚有许多准备工作待完成。这些准备工作在家庭服务实务层面的思考与安排，展现了一个家庭社会工作者（以下简称“社工”）必需的专业技能与职业操守。

一、安排好首次会面

家庭被转介给社工的方式有很多种，如有的是家庭成员在了解机构服务后主动申请而来，有的是经由其他机构转介而来，再有就是被强制要求，非自愿地接受服务。无论案主家庭的求助方式为何，准备工作都应周到细致。

> **你怎么看**
>
> 能否自我思考一下，如何做到周到细致？

首次面谈之前，社工可事先通过电话与家庭进行初次接触，约好首次会谈的时间、地点等相关事宜。对于无法通过电话联络的家庭，可以采取其他的方式，如 E-mail、信件或者亲自上门面谈。对于首次与家庭成员的会谈，有些家庭成员会被故意排除在外。因为人们通常认为，只是“有问题”的某个人才需要与社工见面。对于那些期望能单独与其子女面谈的父母，或要求进行个别会谈的配偶，社工即使不认同，也应该理解和尊重其所认定的理由。社工可以通过询问该问题对其他家庭成员的影响，把关注点从“问题人”引向整个家庭。在这一环节，社工自身的态度尤为关键。社工需要明确说明所有人出席的必要性，并在初次会谈时就坚持和执行这一观点，通常情况下会得到多数家庭的同意。家庭中的问题往往不仅仅只波及一两个人，而是会影响到每个家庭成员，因此，家庭成员出席会谈的人数越多，就越有助于社工全面了解家庭的状况。

访视的时机应能兼顾家庭成员和社工的各自要求。每一个家庭都有其独特的生活习惯，他们的要求应是安排访视的最重要因素。如有些家庭的家居生活规律、日程安排明确，对于此类家庭，遵循其惯例能较为轻松地与之约定规律的访视时间。此外，有些家庭可能由于父母工作日程不一致，加之老人及孩子的生活习惯各异，很难找到某一固定规律的时间进行访视，在这种情况下，社工应对家庭生活方式、习惯及偏好等保持高度敏感，尽可能弹性地安排访视时机，努力在完成访视目标和满足家庭需求之间取得平衡。

与此同时，社工自身的时间、身心状况也不容忽视。不合理的日程安排不仅极可能使社工精力耗竭，而且直接导致其服务质量和水准的下降。因此，社工应考虑自身精力状况，确保每一次访视都能达到预期目标。有的社工会将最难应对的家庭会谈安排在自身状态最好或时间最充裕的阶段。对于有些无法在工作时间见面而只能在夜晚会面的家庭，偶尔将会谈时间安排到周末，可以让双方都能轻松面对。

二、确保首次会谈的行程顺利

在与服务家庭安排首次会谈时，社工应事先详细记录该家庭的地址、其他联络电话、交通路线等，以确保能顺利、按时到达会谈的家庭，避免时间和精力的不必要的浪费。

如果时间允许，社工在正式拜访前最好先到会谈家庭探路，实际考察抵达目的地所需的时间、便捷的路线、可选择的替代路线、公交车站位置、停车位置等情况。另外，社工最好能做好出发当日的交通状况、道路施工、桥梁通行状况等影响行程的各种预案。当然在正式会谈前试走一次，可以确保首次会谈准时到达，也使得社工可以提前对家庭居住环境有所认识。

家庭社工常会在同一时期服务多个家庭，可能在一天的行程中会安排多个访视。因此，最好给各个家庭会谈都预留足够的机动时间。这样一方面可以保证每次会谈之后，社工有时间做好会谈记录；另一方面可以确保即使出现意外事件，也不会耽误下一个家庭访谈的服务计划。

三、注意探访仪表和态度

对于首次会面，社工的仪表穿着是给对方的第一印象。案主家庭很可能从社工的仪表中产生好感、信任、喜欢或是不舒服、不信任、不喜欢的感受，这势必影响之后服务工作的顺利开展。因此，社工的着装打扮应给人端庄、舒服、大方得体的感觉，还应符合特定的访视时间、地点和对象。如当会谈安排有与孩子游戏或与家人有肢体互动的活动时，利于活动的宽松着装比严肃的职业套装更容易行事及被家庭接受。

进入案主的家庭，意味着或多或少会打扰到这个家庭的正常生活。尽管社工的进入是为了帮助家庭更好地解决问题，改善生活质量，但社工应切记不要以高高在上的施恩者的形象出现。社工应时刻谨记自己的专业角色以及自己所代表的机构形象，态度上应时时体现对家庭的尊重，对家庭成员的接纳与体谅。

四、选择参与会谈的家庭成员

家庭中哪些成员应参与会谈往往由具体的会谈目标来决定。当会谈以孩子为中心时，“问题孩子”和其兄弟姐妹如果年龄够大，都应该参与到家庭会谈中来。孩子参与会谈能够给予社工有关家庭动力、教养技巧、亲子关系及手足关系等多种有用信息。如一位残障儿童会影响父母间的互动，也会对父母与其他孩子的互动产生影响；酗酒、吸毒、打架等偏激行为会让整个家庭的生活和成员间的沟通受到影响。“问题孩子”的兄弟姐妹需要有机会述说自己的感受，询问孩子在担心些什么，常常会听到他们很多的担忧。

而当会谈讨论的是成人话题，如婚姻困境、个人隐私等父母不愿意孩子听到的话题时，孩子不在场能够让父母较为自由地与社工交流。在这种情况下，社工应有所计划，安排一些特别的活动吸引孩子的注意力，例如，可以准备相关材料，让孩子到另一个房间进行游戏，也可以和孩子商量，让他们去进行自己的活动，之后再给他们鼓励。如果孩子过多，还可以安排另一位社工，专门去陪伴孩子。

五、社工的安全保障

由于案主家庭的情况纷繁复杂，从事家庭服务的社工既可能会面对暴力案主的威胁、攻击，也可能会身处不安全的社区当中。社工必须了解如何去保护个人安全，只有自身安危得以保障，才能更有效地帮助案主家庭。

> **你怎么看**
>
> 思考社工安全是如何影响家庭社会工作服务效果的？

针对确保家庭会谈安全的问题，有学者提出了以下指引：

（1）不要轻视危机感。社工应采取一切必要防范措施以保障安全。熟悉多元文化有助于家庭社工分辨真实和想象的危险。

（2）要熟悉家庭会面地点的小区。了解案主家附近区域格局以及平常在该地进行的活动类型，可帮助社工获得一个判断标准。

（3）家庭社工要确保个案督导或其他机构负责人知道自己的家访时程。如对方家庭的姓名和地点、日期和排定会谈时间，以及预定的返回时间等。

（4）避免晚上到危险的小区。如实在不可避免，则应该安排其他工作人员护送，或者拜托一位亲戚或朋友陪社工到案主家，并等家庭会谈结束时再一同离开。

（5）事前评估往返案主家的最快路线。如果社工对于在案主家会谈感到不舒服，也可以安排在公共场所会谈。

（6）社工若在会谈中觉得不安全，就应该离开。[①]

---

① 参见［美］Donald Collins 等：《家庭社会工作》，81 页，台北，洪叶文化事业有限公司，2009。

第二节 开始阶段

初次会谈的核心目标在于建立服务关系，鼓励家庭参与问题，并对问题进行初步评估。开始阶段社工的任务主要有了解家庭背景资料，介绍自己和机构，说明会谈目的、政策与伦理问题，以及了解家庭期望与需求。

一、会谈前对家庭情况的了解

阅读家庭档案就像是阅读关于这一家庭具体问题的文献，可以帮助社工获得一些有用的信息。例如，申请表上描述孩子总是打架、冷漠，父母无能为力、非常自责等。社工通过阅读家庭档案，能够对于其应该了解的领域有所准备，如父母的教育方式、家庭成员情感的表达等。

与此同时，在督导的协助下，社工可以获悉更多处理此类家庭问题需要的理论和技巧，并对自身可能影响到家庭服务的因素（如个人的未完成事件、价值观、偏见等）进行事先预判并有所警惕。

二、介绍自己

在家庭服务中，社工第一次正式与家庭成员见面，需要向家庭介绍自己。通常社工会向案主家庭介绍自己的姓名和机构的相关情况，特别是在案主对机构不了解时，清楚地说明机构的服务和功能显得十分必要。例如，在会谈开始时，家庭社工可以这样来表明身份："王先生、王太太，你们好！我是李明，你们可以叫我小李或李社工。我是咱们社区家庭服务中心的社会工作者。中心的主要服务内容是帮助大家处理有关家庭困扰的问题。"多数情况下，亲切的问候、友善的表情会帮助社工赢得家庭的好感。

在向家庭联络人进行自我介绍后，也应该与家庭其他成年成员握手致意，这时也可以请父母介绍一下家里孩子的情况。社工应尽可能与在场的每一个人打招呼，让家庭的每个成员都感受到应有的尊重（当然年幼的孩子可能无法参与其中）。除了介绍自己的姓名、专业、机构情况外，社工还可以留给案主家庭一张名片，有助于日后的联络。

三、初次会谈并建立关系

自我介绍后，紧接着探讨些非正式的话题，如工作、老人健康状况、孩子、家庭装饰等，可以拉近社工与案主家庭的关系，使得双方能比较轻松自在。例如，社工可以和家庭进行一些简单交流："王先生，你是从事什么工作的?""王太太，孩子们今天穿戴都很精神。""小成，学校的作业多不多?"等等。社工可以对每个人提一个问题，或者与他们简单聊聊，以便于与家庭的每个成员建立联结，这是建立专业关系的一种努力，是社工了解家庭成员说话能力、主动交流能力和态度的良好时机。

不过，社工应注意自我介绍和非正式交流的用时。若时间过长，会使心急的家庭成员产生挫折感，认为社工在浪费时间。因此，在简单交流后，社工应尽快进入正题，鼓励家庭参与会谈并开始评估其问题。社工可以通过询问家庭所关心的问题是什么、造成这一问题的原因，以及家庭曾做过的努力等来了解情况。在这一过程中，应注意是谁先发言，以及家庭成员间的观点是否一致。如果家庭已讨论过这些问题，则可以请其中一位成员概括讨论的结果。

社工需要注意不能只听一位家庭成员讲话，而要鼓励每一个家庭成员都积极参与，了解每一位成员的意见。当一位成员发言时，其他成员若是有意见或打断谈话，社工应礼貌但坚定地阻止对方："对不起，我必须聆听所有人的看法，一次一位。"一般常见的情况是父母代表孩子发言，或某位成年人代替另一人发言。社工需要弄清楚这种在家庭中反复出现的模式，了解在会谈中谁在代替谁发言，并要求那位代言人让其他人畅所欲言，或邀请其他家庭成员参与，如："小佳，你对爸爸刚刚的话有什么看法?""王太太，你是否也有与王先生类似的想法呢? 有什么需要补充的吗?"

社工在这一阶段的目标是创设一种安全、自由的氛围，让每个人都能比较开放地谈论问题。但要注意会谈初期的技巧，尽可能以开放性的问题进行提问，保持对家庭成员的同感与全神贯注。其间可能需要不时激励沉默的成员或婉转控制一下占主导的成员，尽可能鼓励家庭成员之间进行建设性交流，这些做法可以使家庭成员信赖社工，相信其是公正负责的，并有能力帮助家庭解决其面临的问题。

当然，每个家庭的情况各不相同，有些家庭可能很快就能建立亲善关系，有些家庭则需要耐心和毅力。家庭及其问题的本质、家庭工作的用意、家庭社工的人格以及家人的生命经验都会影响达成亲善信赖的速度。只有家庭社工做到诚挚关心家庭成员需求，传达协助意愿，并在困境中对家庭不离不弃，才能够真正促进信赖的养成。家庭社工不仅要注重在家庭和社工之间培育信赖感，还应注重在家庭成员彼此间培养相互支持的感受。高度的亲善关系和信赖感有助于问题辨识和有效工作关系的建立，进而造就正向的解决个案。有效工作关系能促成行为改变，激发家庭的满足和自信。为确保家庭社工与家庭关系的良好发展，尼科尔（Nichol）建议在进行家庭服务前，可参考以下注意事项：

（1）与家庭的各个成员联络。探知其对问题的看法，以及对即将进行的治疗的感受。

（2）经由掌控会谈的架构与步调建立起主导地位。

（3）在亲和与专业间取得平衡，以便与家庭成员建立起共事关系。

（4）在成员表现出特殊的正向的行动或展现该家庭的优点时，予以鼓励。

（5）对个别成员抱持同理心，并尊重家庭的行事方式。

（6）将重心置于特定问题及可行的解决之道上。

（7）不要忽视了不曾出现但可能相关的家庭成员、朋友或可以提供协助的人。

（8）协商一份包括家庭目标，以及明确说明治疗者的疗程内容的治疗计划，以期进行结构性的治疗。

（9）询问家庭成员是否有任何疑问。[①]

值得注意的是，对家庭隐私的保护是另一个影响初期关系建立的关键问题。社工以一个拜访者的身份打扰家庭，因此应尊重家庭领土，并感谢家庭允许其进入。在会谈初期，社工的资料收集应围绕案主家庭所关心的问题。会谈如果离题，社工可以通过对焦或摘要等技术将谈话重新导回主题。如果家庭成员选择谈隐私性话题，不应该表现出过分好奇，更不可以刺探。社工可以倾听并以支持的态度回应。因为在会谈初期，社工与案主家庭还未建立起良好稳固的专业关系，这一时刻过多暴露私人生活信息，会使一些家庭成员感到不适，甚至会后悔，由此可能会削弱或破坏专业关系的发展。

四、案主家庭的质疑

新手社工往往害怕被问到“你做社工多久了”等类似问题。未婚或者已婚尚未生育的社工则会对案主提出的关于个人婚姻状况或亲子关系的问题感到头疼。其实所有这些问题都涉及社工在初始治疗中经常遇到的一个至关重要的问题——信任。假如社工拒绝回答这些问题，则可能会影响案主对治疗和社工的信任，甚至中断治疗。因此，社工应尽早评估所有需要强调的信任事项，如“案主是否认为治疗是解决问题的有效方式”、“案主是否信任社工”等。

从这个意义上来讲，社工面临案主对社工角色与能力的评判，这对社工而言毫无疑问是一种严峻的考验。面对这些问题时，即时技术可以帮助社工应对，即社工可以直接、开放地讨论在面谈时正在发生的事情。如果社工逃避或采取自我防卫，就可能被案主视为能力不够、软弱、一个坏的榜样，专业关系会受到严重的影响。如果社工是开放的、关心的，那么即使案主觉得他们的关系不够完美，社工也会被视为合格的、强大的一个好的榜样。如果社工能通过此考验，双方关系就会继续并得以加强。

案例 4—1

案主：我晚上简直不能睡觉，我总有些可怕的想法，我知道你将问我它们是

① ［美］Michael P. Nichols、Richard C. Schwartz：《家族治疗概论》，164 页，台北，洪叶文化事业有限公司，2002。

什么，但是我不能告诉你，我现在和你这么好。如果我告诉你的话，你将再也不愿意见我了，你能不能不要我告诉你呢？

社工1：如果你不信任我，怎么说明我们的关系是好的呢？（案主和你谈论这个话题是比较困难的，你的反应离案主比较远了。）

社工2：如果你认为我们的关系很好，为什么你不能够告诉我这些呢？（案主告诉你他发现和你谈这些问题有困难，你的反应似乎在以良好的关系来胁迫案主坦白，这会使案主感到羞愧和自责，可能会引起他的内疚感和防卫。你的反应应该是邀请案主谈论他不情愿暴露想法的原因。）

社工3：你担心我们良好的关系会在你谈了这些问题后有所改变。（这个反应使案主感到和你谈论一个很敏感的话题时是舒服的。）

除了使用即时技巧，社工应该了解案主在怀疑社工某些方面的能力时，他们通常都比较关注社工是否缺少某些关键的职业或者生活经验，如太过年轻、没有孩子等。这时社工要采取有针对性的方法解决这些问题，告诉案主什么样的经验才是有帮助的。如果家长怀疑没有孩子的社工的能力，社工可以通过介绍自己与孩子接触的相关经验来建立信任（如照顾过姐姐家的孩子，或者曾经当过家教等），或通过对多例家庭的治疗和实践来掌握关于父母在养育子女方面的经验。如果案主仍然怀疑社工的能力，那么社工还可以和他们约定会谈的次数（如三次），这样就可以为展示自己的治疗能力提供时间。告诉案主，在完成约定好的几次会谈后，如果他们仍然怀疑社工的治疗能力，社工将很愉快地将他们转介到其他地方。此时，有助于获得案主信任的很重要的一点是如果社工的能力遭到质疑，不要对此产生防御心理，而应继续以一种无防御和尊重的方式面对案主关心的问题，才能获得他们的信任。

五、相关政策与伦理原则

家庭社工在为家庭提供服务和帮助时，会受到专业伦理或服务机构规章制度的约束。因此，在首次会谈中，告知家庭相关政策与伦理原则是十分必要的。案主家庭有权了解那些可能影响其权利和隐私的规则。而这也是帮助社工与家庭发展出真实可信的专业关系的重要因素。

家庭社会工作的实务过程中也常常出现伦理两难的议题，如隐私保密与对不同对象的忠诚、专业界限与案主利益冲突等。通过案例4—2，我们可以看到家庭社工是如何在隐私保密和沟通合作中取得平衡的。

案例4—2

艾伦是哥伦比亚家庭服务机构的社会工作者。他对彼得和多丽丝进行婚姻咨询。这对夫妇接受婚姻咨询是因为多丽丝告诉彼得她想请求离婚。

彼得和多丽丝都一致认同彼得有严重的赌博问题。因为赌博引起严重的财务困难，最近，多丽丝说："我再也不能忍受了，不是彼得接受协助停止赌博，就是我们之间完了。我受够了。"彼得参加匿名戒赌会地方分会的课程，并接受艾伦的夫妻协谈，他提到匿名戒赌对他帮助有多大，而戒赌后他感觉有多轻松。一天下午，彼得打电话给艾伦要求私下讨论。在他们隔天的会面中，彼得坦承他参加匿名戒赌会的课程是在说谎，实际上他沉迷赌博的问题更加严重，他也深感绝望。彼得要求艾伦帮帮他并请求艾伦不要将他说谎的事告诉他太太。①

在本案例中，家庭社工面临帮丈夫保密与保护妻子利益不受伤害的两难选择。依据美国社会工作伦理守则中 1.07 隐私与保密的（f）和（g）条例：当社会工作者给家庭、夫妻或团体提供咨询服务时，应使每个成员均同意关于每个成员的保密权利，同时也对其他人所分享的机密数据有保密的义务。社会工作者也必须提醒参加家庭、夫妻或团体咨询的成员，社会工作者没有办法保证所有的参与者均能遵守他们的保密协议［标准 1.07（f）］。社会工作者还应告知参与家庭、夫妻或团体咨询的案主，有关社会工作者的雇主和机构对于社会工作者在咨询中如何公开成员间机密数据的政策［标准 1.07（g）］。在案例中，社工艾伦开始家庭社会工作之初就应该与家庭成员讨论保密的政策，并清楚告知每一位家庭成员，社工会和家庭中的其他人分享他所知道的秘密。

彼得对太太的故意欺骗是不被接受的。社工不论其参与是多间接的，都有权利避免卷入这项实际的欺骗中。社工应尽快促使彼得向他太太说明情况。如果彼得没有意愿停止欺骗或告知太太他仍在赌博，那么社工在此时选择结案，并向彼得解释无法再为他们提供服务是被认为适当的。在家庭社会工作中，社工常常采用"没有秘密"政策以鼓励开放和真诚的沟通，避免被任何成员认为是他们的同伙，从而保证服务的真正有效。

六、了解案主家庭的期望

在首次会谈中，社工还需要了解案主家庭对家庭服务及处置方式的期望，从而确保家庭需求与机构服务的内容、社工服务能力等相匹配。当期望超出或与现有服务不符时，社工应尽快为其寻求合适的机构进行转介。

如果案主对问题和治疗目标没有清晰的认识，社工就应该和案主商定用几次会谈来探讨他们的问题以及确定治疗目标。如果案主对治疗的期望或者目标很高而且很不现实，这时候社工应该先修改案主的目标，然后重新确定案主的目标，使治疗目标更实际。如果家庭成员之间对治疗目标的看法不一致，社工应该将他

① ［美］Frederic G. Reamer：《社会工作价值与伦理》，3 版，119 页，台北，洪叶文化事业有限公司，2009。

们的目标融合起来形成新的目标。例如，父母可能希望青春期的子女更成熟、更有责任感，而孩子则希望自己能有更多的自由空间。这时社工可以通过同父母和子女讨论他们的一个共同心愿而将他们的目标联系起来，如他们都希望子女或者自己能够顺利成为一个成人，享受一个成人的权利并且承担相应的责任。那么治疗的目标就可以是帮助青少年获得更多的自由和权利，并且培养他们承担更多责任的能力。

七、非自愿性案主的服务策略

帮助非自愿性案主接受家庭社工服务，是社工在开始阶段常常要面对的重要挑战。鲁尼（Rooney）依据案主与专业人员的关系，区分了自愿性和非自愿性案主。[①] 自愿性案主通常是自己来求助，意识到自身的问题，也有较强的动机去改变，与专业人员建立的是一种自愿性关系。这类案主的合作性很高，更愿意谈论自己的问题，改变的努力也更多，可以说是服务中最理想的案主。

非自愿性案主与专业人员建立的是一种非自愿性关系，这种专业关系最初是被迫促成的。他们不是在自己主动要求的情况下获得服务，往往是由于儿童福利、心理卫生、刑事司法等方面的问题而被强制接受机构服务（见案例 4—3）。他们的问题可能危险、违法而受法律强迫，因此对这部分案主的情况要谨慎对待。另一部分非自愿性案主虽然不是受法律强迫，但会因为家人和朋友的压力被迫接受服务（见案例 4—4）。家庭中的儿童在其行为或心理出现重大问题时，也会迫使家人寻找服务（见案例 4—5）。

案例 4—3

李红自从生下了女儿后，家庭出现一系列变故——先生失业，她自己出车祸。因此她认为孩子是扫把星，对孩子常常拳打脚踢。有一次，孩子不小心打破家里的东西，李红再次虐打女儿，造成孩子全身到处淤伤。邻居发现后，向当地派出所报案，孩子被隔离保护，李红也面临起诉并接受社工服务。

案例 4—4

李林，42 岁，因长期酗酒导致失业、斗殴等问题，其妻子忍无可忍，告知李林，如果不接受服务戒掉酒瘾，会通过法院起诉离婚。

---

① See R. H. Rooney, *Strategies for Work with Involuntary Clients*, New York, Columbia University Press, 1992.

案例 4—5

王大坤的妻子在生下王凯生时病逝，王凯生目前则由祖父母抚养。王凯生目前在某托儿所就读，而负责的林老师发现王凯生在反应及学习上似乎比一般儿童缓慢，因此通报给治疗中心的社工。社工在接受通报后从事家访，建议凯生的家人带他到医院进行发展迟缓的鉴定。

（一）与非自愿性案主接触前的准备

大多数的非自愿性案主都会对家庭社会工作产生抗拒，在协助非自愿性案主时，接触前做好准备，使用恰当的服务策略，能较好地缓解非自愿性案主的抗拒。

（1）对于受法律强制的非自愿性案主，社工需要明确法律裁判的要求，了解这部分内容是有强制性的，不可改变，不可协商。

如案例 4—3 这类儿童保护的案例，孩子的父母被裁判接受亲子教育辅导，这一要求是必须执行，不能改变的。又如法院要求婚姻中施暴丈夫完成心理测验，该测验的要求也是不可协商的内容。

（2）了解哪些内容是法律并未强制要求或限制的，社工可以允许案主参与协商并自由选择。

在服务的最初阶段，社工通常会大量协助案主来寻找其可以协商或自由选择的内容。其作用就在于能在一定程度上缓解非自愿性案主的抗拒，并朝着一种积极正向的专业关系发展。如在案例 4—3 中，尽管父母接受亲子教育辅导这一要求不容改变，但在辅导的时间、地点、方式上可以协商；施暴丈夫虽然必须完成心理测试，但在什么情况下完成、在哪里测试则仍有选择的自由。

当案主可以自由选择的部分增加时，其抗拒就会有所降低，与社工的专业关系就会有所改变。因此，社工会尽量为案主寻求更多选择，增强案主的自决。

（3）社工必须了解并审视自己对非自愿性案主行为的感受和想法。

> **你怎么看**
>
> 社工如何提高自我觉察的能力？

大部分非自愿性案主的行为不为社会所接受，常常受到人们的谴责。社工对于这类案主的行为的感受和想法非常重要。原因就在于社工个人的感受和想法会对处置过程有明显的干扰作用。一个社工如果不能清晰了解自己的情感、态度和想法，在与案主打交道的过程中就很可能会有障碍，在潜意识里对案主的期望可能会超过法律要求。

针对案例 4—3 中对孩子施暴的父母，接案的社工在会谈前，应审视自己对案主的行为能否接受以及准备如何面对。当社工在自身成长过程中有此类经历，且这一未完成事件从未解决时，社工面对案主极有可能产生强烈的情绪反应，无法面对案主或者极为苛刻地对待案主。再比如，一位社工由于其宗教及社会背景，极其不认同堕胎行为，当其要为一位曾堕胎的卖淫少女服务时，如果社工没有了解或审视自己对于该少女行为的感受和想法，在与案主的接触中就会形成障碍，极有可能限制案主自由，没有完全给予案主权利，如职业培训、亲友探视等。这一部分的自由并未被法律限制，但由于社工不自觉地超越了法律要求，限制了案主的自由。

（二）接近非自愿性案主的步骤

当社工完成上述准备工作后，可参考以下几个步骤来接近非自愿性案主。[①]

1. 向案主说明接触的原因

初次会面时，社工就应该以客观和非批评的态度向案主说明接触的原因（接案的原因、转介过程等），包括无法协商的要求及可协商或案主可以作选择的部分。尤其是要明确说明案主被要求一定要去执行的、无法协商的部分，可以选择的部分，以及相关的理由。例如，社工通常会说："我必须和你见面，因为……（客观描述接触的原因），你和我必须做的是……（叙述非协商部分，即被法庭裁示要求做的事），但你有一些自由可以选择，比如你可以决定我们一起可以做什么及我们要如何进行……（叙述案主可做选择的部分）。"一般而言，社工的这一做法能在很大程度上缓解案主的抗拒。

2. 理解并接受案主非自愿参与的反应

社工需了解当人们的自由受到限制时，都会产生诸如气愤、不满或痛苦等负面情绪。大多数非自愿性案主被强迫接受服务时，他们对于社工的敌意、冷漠和抗拒都应该视为非自愿性案主的正常反应。而社工对案主被迫或违反其自由意志的感受予以同理，使案主感受到其被迫的情境能够被社工了解。

3. 恰当运用面质技巧

面质技巧通常不会在家庭社会工作初期使用。因为在信任和接纳尚未形成之前，争辩通常没什么用处，且可能增强案主的敌意和憎恶。案主会觉得社工和机构把问题怪罪到他们头上，社工无法理解他们的处境和感受，他们就可能将家庭社工视为威胁。案主只有觉得安全时，才会卸下这种防卫姿态。对待抗拒案主的适当技巧是找机会引发改变。如果家庭诚心渴望自己的生活有所改变，就会有动机。只有在社工能够很好地同理非自愿性案主有关其被迫接触的感受时，通过适度使用面质的技巧，并坚持不能协商的部分，才可能促成案主改变。如针对一位儿童施暴者的父亲，社工可以同理其家庭被公权力介入的不舒服感觉，但仍然要坚持对子女施暴是一种违法行为，因此可以面质案主："你是爱护你的子女，但

① 参见周月清：《家庭社会工作：理论与方法》，182～185页，台北，五南图书出版公司，2001。

是你用殴打的方式，他们可以感受到你的爱吗?”“有没有别的方法呢?”

(三) 制定合约的策略

合约是案主和家庭社工的协议，列出双方对于处置目标、方法和工作关系所达成的共识。一份清楚说明行动预期成果的合约，对于非自愿性案主来说很有作用。家庭社工的任务是传达一种信息：非自愿性案主有某些选择，每种选择都会有预期结果。这一过程期望非自愿性案主同意介入所要达到的目标，从原来的非自愿性转换为半自愿性/自愿性。

1. 了解案主对于问题的看法，并促使案主同意法院裁判

例如，法院判定父母虐待儿童是违法的，但父母却认为孩子应当顺从父母，或者子女不打不成器。社工可以重新整理两者（法律及案主的认知）对问题的不同观点，使案主同意以子女顺从父母作为工作重点，但提出一个合法且有效的方法以替代体罚；又或者帮助非自愿性案主找到其服从法院裁判的理由。如一位虐待儿童的父亲被命令接受心理辅导，若其拒绝参与，则很可能因此失去孩子的监护权。为什么要促使非自愿性案主同意执行被裁示的部分呢？因为案主可以明确了解他（她）需要去执行的积极理由，从而变得更愿意合作。只有在案主有改变动机时，介入的有效性才有可能达成。这个策略是利用改变的自我选择，与维护案主某些既存的信念是一致的。在这种社工和案主彼此同意处置目标的情形下，社工与案主之间的半自愿性或自愿性契约即可形成。

2. 通过交换条件促使案主参与

使用交换条件的策略，是提供一种诱因，以促使案主愿意参与处置工作。例如，施虐者倘若参与施虐行为治疗方案，则可以减少受刑的天数；在单亲方案中，父母倘若要领取子女补助教养费用，就必须参与职业训练方案作为交换；被转介来会谈的丈夫，倘若要挽回他的婚姻，就必须正视其夫妻互动关系所出现的问题。

这种交换条件的技巧是创造一个合作的积极诱因，了解案主所关心的问题以增加其自愿性。这种交换必须在符合伦理原则下，以协商方式达成，给案主额外利益，而不是克扣他们的权利。交易一旦达成，就表示社工与案主形成了一个半自愿性的契约关系；倘若交易无法运作，社工就当考虑使用“自我击败策略”。另外，当案主不愿表示对法律裁示要执行的部分同意与否、也不提出自己的看法时，应鼓励案主不断与社工接触，使案主有动机去改变。

3. 自我击败策略

针对那些无法达成半自愿性或自愿性契约的案主，社工可以提出决定不签约的自我击败结果，表示是案主拒绝参与选择，而把其重要的决定权交给别人，如交给社工，他们是自己放弃了控制自己命运的权利。这种面质的技巧会有助于案主愿意重新组合其问题。①

---

① 参见周月清：《家庭社会工作：理论与方法》，187页，台北，五南图书出版公司，2001。

【知识窗】 **心理抗拒**

心理抗拒（psychological reactance）理论是由布雷姆（Brehm）提出的，用来预测当人们失去有价值的自由而受威胁时的正常反应。依据该理论，行为自由是人们生活中普遍与重要的层面，当环境减损或者威胁到个人的行为自由时，会引起个人重建自由的动机。当个人认为自身拥有的自由（知觉自由）被威胁或者剥夺（自由威胁）时，会引起抗拒状态（抗拒感受），进而引起个人恢复自由的动机或者行为（自由重建），这时人们会选择抵制外来的决策建议，表现出一种“相反效果”来回应强迫信息。①

第三节 家庭评估

家庭社工面对的每一个家庭都是独特的，有着不同的议题。社工应该如何收集信息？应该处理哪些议题？应该从何处着手帮助案主家庭？家庭评估是解决这些问题的有力武器。适当的评估工具有助于家庭社工和家庭对家庭资料的充分收集，探索辨别家庭中存在的问题、家庭优势、动力及资源，并据此规划制定务实具体的目标。家庭评估结果将决定家庭社工的处遇决策。

家庭评估的侧重点因不同家庭治疗模式而异。系统治疗者在治疗前已完成详细的家族谱，心理分析偏重个人史，行为学派则以结构化问卷收集资料。不论是哪种模式，现有问题显然都是家庭评估所面临的重点。家庭社工有必要了解现有问题的原因、持续时间、频率等重要信息，如孩子的行为逾矩，他究竟做了什么？频度有多高？什么情况会促发该行为？该行为只出现在学校还是家中，或是兼而有之？其次要探索的是，其家人如何处理该问题？他们做过何种尝试？哪些方法有效？哪些无效？除了在场的人以外，还有其他人试图协助（或妨碍）该家庭去处理该问题吗？

在评估过程中，家庭社工协助家庭探索他们关注的议题，理想上所有家人都要参与。这种探索可以让家庭对自己面临的情况有更深切和正确的了解。每位家庭成员对问题都有自己独到的观点，而每种观点都很重要。例如，孩子花很多时间“和朋友鬼混”，家庭界定这是个问题，此事对父母而言可能是“社会顺从”议题，对那位孩子而言可能是“追求独立”议题，对手足而言则是个“排挤”议题。

---

① See J. W. Brehm, *A Theory of Psychological Reactance*, Academic Press, 1966.

除了聚焦问题本身，了解家庭优势和资源也很重要。家庭社工也会关注家庭角色、沟通模式、成员亲密度及家庭规范，并了解家庭如何运作、家庭成员之间如何互动。

总而言之，家庭评估的目的有：

（1）评估家庭是否能从家庭工作中获益，如果答案是肯定的，就要决定哪种介入最适合他们；

（2）判定家庭应该做出哪些具体改变；

（3）基于务实目的，拟定短期和长期介入目标；

（4）辨识家庭优势和资源，以及可用或推动家庭达成预定改变所需的环境和小区资源；

（5）了解和收集家庭运作的基线信息，以判定处遇的成果；

（6）订定彼此同意的改变目标，以锁定服务终点，让社工与家庭能够测量预定结果的达成度。①

一、家庭质化评估

量化评估与质化评估是家庭评估的两类主要方法。质化评估运用描述性方法（如话语、观察、影像和图形分析等）获得案主资料，让家庭社工能了解家庭生活中的重要事件，从而帮助社工获得家庭生活和功能的概况。

由于家庭结构和家庭问题可能很复杂，图形和影像就成了筛检细节数据的有用工具。可视化记录技术让家庭社工能够选择最适当的评估和处遇工具。社工进行家庭评估时可运用家族谱、生态图、家庭时间线等工具，这些工具以可视化方式描述数据，通过各种符号将大量家庭数据汇整成一页，呈现出重要的家庭信息。同时，它们也是家庭社工和家庭成员建立亲善关系的有用工具。案主会对那些代表他们生活的图形符号感到好奇，期望看到他们的家庭生活如何呈现在纸上。当家庭成员在纸上记录他们的生命史，便不会聚焦于现有问题和困境。这个工具变成一个与家庭系统及个别成员开始建立关系的机制。

家族谱和生态图可以描绘出家庭内部和外部的关系模式。家庭时间线等其他评估工具可用以补充家族谱和生态图。家庭评估工具有两种用处。作为测量工具，它们可用来收集家庭运作的诊断信息，也可作为一个基础，让家庭成员检视自己家庭的运作、讨论家庭问题，并用聚焦、结构化和合作的方式设定家庭目标。

（一）家族谱

家族谱是家族树的图像表达，从视觉上呈现出家庭状况，提供了一幅家庭各方面的图画及重要事件和主题的时间表。家族谱可以用来描述家庭结构、成员关

---

① 参见［美］Donald Collins：《家庭社会工作》，124页，台北，洪叶文化事业有限公司，2009。

系特征以及跨代际的议题、家庭模式，甚至还可以传达社会阶层、宗教信仰、种族群体等社会资料。

家族谱这一工具在家庭会谈初期显得尤为重要。它提供了一份高效的家庭摘要，让社工在最短时间内获得大量的家庭资料，了解家庭成员、家庭关系特征、复杂的家庭模式及互动，并能清晰描绘出家庭结构，及其在发展过程中的变化，还能快速概览家庭重要事件如出生、结婚、生子、分离等。家族谱上的信息极为醒目，浓缩了大量叙事信息。家庭社工借助该工具可以比较容易地发现家庭反复经验的模式，甚至发现某些横跨数个世代的行为模式。

对于家庭成员而言，家族谱也很有吸引力。他们会对这些代表其生活的图形符号产生好奇，期望看到其家庭生活如何呈现于图形。在参与绘制家族谱的过程中，可以让家庭成员了解到家庭的很多信息，明确认识到家人给予彼此的影响。这一过程能让家庭迅速进入家庭工作中，也能为家庭成员与社工提供建立亲密信任的专业关系的契机。

一般家族谱的架构像传统的遗传图表，涵盖至少三个世代（祖父母、父母及子女），有特定的符号来代表家庭成员、事件及相互关系。

每一位家庭成员都应该出现在家族谱中，并且只要其曾经出现在家庭中，无论其现状如何，都应该在家族谱中呈现。家庭中的成年人之间常用一条水平线连接，子女则是按照年龄从大到小的顺序，由左向右排列。辈分相同的成员在同一水平位置，辈分高的则处于其子代的上一层（见图 4—1）。具体家族谱的制作，可参考网站 www. genopro. com。

(二) 生态图

生态图是家庭社工的另一个重要评估工具。类似于家族谱，生态图也是将大量资料以图形的方式可视化呈现。家族谱表现的是家庭内部动力，生态图则展现出家庭外部动力和关系。人们所遇到的困境，往往不仅源于家庭内部，有时其生活的生态背景也举足轻重。

生态图是家族谱的补充，将两者结合，可以形成一幅家庭状况的完整图像。生态图记载了家庭与外界生态系统的关系，展现了家庭外在联结的优势和冲突，以及资源和能源在家庭和环境间的流动状况。通过生态图，家庭社工能快速了解家庭支持系统状况，观察家庭需求与社区资源的联结状况。

在家庭工作初期，鼓励家庭参与生态图的制作，对于家庭成员和社工而言都是大有裨益的。生态图是由一串相互连接的圆圈组成，这些圆圈代表家庭外部的各种系统。中央圆圈中是家族谱，代表家庭。中央圆圈之外的圆圈代表家庭成员生命中的重要他人、机构或组织。其中，线条连接内部圆圈和外部圆圈，不同的线条意义不同，直线代表深厚的关系，虚线代表淡薄的关系，波浪线则代表紧张或冲突的关系，较粗的线条代表较深厚的关系。线条上的箭号代表能量与资源的流向（见图 4—2）。

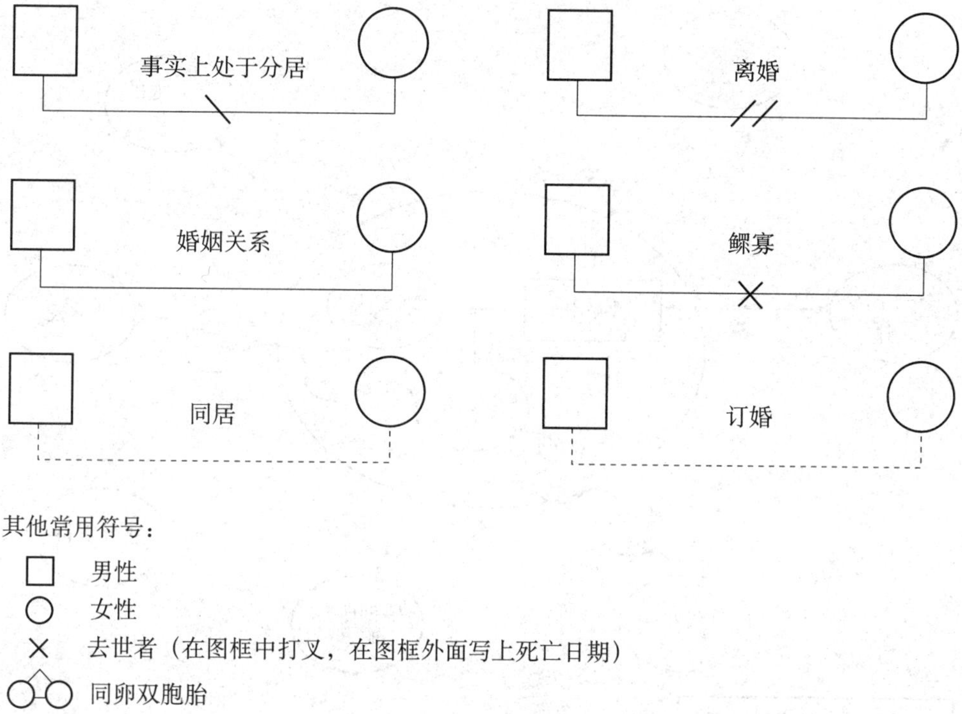

图 4—1　家族谱常用符号

资料来源：［美］Donald Collins 等：《家庭社会工作》，135 页，台北，洪叶文化事业有限公司，2009。

（三）家庭时间线

时间线是在一个指定时间范围内按时间顺序以简写的方式来反映重要事件或经历的简单表格，家庭时间线则可以帮助社工快速掌握家庭生命周期过程中的重要事件，如家庭搬迁、结婚、子女出生、离婚、死亡、疾病、失业等。借助这一评估工具，社工能迅速获得家庭过去经验的大量细节资料以及事件对于家庭的意义和影响。

时间线的基本部分包括：（1）一条连续的、水平或垂直的线，表示事件。（2）用相交的短线代表时间日期。（3）简短地对与短线临近的事件或经历进行描述（见图 4—3）。

二、家庭量化评估

量化评估是通过量化测量来获得评估资料的方法。通过案主自述、案主行为观察、外部报告及观察等方式，社工获得有关案主或家庭特定功能的数字指标；在一定参照条件下，能够掌握案主及家庭问题的严重程度和改变状况。下面介绍家庭实务工作中量化评估常用的几种类型。

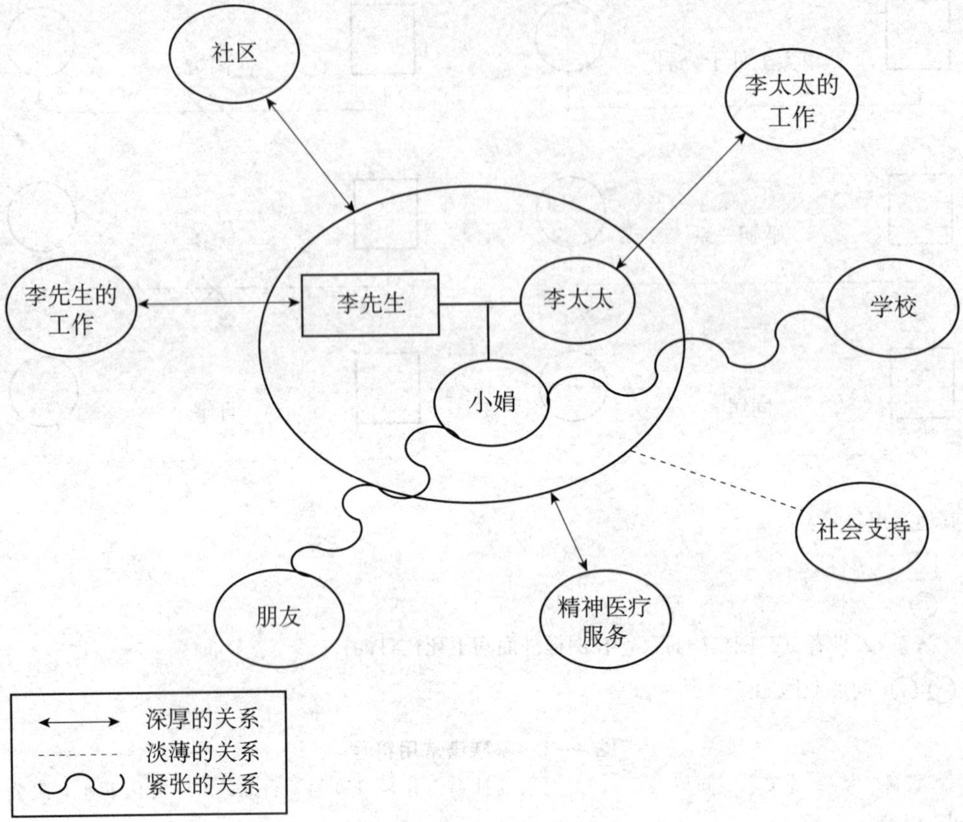

图 4—2 生态图范例

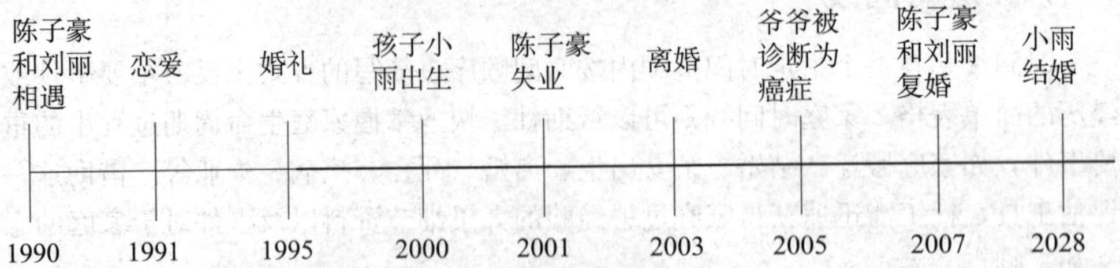

图 4—3 家庭时间线范例

(一) 自我描述和监控工具

这一类量化测量工具常常是社工为特定案主或家庭设计，以了解某一特定方面的情况，其效率较高。通常由案主自己根据自身状况来完成。案主或家庭成员对自身的监控和描述，会给社工提供非常细致的数字化指标以了解其现状及变化情况。

(二) 直接行为观察

除了自我监控的方式外，社工还可以通过其他家庭成员或社工自己对案主进行直接行为观察的方式获得量化资料。例如，父母观察孩子的违纪行为，社工观察夫妻双方沟通中的争执，等等。

(三) 标准化测量

在家庭实务工作中，社工常常可以通过标准化测量来获得准确翔实的家庭资料。通常这些测量都是经过各领域专家精心设计和测试的，具有良好的信度、效度，能够为社工了解家庭某一方面的状况提供较好的参考资料。在此，介绍三种常用于评定家庭功能及关系的标准化量表。①

1. 家庭功能评定量表

家庭功能评定量表（Family Assessment Device，FAD）的理论基础是"McMaster 家庭功能模式"，其所测定的家庭功能的范围与临床关系较密切。该模式将家庭功能概括为以下七个方面，也就是 FAD 的七个分量表：问题解决、沟通、角色、情感反应、情感介入、行为控制、总的功能。具体使用方法及注意事项如下：(1) 要求年龄在 12 岁以上的家庭成员都要完成 FAD 问卷。(2) FAD 的每个条目有四个答案供选择，其评分为：非常同意（或很像我家）＝1；同意（或像我家）＝2；不同意（或不像我家）＝3；完全不同意（或完全不像我家）＝4。(3) 对不健康的条目（带 * 号者），其最后得分为 5 减实际得分。这样，对所有的条目来说，1 分代表健康，4 分代表不健康，每个量表的各条目得分的平均数即为该量表的得分，评分范围为 1～4 分。如果一个分量表的条目有 40%未被回答，则该量表不予计分。

家庭功能评定量表

指导语：这个小册子包含了一些对家庭的描述，请仔细阅读每一项，并根据近两个月您对您家庭的看法，在四个可能的答案中圈选形容您家庭最接近的数字。选择答案的原则是：很像我家（这一项非常准确地描述了您的家庭），像我家（这一项大致上描述了您的家庭），不像我家（这一项不太符合您的家庭），完全不像我家（这一项完全不符合您的家庭）。

1. * 由于我们彼此误解，难以安排一些家庭活动。
2. 我们在住处附近解决大多数日常问题。
3. 当家中有人烦恼时，其他人知道他为什么烦恼。
4. * 当你要求某人去做某事时，你必须检查他们是否做了。
5. * 如果某人遇到麻烦，其他人会过分关注。
6. 发生危机时，我们能相互支持。
7. * 当发生了出乎预料的意外时，我们手足无措。
8. * 我们家时常把我们所需要的东西用光了。
9. * 我们相互都不愿流露出自己的感情。

---

① 参见汪向东等编：《心理卫生评定量表手册》，增订版，135～159 页，北京，中国心理卫生杂志社，1999。

10. 我们肯定家庭成员都尽到了各自的家庭职责。
11. * 我们不能相互谈论我们的忧愁。
12. 我们常根据我们对问题的决定去行动。
13. 你的事只有对别人也重要时，他们才会感兴趣。
14. * 从那些人正在谈的话中，你不明白其中一个人是怎么想的。
15. * 家务事没有由家庭成员充分分担。
16. 不管每个人是什么样的，都能被别人认可。
17. * 你不按规矩办事，却很容易逃脱处罚。
18. 大家都把事情摆在桌面上说，而不用暗示的方法。
19. * 我们中有些人缺乏感情。
20. 在遇到突然事件时，我们知道怎么处理。
21. * 我们避免谈及我们害怕和关注的事。
22. * 我们难得相互说出温存的感受。
23. * 我们遇到经济困难。
24. 在我们家试图解决一个问题之后，我们通常要讨论这个问题是否已解决。
25. * 我们太以自我为中心了。
26. 我们能相互表达出自己的感受。
27. * 我们对梳妆服饰习惯无明确要求。
28. * 我们彼此间不表示爱意。
29. 我们对人说话都直说，而不转弯抹角。
30. 我们每个人都有特定的任务和职责。
31. * 家庭的情绪气氛很不好。
32. 我们有惩罚人的原则。
33. * 只有当某事使我们都感兴趣时，我们才一起参加。
34. * 我们没有时间去做自己感兴趣的事。
35. * 我们常不把自己的想法说出来。
36. 我们感到我们能被别人容忍。
37. * 只有当某件事对个人有利时，我们相互才感兴趣。
38. 我们能解决大多数情绪上的烦恼。
39. * 在我们家，亲密和温存居次要地位。
40. 我们讨论谁做家务。
41. * 在我们家，对事情做出决定是困难的。
42. * 我们家的人只有在对自己有利时，才彼此关照。
43. 我们相互间都很坦率。
44. * 我们不遵从任何规则和标准。
45. * 如果要人去做某件事，他们常需别人提醒。

46. 我们能够对如何解决问题做出决定。
47. *如果原则被打破，我们不知道将会发生什么事。
48. *在我们家任何事都行得通。
49. 我们将温存表达出来。
50. 我们镇定地面对涉及感情的问题。
51. *我们不能和睦相处。
52. *我们一生了气，就互不讲话。
53. *一般来说，我们对分配给自己的家务活都感到不满意。
54. *尽管我们用意良好，但还是过多地干预了彼此的生活。
55. 我们有应付危险情况的原则。
56. 我们相互信赖。
57. 我们当众哭出声来。
58. *我们没有合适的交通工具。
59. 当我们不喜欢有的人的所作所为时，我们就会给他指出来。
60. 我们想尽各种办法来解决问题。

注：*为不健康条目，最后得分为用5减去表中得分。

2. 家庭环境量表

家庭环境量表（Family Environment Scale，FES）系莫斯（Moss）等于1981年编制，共设90条是非题，需要大约30分钟完成。该量表分为10个分量表，分别评价10个不同的家庭社会和环境特征。FES所评价的家庭特征包括：亲密度、情感表达、矛盾性、独立性、成功性、知识性、娱乐性、道德宗教观、组织性以及控制性。

家庭环境量表中文版（FES-CV）（第三次修订）

本表由沈其杰、赵靖平、费立鹏翻译，邹定辉、周远东、费立鹏修改。

原版本作者：Rudolf H. Moss.

版权：(1974) Consulting Psychologists Press，Palo ALto CA，94306，USA.

指导语：该问卷包括90个关于家庭情况的问题，请您决定哪些问题符合您家里的实际情况，哪些问题不符合您家里的实际情况。如果您认为某一问题符合或基本上符合，请在答案“是”上画圈；如果不符合或基本上不符合，请在答案“否”上画圈。也许您会觉得某些问题与您家里某些家庭成员符合，而与另一些家庭成员不符合，如果与大多数成员符合，就回答“是”，如果与大多数成员不符合，就回答“否”，如果符合和不符合的家庭成员人数相等，就按多数出现的情况回答。请您务必回答每一个问题。如果您不能肯定是否符合您家里的情况，就按您自己的估计回答。有些问题带有“★”，表示此句有否定的含义，回答时请正确地、详细地理解每句的内容，然后再作回答。记住，该问卷所指的“家庭”是指与您共同食宿的小家庭。我们是要了解您对您的家庭的看法，不要推测别人对您家庭的看法，因此请您按照实际情况来回答问题。

1	我们家庭成员总是互相给予最大的帮助和支持。	是	否
2	家庭成员总是把自己的感情藏在心里，不向其他家庭成员透露。	是	否
3	家中经常吵架。	是	否
4	★在家中我们很少自己单独活动。	是	否
5	家庭成员无论做什么事都是尽力而为的。	是	否
6	我们家经常谈论政治和社会问题。	是	否
7	大多数周末和晚上家庭成员都是在家中度过，而不外出参加社交或娱乐活动。	是	否
8	我们都认为不管有多大的困难，子女应该首先满足老人的各种需求。	是	否
9	家中较大的活动都是经过仔细安排的。	是	否
10	★家里人很少强求其他家庭成员遵守家规。	是	否
11	在家里我们感到很无聊。	是	否
12	在家里我们想说什么就可以说什么。	是	否
13	★家庭成员彼此之间很少公开发怒。	是	否
14	我们都非常鼓励家里人具有独立精神。	是	否
15	为了有好的前途，家庭成员都花了几乎所有的精力。	是	否
16	★我们很少外出听讲座、看戏或去博物馆以及看展览。	是	否
17	家庭成员常到朋友家去玩并在一起吃饭。	是	否
18	家庭成员都认为做事应顺应社会风气。	是	否
19	一般来说，我们大家都注意把家收拾得井井有条。	是	否
20	★家中很少有固定的生活规律和家规。	是	否
21	家庭成员愿意花很大的精力做家里的事。	是	否
22	在家中诉苦很容易使家人厌烦。	是	否
23	有时家庭成员发怒时摔东西。	是	否
24	家庭成员都独立思考问题。	是	否
25	家庭成员都认为使生活水平提高比其他任何事情都重要。	是	否
26	我们都认为学会新的知识比其他任何事都重要。	是	否
27	★家中没人参加各种体育活动。	是	否
28	家庭成员在生活上经常帮助周围的老年人和残疾人。	是	否
29	在我们家，当需要用某些东西时却常常找不到。	是	否
30	在我们家，吃饭和睡觉的时间都是一成不变的。	是	否
31	在我们家，有一种和谐一致的气氛。	是	否
32	家中每个人都可以诉说自己的困难和烦恼。	是	否
33	★家庭成员之间极少发脾气。	是	否
34	我们家的每个人出入都是完全自由的。	是	否
35	我们都相信，在任何情况下竞争都是好事。	是	否
36	★我们对文化活动不那么感兴趣。	是	否
37	我们常看电影或体育比赛、外出郊游等。	是	否
38	我们认为行贿受贿是一种可以接受的现象。	是	否
39	在我们家，很重视做事要准时。	是	否
40	我们家做任何事都有固定的方式。	是	否
41	★家里有事时，很少有人自愿去做。	是	否
42	家庭成员经常公开地表达相互之间的感情。	是	否

续前表

43	家庭成员之间常互相责备和批评。	是	否
44	★家庭成员做事时很少考虑家里其他人的意见。	是	否
45	我们总是不断反省自己，强迫自己尽力把事情做得一次比一次好。	是	否
46	★我们很少讨论有关科技知识方面的问题。	是	否
47	我们家每个人都对一两项娱乐活动特别感兴趣。	是	否
48	我们认为无论怎么样，晚辈都应该接受长辈的劝导。	是	否
49	我们家的人常常改变他们的计划。	是	否
50	我们家非常强调要遵守固定的生活规律和家规。	是	否
51	家庭成员总是衷心地互相支持。	是	否
52	如果在家里说出对家事的不满，会有人觉得不舒服。	是	否
53	家庭成员有时互相打架。	是	否
54	家庭成员都依赖家人的帮助去解决他们遇到的困难。	是	否
55	★家庭成员不太关心职务升级、学习成绩等问题。	是	否
56	家中有人玩乐器。	是	否
57	★家庭成员除工作学习外，不常进行娱乐活动。	是	否
58	家庭成员都自愿去做公共环境卫生。	是	否
59	家庭成员认真地保持自己房间的整洁。	是	否
60	家庭成员夜间可以随意外出，不必事先与家人商量。	是	否
61	★我们家的集体精神很少。	是	否
62	我们家可以公开地谈论家里的经济问题。	是	否
63	家庭成员的意见产生分歧时，我们一直都回避它以保持和气。	是	否
64	家庭成员希望家里人独立解决问题。	是	否
65	★我们家的人对获得成就并不那么积极。	是	否
66	家庭成员常去图书馆。	是	否
67	家庭成员有时按个人爱好或兴趣参加娱乐性学习。	是	否
68	家庭成员都认为要死守道德教条去办事。	是	否
69	在我们家，每个人的分工是明确的。	是	否
70	★在我们家，没有严格的规则来约束我们。	是	否
71	家庭成员彼此之间都一直合得来。	是	否
72	家庭成员之间讲话时都很注意避免伤害对方的感情。	是	否
73	家庭成员常彼此想胜过对方。	是	否
74	如果家庭成员经常独自活动，会伤害家里其他人的感情。	是	否
75	先工作后享受是我们家的老习惯。	是	否
76	在我们家，看电视比读书更重要。	是	否
77	家庭成员常在业余时间参加家庭以外的社交活动。	是	否
78	我们认为无论怎么样，离婚都是不道德的。	是	否
79	★我们家花钱没有计划。	是	否
80	我们家的生活规律或家规是不能改变的。	是	否
81	家庭的每个成员都一直得到充分的关心。	是	否
82	我们家经常自发地谈论家人很敏感的问题。	是	否
83	家人有矛盾时，有时会大声争吵。	是	否
84	我们家确实鼓励成员都自由活动。	是	否

续前表

85	家庭成员常常与别人比较，看谁的工作学习好。	是	否
86	家庭成员很喜欢音乐、艺术和文学。	是	否
87	我们娱乐活动的主要方式是看电视、听广播而不是外出活动。	是	否
88	我们认为提高家里的生活水平比严守道德标准还要重要。	是	否
89	我们家饭后必须立即有人去洗碗。	是	否
90	在家里，违反家规者会受到严厉的批评。	是	否

3. Olson 婚姻质量问卷

Olson 婚姻质量问卷（ENRICH）主要用于婚姻咨询工作中，用以判断婚姻的满意程度，识别婚姻的冲突所在，以便有针对性地开展婚姻治疗和效果观察。ENRICH 共包含 124 个条目。内容包括过分理想化、婚姻满意度、性格相融性、夫妻交流、解决冲突的方式、经济安排、业余活动、性生活、子女和婚姻、与亲友的关系、角色平等性及信仰一致性，共 12 个因子。

Olson 婚姻质量问卷

指导语：该问卷是用于了解您的婚姻状态的。虽然它不能预测您的婚姻是否成功，但可以发现婚姻中可能存在和需要解决的问题，有助于得到专家的指导。希望您如实填写，不要征求他人的意见，独立完成。请注意，条目中的“我们”，均是指您和您的配偶。谢谢合作！

1. 我们都喜爱同一类社会活动。
2. 向配偶表达我真实的感受是非常容易的。
3. 对我所受到的有关宗教信仰的教育，我很难全盘接受。
4. 为了尽早结束争吵，我常立即让步。
5. 在我们家里，父亲与孩子待在一起所花的时间不够。
6. 当夫妻间出现矛盾时，我的配偶常沉默不语。
7. 亲友中一些人使我们的婚姻变得紧张。
8. 我的配偶过于挑剔或经常持否定的观点。
9. 我完全满意配偶对我的感情。
10. 我和配偶就如何采取最佳方法解决矛盾常常意见不一。
11. 我认为夫妻双方对宗教应有相同的理解。
12. 我认为妇女主要应待在家里。
13. 有时，我对配偶的脾气很在意。
14. 我不喜欢配偶的性格和个人习惯。
15. 为了使性关系保持乐趣，我们尝试找一些新的办法。
16. 有时，我希望配偶别乱花钱。
17. 我的配偶似乎缺少时间和精力与我一起娱乐。
18. 我宁愿做别的任何事情，也不愿独自待一个晚上。
19. 我非常满意夫妻双方在婚姻中承担的责任。
20. 我和配偶对怎样花钱总是意见一致。

21. 我很满意我们对抚养子女的责任分工。
22. 共同的信仰有助于我们的关系发展。
23. 如果夫妻双方都有工作，丈夫应该与妻子承担同样多的家务劳动。
24. 有时，我对配偶显得不愉快和孤僻感到担心。
25. 我担心配偶可能在性方面对我不感兴趣。
26. 我们很难在经济安排上做出决定。
27. 我们为亲友花费的时间很恰当。
28. 对配偶兴趣或爱好过少，我很在意。
29. 除非经济上需要，我的妻子不应外出工作。
30. 我配偶抽烟和/或饮酒成问题。
31. 与配偶参加社交活动，我很少感到压力。
32. 我不满意夫妻间的交流，我配偶并不理解我。
33. 对于我们家怎样和在何处度假，我总是觉得满意。
34. 我们夫妻间完全相互理解。
35. 在管教子女方面，夫妻意见一致。
36. 我非常满意我们作决定和解决冲突的方式。
37. 有时，我的配偶不依赖我，不总是人云亦云。
38. 对于家庭应储蓄多少钱的决定，我感到满意。
39. 当讨论某一问题时，我通常感到配偶是理解我的。
40. 我的配偶有时发表一些贬低我的意见。
41. 与配偶谈论性问题，对我来说是很容易和轻松的。
42. 我的配偶对我的每一次情绪变化都能完全理解并有相同的感受。
43. 在我们的婚姻中，妻子应更加顺从丈夫的愿望。
44. 当我们与别人共处时，有时我为配偶的行为感到不安。
45. 我们都知道我们所欠的债务，而且它不成问题。
46. 我的宗教信仰是影响我们婚姻的一个重要部分。
47. 有时，我担心配偶会有寻求婚外性关系的想法。
48. 我认为配偶与他/她的家里过于密切或受其影响太大。
49. 子女似乎是我们婚姻中矛盾的一个主要来源。
50. 我们对所需子女的数量意见一致。
51. 我们按我们的经济实力有规律地花钱。
52. 我不满意我们的经济地位和决定经济事务的方法。
53. 我非常满意我们的业余活动和夫妻一起度过的时间。
54. 有时，我不敢找配偶要我需要的东西。
55. 即使妻子在外工作，也应该负担管理家务的责任。
56. 夫妻双方在与宗教信仰有关的活动中意见不一。
57. 与我的或配偶家的亲戚在一起，我感到不愉快。
58. 当我遇到困难时，我总是告诉配偶。

59. 我的配偶对子女的关注超过对我们的婚姻的关注，这使我不舒服。
60. 我觉得我们的假期和旅游过得很好。
61. 在我们家，丈夫是一家之主。
62. 对我来说，我们的性关系是令人满意与完美的。
63. 有时，我的配偶太固执。
64. 我们的婚姻是非常成功的。
65. 与配偶一起祈祷，对我很重要。
66. 我希望配偶更愿意与我分享他/她的感受。
67. 有了孩子，使我们的婚姻关系更密切。
68. 我的配偶喜欢我所有的朋友。
69. 我不愿对配偶表现得很温柔，因为它经常被误认为是一种性的表示。
70. 我觉得我们的婚姻关系缺少某些东西。
71. 有时在一些不重要的问题上我们常产生严重的争执。
72. 我感到夫妻双方没有花费足够的时间一起度过业余空暇。
73. 有时，我很难相信配偶告诉我的每一件事。
74. 我尽量避免与配偶发生冲突。
75. 对于我们来说，丈夫的职业较妻子的职业更重要。
76. 我觉得我们的婚姻受到宗教观念影响。
77. 我们的经济已变得紧张，如赊账过多。
78. 配偶经常拖拖拉拉，使我很烦恼。
79. 有时，我觉得夫妻之间的争执没完没了，从来都得不到解决。
80. 如果家里有很小的子女，妻子就不应外出工作。
81. 我经常不把我的感受告诉配偶，因为他/她应该体会得到。
82. 对于我们夫妻之间怎样表达情感和与性有关的事，我很满意。
83. 当夫妻间出现意见不一时，我们开诚布公地交流感受和决定怎样来解决它。
84. 除非与配偶在一起，否则我很少开玩笑。
85. 我们很注重决定怎样把钱花在最重要的事情上。
86. 有时我的配偶与朋友在一起的时间太多。
87. 我和配偶在对子女进行宗教教育方面有不同的意见。
88. 在做父母的责任分工上，我不满意。
89. 爱配偶，使我更深地体会到：上帝是慈爱的。
90. 我觉得双方的父母过高地期望得到我们的关心与帮助。
91. 我非常满意夫妻之间相互谈话的方式。
92. 我觉得我们的父母给我们的婚姻造成了问题。
93. 我很烦恼，没有配偶的允许我不能花钱。
94. 自从有了孩子，夫妻间很少有时间单独在一起。
95. 对于配偶的喜怒无常，有时我感到束手无策。

96. 我经常感到配偶没有认真对待我们的分歧。

97. 在我们家里，丈夫在大多数重要的事情上应有最后的决定权。

98. 因为担心配偶发脾气，所以我不总是把心里的一些烦恼告诉他/她。

99. 我不满意我们与双方父母、朋友的关系。

100. 我和配偶对我所受的宗教方面的教育意见不一。

101. 我从不后悔与我父母的关系，哪怕是一瞬间。

102. 应该为子女做多少事，是我们发生冲突的一个原因。

103. 我确实很高兴与配偶所有的朋友来往。

104. 因为我们的宗教信仰，我和配偶觉得很亲密。

105. 妻子在重要问题上应该相信与接受丈夫的判断。

106. 有时，我很在意配偶的性兴趣与我不一致。

107. 我很满意关于家庭计划和生育子女数的决定。

108. 我不在意配偶与异性朋友在一起。

109. 我说话时，配偶总是认真听着。

110. 我很在意谁管钱。

111. 配偶应用不公平的方式同意或拒绝性生活，使我很烦恼。

112. 当我们争吵时，我通常不去想这是我的过错。

113. 对于我们的宗教信仰与价值观，我觉得很好。

114. 我与配偶在一起和分开度过的业余时间分配很公平。

115. 有时，我认为配偶过于盛气凌人。

116. 我认为任何生活在一起的配偶都没有我们夫妻和睦。

117. 有时我觉得对配偶感觉不到爱和感情。

118. 有时，配偶做一些使我不愉快的事。

119. 即使配偶有何过错，我也没意识到。

120. 即使世界上每一个异性都愿意与我结婚，我也不能做出比现在的婚姻更好的选择。

121. 我们夫妻比世界上任何人都相互适应得好。

122. 关于配偶的每一件新鲜事都使我高兴。

123. 我们的关系比它应有的状况更好。

124. 当我和配偶在一起时，我觉得任何人都不可能比我们幸福。

复习思考题

1. 什么是家族谱？试编制一份你自己家三代人的家族谱。
2. 什么是生态图？试描绘你的家庭生态图。
3. 试运用家庭功能评定量表和家庭环境量表分析自己的家庭。

推荐阅读书目

1. 马丽壮．青少年与家庭治疗．台北：五南图书出版公司，2001.

2. Robert Constable. Social Work With Families：Content and Process. Chicago：Loyola University，2004.

3. 何静，周良才．家庭社会工作理论与实务．北京：北京大学出版社，2014.

4. 香港·社会服务发展研究中心．家庭社会工作实务手册．广州：中山大学出版社，2013.

第五章

家庭社会工作过程Ⅱ：介入与结案

【本章要点】

- 家庭社工要与家庭成员一起，设定家庭工作目标。一旦目标明确了，家庭工作就可以向既定的方向发展，社工和家庭也就能够据此对未来家庭的发展有大致预期，并且在良好的期望下更积极地投入进来。
- 家庭社会工作的合约是一种具体协议，明确了处遇目标和策略，以及各方参与者的角色和任务及重要的程序细节，如会谈的数据、地点、时长，资料的保存方式，保密规定等。
- 在介入阶段，家庭社工选择性地运用各种技巧协助家庭及其成员进行有效改变，如协助家庭更好地安排日常生活，教给父母更好的教养方法，帮助家庭成员更有效地沟通，支持家庭成员并巩固新行为，等等。特别是社工会协助父母学习亲职技巧，帮助其处理许多与子女相关的日常问题，并利用学习到的技巧，培养孩子的正向行为，创造一种良好的亲子关系，以达到家庭和谐幸福。
- 结案是家庭社会工作的最后阶段。家庭社会工作的结案可分为七个步骤：结案规划、稳定成果、展望未来、处理离别情绪、结案评估、撰写结案总结、跟进计划。该阶段的主要任务是家庭社工结束与案主家庭的关系，对整个家庭服务过程进行一个回顾、总结和评估。有建设性地结束家庭工作，可以巩固家庭已取得的正向改变，持续增强家庭及其成员的社会功能。

【基本概念】

观点重构◇正常化◇表演◇设定界限◇建立沟通规则◇问题外化◇重塑故事

在家庭社工鼓励家庭参与家庭工作，积极建立专业关系，并对家庭进行必要的评估后，家庭社工服务就进入到了介入阶段。在该阶段，社工将明确家庭工作目标，与案主签订合约，并依据前期评估结果，选择性地运用各种技巧协助家庭及其成员进行有效改变，如协助家庭更好地安排日常生活，教导父母更好的教养方法，帮助家庭成员更有效地沟通，支持家庭成员并巩固新行为，等等。

第一节
设定目标与合约签订

当确定好当前问题后，家庭社工要与家庭成员一起，设定家庭工作目标。很多时候家庭社工所认为的问题与家庭成员眼中的问题并不一样，例如，有个家庭因为孩子网络成瘾的问题来机构寻求帮助，通过会谈和评估，社工发现，问题并不仅仅出在孩子身上，孩子的网络成瘾仅仅是为了吸引父母的关注，并借此维系家庭的稳定。在这种情况下，社工需要和家庭所有成员协商解决，让他们清楚了解目前状况，明白“有问题”的个人并不一定是问题根源的所在。家庭中的每一个人都对该家庭有着责任和义务，都是家庭不可或缺的一部分，因此社工和家庭成员应共同制定有利于家庭的工作目标。一旦目标明确了，家庭工作就可以向既定的方向发展，社工和家庭也就能够据此对未来家庭的发展有大致预期，并且在良好的期望下更积极地投入进来。

为确保目标顺利设定，社工有以下几点需格外注意：

（1）认识到家庭成员在危机时期比较能接受改变。

（2）从整体的抽象目标到具体的特定目标。

（3）界定清楚、具体和可测量的目标。

（4）协助家庭找出他们想先达成的目标。

（5）协助家庭成员针对行为改变进行相互协商。

（6）找出家庭的技能和优势。

（7）取得家庭的承诺。[①]

目标设定后，家庭社工应该考虑达成目标所需的时间、方式、评监的方法以及家庭成员与社工分别所应承担的责任及义务等。可以说，家庭社会工作的合约是一种具体协议，明确了处遇目标和策略，以及各方参与者的角色和任务及重要的程序细节，如会谈的数据、地点、时长，资料的保存方式，保密规定等。

作为专业的家庭社工，有必要运用一定的指导方法来签订协议：合约应由家庭和社工协商制定，并让所有相关人员看得懂，以口头或书面的方法承诺，及时回顾并在必要时修改。[②] 由此，所签协议能够确保同时满足案主及其家庭需要，实现机构职能，以及完成家庭实务工作。

---

① 参见［美］Donald Collins 等：《家庭社会工作》，272 页，台北，洪叶文化事业有限公司，2009。

② See Gerald Egan，*The Skilled Helper*：*Models*，*Skills and Methods for Effective Helping*，Pacific Grove，CA：Books/Cole，1994.

第二节 介入技巧

在开始阶段的接触中，社工运用相关技巧收集了家庭资料，建立了专业关系，对家庭进行了评估，设定了目标并签订了合约。一旦就合约内容与案主家庭达成一致，家庭社工就可以马上着手协助家庭，从多方面促进家庭成员的改变，这时就需要使用一些专业技巧了。

一、观察

观察是家庭社工的一项极为重要的临床技巧，可以帮助社工更好地评估家庭并促成家庭及其成员的改变。观察技巧能让家庭社工获得有关家庭的重要信息，这一方法在某些特殊情况下显得极为有效，例如，当各个家庭成员对于事件的描述相互矛盾，或由于家庭成员口头表达能力欠缺而无法进行准确说明时，家庭社工可以通过观察家庭内部经历，形成对事件相对完整的看法。

家庭社会工作的环境使社工有机会针对个人、家庭和社区进行系统观察。对于家庭成员而言，社工能更进一步，从其生活环境了解许多的重要信息，如家庭成员活力状况、情绪状态、非言语行为等。

一旦进入家庭，社工可以目睹家庭的物质环境。通过对居住环境的详细观察，社工可以了解到家庭优势资源、基本需求的满足状况以及居家环境带给人的影响等。在进入家庭前，有必要将需要观察的事项逐一列举，形成一个清单，并做出清晰的标注。例如，当社工要对一个有患病老人的家庭进行家居安全评估时，他可能会关注以下几个方面：家居的通道是否有家具、电线、杂物及其他容易导致老人跌倒的物件？楼梯是否装有扶手？房间和走廊是否照明充足？通道和出口是否畅通无阻？浴缸及淋浴间有否设置防滑地垫？老人的门窗是否有足够的防盗措施？锁是否太少或太多？（过多的锁表示老人曾遭人闯入居所，或觉得有被人闯入的可能。）杂志、书籍及纸张是否堆积如山，容易引起火灾？居所有否安装烟雾探测器等？老人是否拥有生命线、平安钟之类的设施供需要协助时求助之用？①

家庭社工除了观察家庭居住环境和物质资源之外，还应该注意对家庭成员的观察。从家庭成员日常生活中的互动状况，可以了解家庭成员间沟通和协作的方式，从而发现影响个别家庭成员功能缺损的因素及阻碍家庭良性互动的障碍，为家庭工作提供线索。

此外，通过对家庭所在社区的观察，能够帮助社工熟悉家庭生活大环境，了

① 参见梅陈玉婵等：《老年社会工作》，63页，上海，格致出版社，2009。

解社区所提供的服务（交通、医疗、娱乐、教育等）、社区安全状况及社区中邻里关系等，这样可以为家庭提供必要的资源联结。

二、观点重构

很多时候，家庭的问题是由于其成员局限于某种固定的思维模式，致使案主或其家人无法看到其他的可能性，因此要帮助他们改变原有认知，让其能有机会重新审视自己的观点，进而影响其感受和行为，为家庭良性发展找到希望。社工以一种全新的方式或视角，帮助案主重新诠释自我、所存在的问题及现实处境等观点，这就是观点重构。在新的诠释中，问题和反应被赋予了新的意义，在家庭社会工作中，社工会努力说服家庭接受新观点，使其发现相对于原有的观点而言，新观点有助于家庭问题的解决。

最常见的重构形式为消极到积极的重构。这种观点重构技巧适用于案主存在认知偏差，即仅仅看到问题的消极影响。例如，一个患抑郁症的孩子，可能是因为希望通过症状来维系家庭的完整，因为他的父母经常吵架、闹离婚，孩子的症状出现会让夫妻停止争吵，转而关注孩子的问题。社工需要让家庭看到症状积极的一面。另外，对于撒谎的孩子，父母往往认为这类孩子品德有问题，会严厉斥责孩子，也会很排斥这种行为。例如，一个中学生，经常谎称补课，而实则与女友约会，父母知道孩子撒谎后非常生气，将问题归咎于孩子的品德。在这种状况下，社工可以引导父母做积极再定义——孩子对父母撒谎，至少可以说明两个问题：第一，孩子很清楚父母对自己有哪些期许；第二，孩子不愿意让父母失望。在面对撒谎的孩子时，父母可能有必要更多地考虑自己对孩子的期待和孩子对其自身的期待是否一致，而不是简单地认为这是孩子的品德问题。① 值得注意的是，社工不能不加区分地试图改变案主的全部看法，而应该有选择地重新诠释，如受虐待、性侵害等创伤性事件，不宜进行积极的观点重构。

另一种重构形式为情景思考。社工在运用该技巧时，会表达出对于案主想法和行为的理解，为其寻找到外在的、社会的、环境的或超出其个人控制范围的影响因素，由此可以提高案主的期望，降低人们的负罪感和责任感。

三、正常化

许多寻求帮助的家庭在面对家庭社工时往往都表现出一定程度的焦虑和担忧，这些家庭都觉得自己所面临的问题是独一无二的，现在的状况是最为悲惨的。这时，家庭社工通常会依据前期评估结果，对案主家庭问题进行区分，安抚家庭成员情绪，并告知哪些问题是在正常范围内的，这就是正常化，比如告知父母，孩子青春期的反叛及与父母发生争执的情况很常见，可以消除父母的过分担

① 参见李彩娜、赵然编著：《家庭治疗》，230页，北京，中国轻工业出版社，2009。

心；或者提供一些与案主家庭生活经历类似的案例，以证明其他人也面临类似状况和挑战，这样有助于案主情绪放松，且有助于找到可借鉴的方法，如面对因孩子早恋而过分担忧的家长，家庭社工可以这么说："许多父母都遇到过类似问题，但事情并非像你想象的那么糟糕，有位妈妈就曾尝试和女儿聊天，以了解孩子的想法，甚至还邀请男孩子来家里做客。这位妈妈的做法让女儿坦然面对自己青春期对异性的好感，直到现在，她女儿的状态一直很好，母女关系也维系得很不错。"

四、表演

表演技术是家庭社工引导家庭将会谈之外的家庭冲突情景再现于当前的一种技巧。该技巧可以帮助社工看到家庭成员的真实互动，了解家庭结构，相对于家庭成员的描述而言更为直接客观。在这一过程中，社工不仅可以进行观察和评估，而且能修正家庭中不合理的互动模式。

家庭社工可以通过两种方式来使用表演技术。其一，让某位家庭成员叙述有关家庭的事情，叙述会涉及其他家庭成员，社工基于该叙述，组织并引导家庭互动。例如，在一个孩子与父母沟通出现问题的家庭中，社工可以问问父母对孩子想法的态度，当父母说："我们很尊重孩子的想法，什么事情都会与他商量。"社工会转问孩子："你对你妈妈这样说有什么想法?""每一次他们都说是为我好，并且每一次都是他们作了决定，再将结果通知我而已，哪有什么商量的……"孩子的话还没说完，母亲就插话了："你这个孩子怎么就那么不懂事!"与此同时，父亲也在一旁怒目而视。需要注意的是，在这一过程中，社工让家庭成员之间互相对话，而非社工与每位成员一一互动。由此，我们可以看到家庭真实的互动模式。父母口中声称的民主气氛并不是真实的情况，孩子拒绝与父母交流也是情有可原的。

其二，鼓励家庭成员将场景再现。如家庭社工可能会说："孩子说你们昨晚争吵直到半夜，现在我希望你们把当时的情况重现一次。"

运用表演技术时，社工要善于观察和发现，并在引导过程中即时修正不良的模式。例如在上例中，孩子因不愿意与父母交流而被认为有问题，实际上，社工发现，孩子一旦有想法时，母亲会抢着说话，父亲则用武力威胁，而这才是该家庭的症结所在。要修正这种不良模式，社工应让父母意识到正是他们自己的行为方式阻碍了与孩子的沟通。社工要适时阻止企图抢夺孩子话语权的母亲，并让父亲情绪冷静下来，同时鼓励孩子表达自己的观点。

五、设定界限

设定界限技巧源于结构家庭治疗模式，是家庭社工在处理家庭问题时经常使用的行之有效的一种方法。依据这一理论，家庭功能发挥不良是因为家庭结构不合理，个体的问题症状也是家庭结构缺陷造成的，因此只有通过改变家庭的结构与组织，才能使家庭功能正常发挥，个人的问题才能减轻或消除。由此可见，治疗的重点在于改变家庭的结构。家庭社工在接触家庭的过程中，首先要完成的任务就是对家庭结构进行描绘。绘制家庭结构，有一些常用的符号，如图5—1所示。

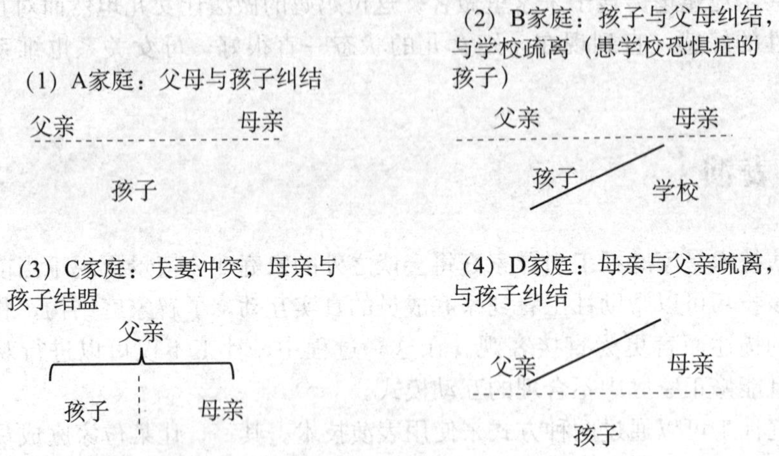

图5—1 家庭结构符号

资料来源：李彩娜、赵然编著：《家庭治疗》，236～237页，北京，中国轻工业出版社，2009。

家庭结构图是社工对家庭互动方式和结构的假设，可以在早期绘制出来并随着与家庭的深入接触而不断完善。

不良家庭结构的主要表现在于家庭子系统之间界限过于混乱或僵化，因而设定界限就成为改变家庭结构的一种主要方式。所谓设定界限，就是建立一些规则，规定哪些家庭成员可以参与哪些家庭交往领域，使家庭成员在独立与相互交往中取得平衡。对于界限设定，社工常常通过以下两种方法实施。

(一) 增加距离法

如图5—1中的A家庭，家庭界限过于混乱，父母与孩子纠结在一起，对此，可以采取增加空间距离的方法，适当减少父母对孩子的干预，让孩子尽量独立完成力所能及的事情。这种增加距离的做法，要让家庭成员感受到他人的关爱，并且对他人给予的关爱不能只是冷漠地拒绝。父母要在一旁鼓励孩子完成自己的事情，让孩子自己经历，从而得到成长。正如著名育儿师兰海所言，有时候，断、舍、离是一种更为厚重的爱。

(二) 减少距离法

如图5—1中的C家庭，父子关系十分疏离，界限过于僵化，交集非常少，对此要尽量减少成员之间的空间距离，增加在一起活动的时间。社工可以建议父子多做一些户外运动，一起去做一些双方都喜欢的事情，等等。另外可以看到，该家庭不仅父子关系疏离，母子关系也过于纠结。因此，在减少父子距离的同时,也需要增加母子之间的距离，让母亲给予孩子自己做决定的机会，鼓励孩子与父亲沟通对话，打破母子对抗父亲的联盟。

六、建立沟通规则

家庭社工另一项重要技巧是帮助家庭建立一些良好的沟通规则。家庭的沟通方式常常反映出家庭的互动模式。良好、有效的沟通可以帮助家庭改变其互动模式，可以使家庭成员之间获得更好的情感回应和支持，这样有助于家庭问题的解决。在这一过程中，并非社工向家庭成员讲解怎样去沟通，而是在与家庭会谈的现场，对成员直接进行干预和改变，让成员在互动中习得规则，并迁移到家庭生活中。以下列举家庭成员建立良好沟通的几条重要规则。

第一，家庭成员在表达观点时，只代表自己说话，而不替别人表达。当问及孩子的观点时，很多父母常常会抢着替孩子说话，此时家庭社工应及时阻止，坚持让孩子自己表达观点，这一做法可以让家庭成员学会为自己的想法和感受负责，同时也了解到每个人都会有自己的想法，即便是亲密的家人，在对待同一件事情时也会想法各异。

第二，家庭成员直接对彼此说话。无论是在家庭生活中还是在家庭会谈中，常常会出现成员间通过第三方传达意见的情况。这可能导致某个家庭成员被忽视或被取消直接对话的权利。家庭社工需要引导家庭开展直接对话，如孩子向社工抱怨：“妈妈太过分了，每次都逼我做不喜欢的事情。”社工会引导孩子说：“现在，你直接把你的想法告诉你妈妈。”孩子在社工的要求下，必须面对母亲说出自己的想法：“妈妈，你每次都让我去做不喜欢的事，我很难受。”

直接对话的另一个好处在于可以让家庭成员澄清不必要的误会。例如，当妻子抱怨丈夫“他每次睡觉的时候都背对着我，让我觉得很伤心，我觉得他不爱我，他拒绝我”时，社工要求妻子直接告诉丈夫自己的想法，丈夫听到妻子的抱怨，可能会解释：“不是我不爱你，而是因为我右侧的肋骨曾经受过伤，而你又总喜欢睡在内侧，所以我只能朝左侧，背对着你睡觉了。”

七、问题外化

问题外化来自叙事治疗的理念，该治疗方法不关心家庭结构和家庭互动模式，而关注该问题是如何影响家庭的。问题外化技巧的目的在于，将问题和个人分离，把问题看作人的身外之物，帮助案主及家庭修正他们与问题的关系。

社工在运用这一技巧时，常常将问题拟人化。例如，不将压力视为一种内在问题，而把其看作是一头外在的压力怪兽，会时不时闯入人们的生活，社工可以提问家庭：“这个怪兽是什么时候来到你们家的?”“当你们被它控制时，你们会有什么表现?”这些问题使家庭能感受到对问题的控制感。问题成为一个外在的实体，并非与家庭成员绑在一起，可以在家庭外讨论，家庭成员改变了对问题的认知，就能够联合起来抗击问题。家庭社工可以帮助家庭一起探讨解决途径：什么时候最难抵御这头压力怪兽，什么情况下可以阻止其对家庭生活的侵入，哪种策略最为有效，家庭成员之间如何配合，等等。

八、重塑故事

重塑故事是指让案主重新叙述自己的人生故事，并赋予其新的、积极的意义。该技巧与问题外化技巧一样，都是叙事治疗的主要方法。该治疗是通过倾听案主讲述自己的人生故事，将人与所谓的问题分开，帮助其了解他是如何使用故事组织经验、赋予意义的。例如，一个人讲述的人生故事里充满问题、消极悲观，那就是案主看待自我的视角，无论外在的客观现实如何，案主都很难相信自己的生活充满希望。所以，社工可以通过重塑故事的技巧发现案主生活故事中的遗漏，在过去相同经历的基础上，看到之前没有发现的事件、想法和情绪，形成新的意义，引导其重新建立具有正向意义的人生故事，从而唤醒其对生活的希望。

例如，一位临终老人正罹患脑癌。在辅导过程中，他觉得自己是一个失败者，因为他从没有跟五个子女在一起生活。他自己在纽约唐人街餐馆工作，每个月寄生活费到中国，五名子女由他的遥远的妻子抚养长大。他们是盲婚，一向靠书信来往，五个子女都拿到了硕士学位，学业有成。这个临终老人的遗憾是没有亲自教养子女，因为他从未跟子女相处过。当社工问及这位老人，如果他要为自己写自传，他会用什么书名，他仍说是《失败者》。社工提议用《无名的牺牲者——伟大的父亲》，因为他独自在外国生活，供应国内家人的经济需要，而没有机会享受家庭同住之乐。[①]

第三节
父母亲职训练技巧

家庭社会工作中，社工会协助父母学习亲职技巧，帮助其处理许多与子女相关的日常问题，并利用学习到的技巧，培养孩子的正向行为，创造一种良好的亲子关系，以达到家庭和谐幸福。

一、教导孩子听话

家庭社工常常通过直接示范的方式告诉父母如何教导孩子听话。如布卢姆奎

① 参见梅陈玉婵等：《老年社会工作》，122 页，上海，格致出版社，2009。

斯特（Bloomquist）所提供的方法常常被家庭社工借鉴。[①] 社工具体将其分成不同部分让案主学习，在家庭中现场教导或示范，同时给予即时反馈，以帮助案主更好地掌握。具体步骤包括：

（1）给予有效的指示。指示应该具体并且步骤单一，好让孩子明确了解自己被要求做什么。不应该下达模糊的指令，如问句的形式、选择题或加上一项理由。

（2）使用有效的警告。如果孩子不服从指令，父母可以使用警告，形式就像“如果……就会……”。警告只能讲一次。

（3）针对孩子听话或不听话的行为，给予有效的正面或负面后果。对于听话行为可以给予夸奖，对于不听话行为则给予负面后果。

（4）当孩子不听话的时候，父母应该努力保持镇静并避免与其争夺权力。

（5）要贯彻始终，让孩子知道你是认真的。贯彻始终是必要的，因为父母刚开始使用这些技巧时，很难马上就确保孩子听话。事实上，可能要花一段很长的时间且耗费心力才能使行为模式根深蒂固。

（6）要保持一致。孩子每次出现特定行为时，要确保父母以同样方式响应。

（7）对于较年幼的孩童，可以制作一张表格。[②]

教导孩子的行为符合社会规范对许多父母而言是一项极为艰辛的工作。很多时候，由于孩子与父母在需求上存在差异，他们不愿意听凭父母的安排。父母越是坚持，孩子的反抗越强烈。阿黛尔（Adele）等亲子沟通专家认为尊重孩子是让子女与父母合作的前提，并提供了五种技巧来实现这一目标。例如，孩子洗完澡后将湿毛巾扔在父母床上，可以利用以下五种技巧与孩子交流：（1）描述你所看到的，或者描述问题：“床上有一块湿毛巾。”（2）提示：“毛巾把我的毯子弄湿了。”（3）用简单的词语表达：“毛巾！”（4）说出你的感受：“我不喜欢睡在湿床上！”（5）写便条（贴在毛巾架上）：“请把毛巾放回原处晾干。谢谢！”[③]

以下是父母使用这些技巧时的注意事项以及父母在使用这些技巧后的反馈。

（一）描述你所看到的，或者描述问题

父母在描述时，只描述所看到的或呈现出来的问题，而不需要明确指出“你”。只有这样才能避免相互指责和埋怨，让孩子把关注点放在“问题是什么”上面，并积极考虑该如何解决。

案例 5—1

两个儿子跑来吃饭，身上都是绿色的水彩颜料，我非常生气。但是我强忍

① See Michael L. Bloomquist, *Skills Training for Children with Behavior Disorders: A Parent and Therapist Guidebook*, New York, Guilford Press, 1996.

② 参见［美］Donald Collins 等：《家庭社会工作》，316 页，台北，洪叶文化事业有限公司，2009。

③ 参见［美］阿黛尔·法伯、伊莱恩·玛兹丽施：《如何说孩子才会听 怎么听孩子才肯说》，修订版，75 页，北京，中央编译出版社，2012。

着，不让自己情绪失控。我转过身，看了看贴在餐柜门上的提醒，用了第一个技巧：描述你所看到的。下面就是接下来的情形：

我说："我看见两个小孩，脸上、手上都涂满了绿水彩！"

他们互相看了看，然后跑到卫生间洗去了。

几分钟后，我去卫生间。看到墙上也都是水彩，我又差点要大吼。但这时候，我继续运用第一个技巧。

我说："我看到卫生间的墙上也都是水彩！"

大儿子跑去拿来一块抹布，说："快去援救！"五分钟后，他叫我去看。

我还用描述："我看到有人把卫生间的墙擦干净了。"

大儿子笑了。接着，小儿子大声说："现在，我要去清理水槽。"

如果不是亲眼所见，我不会相信眼前的一切。[①]

（二）提示

父母给孩子的提示，一方面可以让孩子学习到日常生活道理，如"饼干盒盖不盖好，饼干就会变软而不好吃"，另一方面可以让孩子体验被信任的感受。父母提示他们是相信他，一旦明白了这些道理，他就能做好。

案例 5—2

一天，我的女儿杰西卡（3 岁）骑着她的三轮车，在马路上追她 8 岁的哥哥。哥哥骑着一辆两轮车。还好，当时路上没车。我对她喊："杰西卡，两轮车可以在路上骑，三轮车只能在便道上骑。"

杰西卡从车上下来，郑重其事地数了数车轮，然后把车搬到便道上继续骑。[②]

（三）用简单的词语表达

许多青少年更喜欢简单明确的用词，讨厌父母乏味的长篇大论。用简单的词语可以代替强迫的命令语气，更容易让孩子接受，还给了孩子想象的空间。如父母简单说"毛巾"，孩子会想："毛巾怎么了？""好像把湿毛巾丢在父母的床上忘了拿了。"

（四）说出你的感受

父母在面对孩子时，不评价孩子的个性和人品，而真实地说出自己的感受，也可以让孩子体会到父母的心情，愿意和父母合作。

---

① ［美］阿黛尔·法伯、伊莱恩·玛兹丽施：《如何说孩子才会听 怎么听孩子才肯说》，修订版，80 页，北京，中央编译出版社，2012。

② ［美］阿黛尔·法伯、伊莱恩·玛兹丽施：《如何说孩子才会听 怎么听孩子才肯说》，修订版，83 页，北京，中央编译出版社，2012。

案例 5—3

一位单亲妈妈，独自抚养两个小孩。她经常因为觉得对孩子没有耐心而沮丧。后来，她决定以孩子们能接受的方式，说出她的感受。

她开始是这样说的："我现在的耐心和西瓜一样大。"过了一会："我现在的耐心和葡萄一样大。"到最后，她会宣布："现在，我的耐心只有豌豆那么大了。我们最好在它粉碎之前停止。"她知道孩子们把她的话当真了。有一天晚上，儿子对她说："妈妈，你现在的耐心是多大？可不可以给我们讲个故事？"①

（五）写便条

写便条的方式常常受到父母和孩子的欢迎。无论孩子是否识字，他们收到便条时都会很开心，会认为是父母给他们的礼物。而父母在使用便条时，又省时又便捷，还能起到很好的效果。这对双方而言，都是不错的值得回味的经历。

案例 5—4

一位母亲告诉我们，她的橱柜上一直放着一沓便笺和装了一打铅笔的旧咖啡杯。以前，她发现自己经常处于这样的境地：要么她为同一件事喊好几遍孩子们，要么就是干脆不叫他们，自己做家务了。后来，她发现，拿起笔来写比总张嘴喊省力得多。

下面是她写的一些便条：

亲爱的比利：

从今天早上起，我就一直没出去过。让我放松一下。

你的小狗：哈里②

二、肯定孩子

在现实生活中，父母们常常只关注到孩子的不适当行为，而没有花时间去观察他们适当的、值得肯定的行为。大部分父母都是批评很快，表扬很慢。家庭社工有责任让父母意识到肯定孩子对于保护其自尊非常重要，会让孩子相信自己是

① ［美］阿黛尔·法伯、伊莱恩·玛兹丽施：《如何说孩子才会听 怎么听孩子才肯说》，修订版，84页，北京，中央编译出版社，2012。

② ［美］阿黛尔·法伯、伊莱恩·玛兹丽施：《如何说孩子才会听 怎么听孩子才肯说》，修订版，85页，北京，中央编译出版社，2012。

一个有能力、有价值、被人喜欢的人，因此父母有责任、有义务肯定孩子“做得对”的事情。

如何来实现这一目的呢？行为主义取向的家庭治疗提出了正向强化的观点，即给予孩子所喜欢的刺激物来增强其某种适当行为。例如，小明花一个小时整理好自己的卧室，这时父母应对其付出的努力给予奖励（强化物）。这一奖励可以是物质的，如适当的金钱、足球或者衣服等，也可以是社会强化物，如和父母一起看电影、夸奖、允许做其喜欢的事等。社工应了解父母花时间陪伴孩子、给予孩子社会强化物，这一方法对孩子很有效果，该方法既可以鼓励孩子的良好行为，又能增进家人之间的情感联系。

另一种社会强化物——夸奖——也是父母们常常使用的。不过父母要注意对孩子行为的夸奖也是有技巧的。吉诺特（Ginott）等就提出赞赏孩子行为的方法，即用描述代替评论（“真好!”“太好了!”“真是绝了!”）[①]。例如：(1) 描述你所看见的：“地板很干净，床很平整，书都整齐地码放在书架上。”(2) 描述你的感受：“走进这间屋子，我感觉很舒服。”(3) 把孩子值得赞赏的行为总结为一个词：“你把笔都分了类，将彩笔、钢笔放在了不同的盒子里，这就叫做‘有条理’。”

案例 5—5

昨天，乔舒亚（3 岁 9 个月）在我们外出的时候，想让我给他讲故事。我告诉他，我没有时间，因为我们要出门，他对我说：“我的意思不是要出门‘之前’讲，是回家‘之后’。”

我对他说：“乔舒亚，你现在已经分清楚‘之前’和‘之后’了!”

乔舒亚自豪地回答：“是啊!”接着他想了一会儿，说：“我还知道我想晚饭‘前’吃曲奇!”

案例 5—6

汉斯从不主动做家务，让我很苦恼。他已经 9 岁了，我觉得他应该承担一些责任。

星期二晚上，我让他收拾桌子。通常总是需要催他好几次才行，可这次我没有提醒他他就去做了。我对丈夫说（也故意让汉斯听见）：“亲爱的，你看见汉斯干什么了吗？他收拾了桌子、盘子、碗、餐巾纸，还有你的啤酒瓶，很尽职尽责。”当时没有看出汉斯有什么明显的反应。

后来，我上楼去哄小孩子睡觉的时候，我让汉斯 15 分钟后过来。他说：“好的。”

① See H. Ginott, *Between Parent and Children*, New York, Three Rivers Press, 2003.

15分钟后，他上楼来，躺在床上，我说："我让你15分钟后过来，你正好15分钟后就过来了。这就叫做说话算数。"汉斯笑了。

第二天，汉斯在晚饭前进厨房来说："妈妈，我来收拾桌子。"

我简直吃惊极了，对他说："我没叫你，你就过来了。我真的很感激！"

从那以后，我注意到他的很多变化。一天早上，他主动收拾床，又有一天早上，他早饭前就穿好了衣服。似乎我们越是看到孩子做得好的方面，孩子就在这方面做得越好。①

当成人用赞赏的语气描述他所看到和感受到的事物时，孩子们会不断增加其内心的力量，学会欣赏和接纳自己。他们会发现自己可以打扫好房间，能用自己的方式安慰他人，可以做到守时……所有这些经验都会深深根植于孩子的内心，而让他们变得自信和强大。关于赞赏，阿黛尔也提出了需要父母注意的几点：

第一，确认你的赞赏符合孩子的年龄和能力。当表扬一个小孩子"我看到你每天都刷牙"，他会很开心。但是同样的话对一个十几岁的孩子说，他会感觉受到羞辱。

第二，避免触及他过去的弱点或失误。例如："你终于能按正确的方法演奏完这首曲子了。""你今天看起来真好，你对自己做什么了？""我从来没想到你考试能及格，你居然及格了！"要尽可能用一种纯粹赞美的方式，表达在关注孩子时发现的他们的优点。例如："你把这首曲子演奏得有力量、有节奏，我真的很喜欢。""你今天的样子看了很舒服。""我知道你在这门功课上下了很大功夫。"

第三，过度的赞美可能会扰乱孩子自己完成事情的积极性。有的时候，家长对孩子的行为表现得太过热情和满意，会给孩子带来压力。年轻人如果每天都听到："你真是个天才钢琴家！你应该到卡耐基音乐厅去演奏。"他可能会想："他们对我的期望超出了我对自己的期望。"

第四，当用"描述"表达你对孩子的赞赏时，孩子可能会重复不停地去做这件事。如果你想让孩子停止吹口哨，就要避免说："你已经知道怎么用口哨发出响声了。"如果你不想让他爬到单杠上面，就不要说："你爬得真不错！"毫无疑问，赞赏会鼓励孩子再来一次，并且会更努力地去做。赞赏是把双刃剑，要有选择地用。②

三、惩罚

当孩子出现问题行为时，父母为了消除该行为，常常想到或用到惩罚，如禁

① ［美］阿黛尔·法伯、伊莱恩·玛兹丽施：《如何说孩子才会听 怎么听孩子才肯说》，修订版，192、197页，北京，中央编译出版社，2012。

② 参见［美］阿黛尔·法伯、伊莱恩·玛兹丽施：《如何说孩子才会听 怎么听孩子才肯说》，修订版，193～194页，北京，中央编译出版社，2012。

足、体罚、面壁思过等。但是，家庭社工在协助时要告知父母，应该尽可能使用正向的管教，正向的管教效果远比惩罚要好。建议不要使用暴力手段体罚孩子，这不但会让孩子学会暴力行为，而且会造成孩子对父母的恐惧。当孩子行为失控，父母耐心殆尽时，可考虑使用面壁思过的技巧。面壁思过是一种不可或缺的教养技巧，用来减少孩子的问题行为。如果用法正确，父母可以用面壁思过代替体罚。父母常观察到孩子行为失控和父母失去耐性两者相伴出现。面壁思过是让孩子离开刺激过多的环境，将孩子放到低刺激的场所。在孩子面壁思过时，父母有机会恢复平静，孩子也可以冷静下来。对孩子而言，面壁思过的地方可以是一张椅子或一个安静的房间。值得一提的是，孩子的卧室不应作为面壁思过的场所，若将其作为面壁思过空间，会造成睡眠障碍——孩子会将自己的卧室和各种讨人厌的意外事件联结在一起。

孩子不遵守父母设定的规矩时，面壁思过是很有用的，可将其作为违规的后果。当违规发生而必须执行后果时，父母应该立刻将孩子放到面壁思过的地点。待在那个地点的时间长短依孩子的年龄而定，但一次最短 5 分钟，最长 15 分钟。

使用面壁思过技巧需注意：（1）判定哪些行为符合面壁思过的条件。接着，父母的期待应该尽量对孩子讲清楚。一般而言，面壁思过可用于脾气暴躁抓狂或其他不听话的行为。（2）事先决定最适合进行面壁思过的场所。（3）决定在什么时候使用面壁思过。我们建议，使用面壁思过之前要先警告孩子不遵守父母要求的后果。如果孩子违反规定，应该立刻执行面壁思过，即使孩子抗议并让步。（4）让孩子事前知道哪些行为是可以被接受的，哪些则是不能被接受的。然后平静地和孩子说明面壁思过的用意。（5）执行面壁思过时，不要和孩子争辩。不要和孩子交谈，除非是要说明面壁思过的用意以及为何现在执行。①

刚开始用面壁思过时，孩子往往抗拒这种做法，如果孩子过早离开执行地点，父母要准备将其带回。因此，父母必须待在离孩子很近的地方，但是又要离得够远以避免更激发孩子的行为。只要方法恰当，父母通过面壁思过的技巧的确能对孩子的行为塑造起到一定作用。

四、替代惩罚的方法

除了惩罚，是否还有其他替代方法可以使孩子有所改进呢？阿黛尔在其家庭教育系列中介绍了替代惩罚的几个方法。设想一下这样的情景：孩子很喜欢拿父母的工具，但又常常忘记归还，甚至毁坏了其中几样。作为父亲，有几种替代惩罚的方法来处理这个问题：

（1）明确表达强烈不同意的立场。“我的新锯子被扔在外面，都被雨淋得生锈了，我太生气了！”

① 参见［美］Donald Collins 等：《家庭社会工作》，318～319 页，台北，洪叶文化事业有限公司，2009。

（2）表明你的期望。“我希望你把我的工具借走以后，能完好无损地归还！”

（3）告诉孩子怎样弥补自己的失误。“现在需要用钢丝球使劲把上面的锈擦掉。”

（4）提供选择。“你要么借我的工具及时归还，要么以后再也不能借。你来决定。”

（5）让孩子体验错误行为的自然后果。“我不会再允许你借用我的工具了，因为你从不爱惜。”①

惩罚是为了教训孩子，故意剥夺他们的时间或者追加他们的痛苦。承受自然后果是让孩子承受自己行为所产生的自然结果。通过下面的一个例子我们可以了解到父母使用惩罚和让孩子承受自然后果的区别。

案例 5—7

我的儿子向我借一件藏青色的毛衣，他觉得配他的牛仔裤正合适。我告诉他：“可以借给你，但要好好爱护。”一周以后，我想起来要穿那件毛衣，竟然发现它在他房间里一堆脏衣服的下面。毛衣后面蹭的都是粉笔末，前面也溅上了肉酱。

我气疯了，这已经不是第一次了。如果他当时回来的话，我一定会告诉他，取消周日和我一起看棒球比赛，把票给别人。

等他后来回到家的时候，我已经平静了一些，但还是很生他的气。他向我道歉。一周后，他又来找我借。我说：“不行!”没有说教，没有长篇大论，他自己知道为什么。

一个月后，他又来向我借格子T恤衫，参加学校的校外活动。我告诉他：“我需要一份书面保证，保证我的T恤衫归还时完好无损。”晚上，我在邮箱里发现了一张纸条，上面写着：

亲爱的爸爸：

如果你借给我T恤衫，我会想尽办法让它保持干净。我不往黑板上靠。我不把圆珠笔放在口袋里。吃饭的时候，我用餐巾纸遮住。

爱你的马克

这张纸条让我很满意。我认为，如果他肯花时间写下来，那就应该也能做得到。

附：T恤衫第二天晚上就还给我了，干干净净地用衣架挂着。②

---

① 参见［美］阿黛尔·法伯、伊莱恩·玛兹丽施：《如何说孩子才会听 怎么听孩子才肯说》，修订版，114页，北京，中央编译出版社，2012。

② ［美］阿黛尔·法伯、伊莱恩·玛兹丽施：《如何说孩子才会听 怎么听孩子才肯说》，修订版，116页，北京，中央编译出版社，2012。

第四节 结案方式

结案与评鉴阶段是家庭社会工作的最后阶段。该阶段的主要任务是家庭社工结束与案主家庭的关系，对整个家庭服务过程进行一个回顾、总结和评估。有建设性地结束家庭工作，可以巩固家庭已取得的正向改变，持续增强家庭及其成员的社会功能。除了正常的结案外，在实际过程中，案主家庭常常由于种种原因，提早结案或甚至提前退出家庭社会工作。以下是家庭社会工作常见的结案方式及建议的处理步骤。

一、案主家庭现有问题已解决

家庭社会工作理想的结束状态是现有问题已得到解决，案主家庭和社工对该结果都满意。这种状况是正常的结案状态。

二、案主家庭失去联系

案主家庭出现这种状况的原因有很多，如有的家庭认为一次会谈就能够帮助其解决问题了，不需要更多服务；还有的家庭其成员觉得社工无法理解他们的感受，认为会谈没有成效。对此，家庭社工有必要通过电话了解情况，也可邀请案主家庭讨论第一次会谈是否出现差错，澄清社工的角色、家庭的期待，或将案主家庭转介其他助人机构，以满足其需求。审视自身是否没有能与案主家庭建立良好关系、鼓励参与技巧存在问题等。社工应对案主家庭的决定予以理解，并表示出在其需要的时候可提供服务。

三、案主家庭中途退出

在这种情况中，无论案主家庭是否说明退出理由，家庭社工都应尽力了解结案原因，并邀请家庭在有需要时再次回来接受服务。如果是机构或社工的问题，机构可调整其机构功能与规划，以满足特定家庭需要，社工可提高其鼓励与参与技术，以更好地融入家庭。这一做法对机构和社工而言都是大有裨益的。

四、案主家庭抗拒服务

案主家庭抗拒服务，其中一位或多位家庭成员不配合或具有敌意，也会导致异常结案。抗拒、敌意、不配合往往发生在案主觉得自己不被了解，其感受不被认可时。因此，家庭社工应积极审视自身对待家庭的方式，更好地融入到案主家庭。这样社工不仅可以及时了解案主家庭对于家庭社会工作的期待，以及厘清双方的角色，更重要的是能及时处理他们潜在的担忧和各种感受，传达出对于案主各种感受的理解。

五、家庭会谈没有进展

通常而言，社工在服务期间定期询问家庭工作进展的意见很有必要。建议至少每隔三次会谈要完成一次这样的询问工作。如案主家庭认为没有进展，可重新拟定目标和处置方式，或者在双方同意下结案，社工为家庭寻求其他服务资源。

第五节 结案步骤

家庭社会工作的结案可分为七个步骤：结案规划、稳定成果、展望未来、处理离别情绪、结案评估、撰写结案总结、跟进计划。

一、结案规划

家庭社工的第一个步骤是在工作开始时和家庭讨论将来的结案事宜，通常这是在签约和目标设定的阶段进行。重点是家庭社工要体认家庭社会工作的限制和功能，包括了解家庭社会工作和家族治疗间的差异。

在开始时清楚地制定目标，有助于厘清结案的时间。家庭社工根据服务的进程对结案的时间有个大概的估计，一旦确定，应该提前告知案主结案的时间，以便让案主有充分的思想准备，避免在案主毫无思想准备的情况下结案，导致前功尽弃。在刚开始接触案主家庭时，家庭社工就要求告知机构电话，并希望他们当因为任何理由不能赴约或想终止家庭工作时，能打电话给机构。处理结案的方式会影响案主家庭保持改变以及在助人关系中取得进展的程度。助人经验的满意结束也让家庭愿意在需要时再次寻求协助。

二、稳定成果

帮助家庭回顾整个过程，从经验中肯定案主家庭日后处理问题的能力和适应生活的能力，巩固家庭已经获得的成就，增强结案后家庭成员面对问题的信心。

回顾不只是对过去经历的一种再现或整理，更重要的在于分析和反省。社工以一种批判的眼光来审视走过的历程，包括对不愉快经验的接纳、释怀和面对。从这种意义上讲，回顾也是对经验的提炼和总结。同时这一过程也能帮助家庭成员理清思路，看到他们的转变，有助于进一步提高案主们分析和解决问题的能力、增强面对未来的信心。在这一阶段，应该给社工和每位家庭成员机会，发表他们对家庭工作经验的感想，细说他们达成了哪些改变，以及哪些事情造就了这些改变。例如，家庭社工可能会说："我一直在想这几个月我们一起走过的路。我们达成了很多共识，你们家庭的境况已有了本质的变化。回想一下我们共同努力的整个过程，大家会想起哪些事情？"

回顾重点包括：案主是怎样来求助的？求助的目的何在？社工和案主一起做了什么努力？哪些地方已经明显得到改善？而哪些还没有改善？最适合案主改善的解决问题的策略和技巧是什么？影响问题解决的限制性因素有哪些？有哪些工作方法值得调整和改善？

在回顾的过程中，一定会谈到案主身上所发生的许多积极的变化，社工应十分关注这些在介入过程中发生的重要改变，并使之得以巩固，让案主在结案后仍能保持下去。一旦社工提醒家庭成员他们自己在创造改变中的作用，他们会觉得自己有能力迎接未来挑战。当孩子发生改变，父母应该体认到他们自己正是孩子现在和未来的主要照顾者。对于进步的鼓励可以让家庭社会工作的正向效果更能持续。

例如，案主小柔的丈夫出现婚外情并向她提出离婚。一开始，她很难走出这个阴影，婚姻破裂的伤痕使她根本看不到自己还有什么长处，情绪低落，无法正常照顾自己和孩子，孩子也因为父母离婚出现逃学现象。经过社工一年多的帮助后，她意识到自己不应该把丈夫作为她的整个世界，她需要为自己而活着。其实，当初她也曾有过不少追求者，但她不顾父母的反对，毅然选择了那个挺有魅力的前夫，并很快结了婚，婚后生下了女儿，从此她一心一意当个家庭主妇，辞去了原有的工作，整天为家庭孩子忙得不亦乐乎。直至发现丈夫对她的背叛，她所有的希望和信心崩塌了。通过社工的帮助，小柔和孩子的状况都有所改变。小柔接受法律援助，顺利地办理了离婚手续，获得了孩子的抚养费，还在社工的鼓励下找到了一份工作。小柔和孩子重新安排他们的日常生活，并得到许多单亲妈妈的关心和帮助。社工创造机会让小柔和孩子谈了各自的看法和感受，孩子的情绪得到安抚，并表示出对母亲的关心，逃学的现象也开始改善。通过家庭社会工作，小柔重新开始看到了自己的能力，并对今后和孩子在一起的单亲生活有了信心，她甚至告诉社工在此期间她的每一点进步。社工和小柔还讨论了她今后会选择怎样的伴侣，小柔表示她已经知道在以后的生活中怎样去处理感情的问题。而且，她觉得自己不再像以前那样无助，也已经拥有了一些资源，并知道怎样去利用这些资源。

在帮助案主巩固其改变的过程中，社工还要确认案主的社会支持系统和环境方面的因素，帮助案主整理出自己可利用的资源，让案主在结案后有更多的人可以求助，特别是案主的自然支持网络，是支持案主稳定的最主要的力量。另外，要促进案主的持续成长，还要提高其自我管理、自我监控的能力，把在介入过程中学到的处理、解决问题的方法运用到现实生活中去。

三、展望未来

在结案阶段，家庭社工还需要请案主家庭预测那些可能造成挫折的未来变化或挑战，目的是协助案主家庭更深刻地认识到离开工作者之后要面对的处境，对未来有更多的把握和信心。社工应该请家庭说明他们打算如何应付那些情况，并在此基础上，强化家庭的优势和新养成的技能。社工应与案主家庭一起讨论结案后的成长目标，主要包括未来可能发生的有关个人、家庭、工作、社区环境等的变化方向，以及家庭成员如何来适应并处理生活中可能出现的新变化。

四、处理离别情绪

作为一名家庭社工，你可能和一个家庭共同工作了几个星期甚至是几个月的时间。在这段时间里，案主家庭可能跟你倾诉了他们的痛苦、讨论了棘手的问题，或者还取得了显著的进步。在结案过程中，家庭成员表现出负罪感、不能胜任感、自豪感、满足感、悲伤感、生气及矛盾心理、欣慰感和难舍难分的感觉，这都是极为正常的。人们对结案的感受及反应强度并不是完全相同的，受多方面因素的影响，如他们的个性、服务的持久度、问题和目标、你扮演的角色和起到的作用以及案主取得的进步。

有些家庭成员可能羞于表达出这些情感。如果他们在结案时没能分享这些感受的话，他们会产生一种没有结束的感觉。这种“没有结束”的状态会阻碍案主家庭在心理上与你分离，同时也会妨碍家庭成员的自我意识和独立性的发展。因此，你必须鼓励家庭成员表达对结案的感受。你可以说：“我们已经回顾了我们在一起的那段时光，还进行了过程评价，但是，我们还没有分享我们的结案感受。大家知道，这是我们最后一次会面，你们有什么想法要说吗?”处理离别情绪对案主来说也是一次学习的机会。工作者要鼓励案主将结案的情绪表达出来，与案主一起回顾整个服务的过程，讨论结案的事情以及结案后的跟进计划等，让案主感受到并不是社工放弃了案主。

跟案主家庭成员一样，在结案阶段，社工同样会有许多个人反应。分享这种感受通常是很有帮助的。与案主不同，在结案时你要牢记你的专业职能。社工也要把握自己的情绪，过度的情感介入不但会影响案主家庭成员的独立成长，也会让自己受到伤害。社工要从专业角度审视一下，哪些感受可以表述出来，哪些不能，以及怎样表述等。举个例子，你可以这样说："当我想到我们将不再见面时，我有一种很强烈的失落感。我会想念和你们在一起的日子。"通常，当你分享了你的感受以后，案主会再一次分享他们的情感作为回应。然后你可以反映他们的感受或者更多地分享你的感受。

五、结案评估

在最后一次会谈中，可以进行家庭社会工作成效评估。要评估家庭整体的进步，家庭社工需要使案主家庭参与到对问题解决和目标实现过程的结案评估中来。家庭社工可以询问家庭成员："现在，让我们回顾一下为实现目标所走过的路。我们的主要目标是____________。对此，大家觉得我们取得了多少成果呢?""在我们共同工作的过程当中，你认为什么是最有用的?""你希望发生的事情中，哪些并未发生?"这种做法可以给家庭一个机会，凸显工作过程中的优缺点，也让他们看到社工能够采纳建议。社工不应该以防卫态度对待意见回馈，而应该表达感激，并告知家庭成员他们的建议对家庭社工未来协助家庭很有帮助。通过寻求这种反馈评价，你可以得到某些信息，这些信息对你现在或将来帮助案主是有积极作用的。在寻求反馈意见时，你可以这样说："如果你告诉我，我做的那些事对你们都是非常有用的，我将非常高兴；同时，大家是否也能帮我指出一些不足之处?"除了以这种面对面的会谈方式了解服务成效，家庭社工还可以邀请案主家庭填写家庭社会工作检核表和满意度调查表。检核表旨在判断各项结案议题是否都已获得妥善的处理，可用于评估家庭服务在结束时期的完成情况。检核表包含 17 个要素，如表 5—1 所示。

表 5—1　　家庭社会工作结案检核表

	是	否
现有问题已经消失。	□	□
现有问题对家庭而言已在掌控或容忍范围内。	□	□
可以有效测量那些已达成的改变。	□	□
心理社会功能方面有正向改变。	□	□
家庭成员能够更有效地沟通。	□	□
家庭成员没有被虐待的危险。	□	□
具备正式支持网络，家庭也知道如何运用。	□	□
家庭拥有妥适的非正式网络，有需要时可以倚赖。	□	□
家庭或个别成员被转介至小区中的专业服务。	□	□
家庭同意让自己被转介给专业服务。	□	□
家庭已习得日常生活运作所需的各项技能。	□	□
所有家庭成员的基本物质需求都已获得满足。	□	□

续前表

	是	否
社工和案主家庭已评估了家庭至今的进展。	□	□
家庭对于提供的服务感到满意。	□	□
工作结果让所有家庭成员都过得更好。	□	□
对家庭达成的改变，他们已加以细述。	□	□
家庭成员已体认他们自己在创造改变方面所扮演的角色。	□	□

资料来源：D. Collins，C. Jordan，H. Coleman，*An Introduction to Family Social Work*，3th edition，UK，Cengage Learning，2009.

案主满意度的调查是评估案主满意程度的方法，它对社工了解案主对介入的反应非常重要，也是机构了解社工服务品质的重要途径。案主满意度的调查既可以用来评估直接服务，也可以评估整个项目。它要求案主对助人过程的主要方面进行打分，如机构的氛围、介入是否成功、社工是否胜任等。案主满意度的调查一般在介入结束时进行，通过对家庭成员发放问卷，了解他们各自在家庭社会工作服务过程中对机构和家庭社工的意见。

此外，家庭社工可以客观地运用辅导前后测试分数变化、图表对比和其他等级对照等方式，为服务成效提供比较性数据。

（一）单个对象设计

单个对象设计是旨在了解介入是否成功的一种研究方法。这里的单个对象也可以是一个家庭、团体，甚至一个系统。在这种评估中，社工通常要用基线和其他变量：基线是行为研究中的一个术语，主要用来测量行为的频度、强度和持续时间，它在评估个案的进程中起着非常重要的作用。使用基线是为了了解介入前的情况，以便于与介入后进行对照。

最常用的就是单个对象的 AB 设计，A 代表介入前的基线状态，而 B 则代表介入后的情况。例如，有对夫妻因为关系紧张而找社工咨询，夫妇俩经常为一些琐事而发生争执，从而家无宁日，关系日渐恶化。社工经过三个月的辅导后，对介入结果进行评估：首先要了解这对夫妇原来每周吵架的次数，以此作为基线，然后跟介入之后的情况相比，看看他们每周吵架的次数是否下降了，结果就很明显了，如图 5—2 所示。

从 AB 设计中还可衍生出 ABAB 的设计，即在 AB 阶段之后，停止介入一段时间（A2），然后再次介入（B2）。这种社工在介入一段时间后暂时退出的设计，主要是为了测试出两点，一是案主行为的改变是否真的和社工的介入有关，二是离开社工的介入，案主能否独立地保持已有的进步。

例如，案主小六的家庭因为孩子迷恋网络，向家庭社工求助。父母说孩子经常放学后就去网吧打游戏，每天都很晚回家，严重时彻夜不归，有时还偷偷拿了家里的钱去网吧疯玩，到了废寝忘食的地步。他们为此伤透了脑筋，打骂和规劝

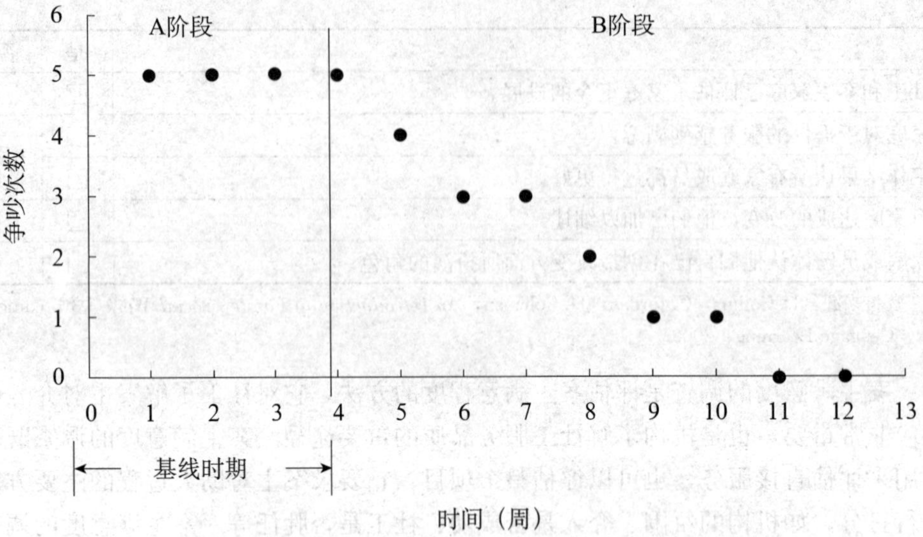

图 5—2　单个对象的 AB 设计

都不起作用。社工在和这个家庭面谈数次后，与家庭成员一起商议出解决办法，并在社工的监督下实施。如图 5—3 所示，在家庭社工为该家庭提供服务的过程中，孩子的违规行为明显下降。而当服务结束后，社工离开家庭，由父母和孩子独自面对问题时，违规行为又开始出现。这说明案主家庭还没有办法独立面对困境，社工应考虑家庭对自己的依赖是否过多、解决问题的方法是否适合于这个家庭等问题。

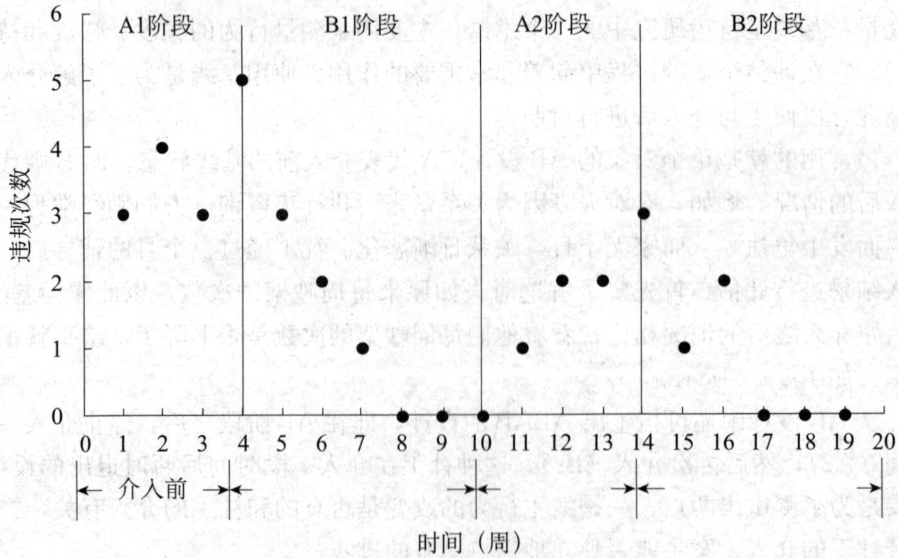

图 5—3　单个对象的 ABAB 设计

（二）目标实现程度的测量

目标实现程度的测量是评估案主进步水平的一种方法。主要在于评估案主是否已经达到了其所预设的目标及达到的程度如何。这种方法从内涵上更强调正向的、希望达到的境界（如找到工作），而不关注问题层面（如失业）。这种方法也适用于家庭社工工作。在目标实现程度的测量中，评估中测量的标准就是案主家庭在计划阶段对目标的陈述。为了准确地评估这些目标实现的程度，常用图表来表示，每列代表不同类型的目标，而每行则代表目标实现的不同水平，通常从"最令人高兴的结果"到"最不令人高兴的结果"分别代表五个层次。下面我们用一个例子来加以说明。

例如，案主，38 岁，两个孩子的母亲，因屡遭其丈夫的殴打，不堪其暴力和虐待，终于离家出走，现暂住在反家庭暴力中心的临时庇护所里，孩子的生活也无人照料，没法正常上学。案主设定的四个目标为：（1）从法庭取得暂时禁止令，以防止其丈夫找他们麻烦；（2）找一份固定的工作，经济上更加自立，以独立抚养两个孩子；（3）重新建立社会支持网络（包括亲戚、朋友）；（4）孩子回归正常的学习和生活状态。如表 5—2 所示，表中目标 2 达到最理想的效果，案主得以自立，目标 1 和 4 基本实现，而目标 3 不尽如人意。

表 5—2　　目标实现程度量表

预计的水平	目标 1	目标 2	目标 3	目标 4
最不令人高兴的结果	案主回到施暴的丈夫身边，放弃目标。	案主回到施暴的丈夫身边，放弃目标。	案主回到施暴的丈夫身边，放弃目标。	孩子衣食无法保证，也不能去上学。
比预期结果差	案主和法庭联系，希望得到暂时禁止令。	案主申请了一份工作。	案主给一个老朋友打了电话。√	孩子没有上学，基本生活有人照顾。
预期中成功的水平	案主从法庭得到暂时禁止令。√	案主申请了好几份工作。	案主和朋友见了面。	孩子基本恢复正常上课，生活有保障。√
比预期结果好	案主的丈夫对暂时禁止令并无争议。	案主得到一份工作，但她推辞掉了。	案主和一些朋友共度时光。	孩子能正常上课、参与活动，并得到母亲很好的照顾。
最令人高兴的结果	丈夫离开家，案主和孩子可搬回那儿住。	案主接受了一份好的工作。√	案主结识了新的朋友。	孩子积极参与学校各项活动，学业成绩和同伴关系都有所改善。母亲可以很好地照顾孩子的生活。

六、撰写结案总结

在完成过程回顾、分享结案感受和结案评估以后，结案工作已经完成了大部分，下一步社工需要考虑的是完成结案总结。可采取以下小标题撰写结案总结：（1）过程和问题；（2）评价；（3）后续目标；（4）当前评估；（5）结案过程。以下是社工完成的结案总结案例。

案例 5—8

过程和问题

琳恩女士和我第八次也是最后一次会面。琳恩女士和我大约在两个月前第一次见面，当时我们就以下存在的问题达成共识：（1）频繁争吵，对儿子和丈夫易怒、易生气；（2）紧张、压力大和易焦虑；（3）睡眠失调；（4）工作举棋不定；（5）感到有过多的责任和控制；（6）角色混乱，经常在母亲、妻子、家庭主妇、员工的角色之间发生冲突。基于以上存在的问题，我们制定了几个相应的目标和一个为期八周的辅导计划。

评价

在过程回顾和结案评估时，琳恩女士认为，从第一次接触到现在，她的紧张和易怒已经发生了质的改变。她同时指出，自从重新合理地分配家务劳动以后，她和丈夫、儿子的关系有了明显好转。她说她不再有自己是保姆的感觉。同时她也相信他们会从承担更多的家务中受益。她说她现在睡得很好，很少头痛。琳恩女士说她对现在的工作很满意，她很高兴没有丢掉这份工作。同时她开始从事一些活跃的、有趣的活动，特别是园艺活动。

琳恩女士指出，辅导中对她最有帮助的是我对她说的“为你先生和儿子做得太多，可能会阻碍他们潜能的发展”这句话。

后续目标

琳恩女士指出她会努力改变当前对丈夫和儿子的过度关爱，会拓宽阅读面。她说她还会去参加一个有关成年儿童酗酒问题的会议，看看这到底是怎么回事。同时，她也在考虑去学习一门自信心培养的课程。

当前评估

有迹象表明，现在琳恩女士与儿子以及丈夫的沟通更加直接，他们共同承担家务，彼此正在体会和谐的家庭关系。她丈夫开始更加积极地面对青少年的需求，而琳恩女士也不再像以前那样对儿子过分地关爱和控制。

琳恩女士和她的家庭具备了许多个人能力，这将会很好地帮助他们处理将来的家庭关系。既然琳恩女士承诺自己会扮演一个更有价值和灵活的角色，我估计她会继续成长和进步。

结案过程

琳恩女士和我认为我们的工作是在一种积极的形势下进行的。她表达了她的感激之情，同时，我也与她分享了我的感受以及对她取得进步的欣慰。我们的辅导在既定的八周里顺利完成。

苏珊·霍尔德，社会工作专业学士、硕士

3月2日[①]

七、跟进计划

跟进服务是社工在结案一段时间后，对案主的情况进行回访的服务。它也是完整的助人过程的一部分，可以针对案主的不同情况，安排相应的跟进服务。结案并不意味着完全终止了服务，社工应根据需要与案主家庭讨论结案后的跟进服务，让案主家庭确定适合他们的跟进方式。

跟进也是持续评估工作绩效的一部分，如果案主家庭离开社工后仍能保持服务的效果，则在某种程度上说明服务起到了良好的作用；如果案主家庭离开服务关系后很快恢复了原来的状态，社工也要检视自己的服务效果。因此跟进计划应该是整个服务的一部分，而不能可有可无。但跟进的程度要根据案主的需要和问题的解决情况而定。

实施跟进服务，首先，社工应和案主在介入期间就探讨关于将来结案后的跟进服务问题，要向案主解释进行跟进的原因，使它成为整个过程自然的一部分，令案主早有心理准备，不致产生抗拒的心理。其次，在结案时，要向案主再次说明，过一段时间后，会跟案主联系跟进服务中的面谈，并可以告诉案主，这段时间是检验和巩固介入效果的最好机会，也可以看成是评估成果的良机。但此时，还不必约定具体的日子。再次，结案一段时间后，由社工通过电话或书信的方式询问案主是否有时间来机构面谈，并说明跟进中的面谈已经不是那么正式的会谈，目的只在于检查案主结案后是否巩固了已有的进步，是否需要其他的服务来帮助他们解决遗留的问题或新问题——如果案主有此需要，机构可以安排原来的社工提供帮助，也可以转介到合适的其他机构去。最后，在跟进服务的面谈中，气氛比较宽松，和过去相比，不那么正式。和案主交流的话题可以围绕着案主现在的状况和进展，也可以回顾过去介入时的情况，进行两相对照。总之，跟进服务的实施体现了社会工作者对案主的至诚关怀和专业责任，尽管增加了工作量，在现实操作中也有不少困难，但相信今后社会工作机构的服务会更加规范和追求高品质，真正使跟进服务成为实务过程中不可或缺的组成部分。

家庭社工应该把结案视为一种转折，而非一种结局。这一阶段的服务能营造出一种新的和谐气氛，且能彰显所有已达到的成果。家庭社工也许无法看到自己帮助案主改变或达成期望目标的直接证据，但毋庸置疑，他们的付出可能就此改变了案主的家庭格局，使得案主的生活大大不同。家庭社工要相信自己、案主家庭以及双方共同的努力。

① ［美］Barry Cournoyer：《社会工作技巧手册》，254页，上海，华东理工大学出版社，2008。

复习思考题

1. 简述介入的基本技巧。

2. 家庭社会工作结案的基本步骤有哪些?

3. 当家庭社会工作服务未达到工作目标时，社工应如何进行处理?

推荐阅读书目

1. [美] Barry Cournoyer. 社会工作技巧手册. 上海：华东理工大学出版社，2008.

2. [美] Donald Collins，等. 家庭社会工作. 台北：洪叶文化事业有限公司，2009.

3. [美] 萨尔瓦多·米纽庆，等. 掌握家庭治疗：家庭的成长与转变之路. 2版. 北京：世界图书出版公司，2010.

4. 张文霞，朱冬亮. 家庭社会工作. 北京：社会科学文献出版社，2005.

第三篇

专题

专题部分主要针对当前中国家庭呈现出来的一些突出问题，介绍社会工作的介入方法。

本书的专题设置首先依据家庭关系设置了两个专题，即夫妻关系的社会工作介入和亲子关系的社会工作介入；再依据家庭的特殊类型设置了两个专题，即单亲家庭的社会工作介入和空巢家庭的社会工作介入；最后，针对家庭暴力问题，设置了家庭暴力的社会工作介入专题。

第六章

夫妻关系的社会工作介入

【本章要点】

- 夫妻关系是家庭关系的核心内容，对家庭内部关系有着举足轻重的影响。它既包括夫妻的人身关系，还包括夫妻的财产关系；既是情感的联系，亦是法定的关系。
- 在现代社会中，由于时代的发展以及人们价值观念和生活方式的多元化，婚外情已成为现代婚姻关系中最常出现的危机之一，对夫妻关系造成巨大冲击，如何进行调试成为重要问题之一。
- 传统社会中的再婚家庭往往与丧偶相联系，而在现代社会，再婚家庭则与离婚密切相关。不同于初婚家庭，再婚家庭有其独特的地方，既存在问题，也存在优势，需慎重、深入对待。

【基本概念】

夫妻关系 ◇ 家庭关系 ◇ 婚外情 ◇ 再婚家庭

夫妻关系是一种特殊的社会关系，不同于单纯的人际关系，其本身具有复杂性的特点。它既包含着情感上的牵绊，也包含法律规定的权利、义务，并作为家庭关系中的核心支柱，在家庭中扮演基础且重要的角色。和谐有爱的夫妻关系有利于家庭关系的稳定和维持。婚外情作为现代婚姻关系中最常出现的危机之一，严重影响着夫妻关系，甚至最终导致夫妻感情破裂离婚的现象。再婚家庭伴随着离婚率的升高，也逐步进入人们的视野，成为一个令人关注的家庭类型。

第一节
夫妻关系的内涵与特征

一、夫妻关系的内涵

“夫妻”是人们对存续状态下婚姻关系中的男女双方的常见称呼，又可称为配偶。夫妻关系是男女双方经过法律程序或某种特殊的礼仪认可后，结合在一起形成的姻亲关系，由此而形成家庭，并成为家庭关系中最重要、最基础，也是最核心的关系。

夫妻关系作为家庭关系中的核心组成部分，具有重要而深刻的内涵。

从法律上讲，夫妻关系包括夫妻人身关系和夫妻财产关系：

(1) 夫妻人身关系。

夫妻人身关系是夫妻关系的主要内容，指的是夫妻双方在婚姻中的身份、地位、人格等多方面的权利义务关系。主要表现为夫妻双方地位的平等、独立，夫妻双方都享有的姓名权，夫妻之间的忠实义务，夫妻双方的人身自由权，夫妻住所选定权，禁止家庭暴力、虐待、遗弃，计划生育义务等七方面内容。

(2) 夫妻财产关系。

本无血亲关系的男女双方因婚姻结合为亲人，成为夫妻、组成家庭，在产生夫妻人身关系的同时，也将产生夫妻财产关系。《婚姻法》规定的夫妻财产关系组成部分有三种，分别是：夫妻财产的所有权，包括夫妻一方的财产所有权和夫妻双方的共同财产所有权；夫妻间互相扶养的义务；夫妻间相互继承遗产的权利。

夫妻之间本质上没有血缘关系，而是以感情为纽带建立联系，夫妻关系属于一种契约关系。既然是一种契约关系，自然就可以解除。这是夫妻关系不同于其他家庭成员关系的最重要的特征之一。正因为此，有的人认为，姻亲没有血亲稳定、牢固和深刻。亲子之间、兄弟之间是血亲，关系比较稳定；而夫妻之间是姻亲，关系可能随着感情破裂而解除，经法律准许离婚后，相互可以视为路人。但另一种观点认为婚姻是以爱情为基础的结合，这种爱是强烈而持久的，以至于如果不能结合，对双方都是最大的不幸，为了结合，双方甘冒很大的风险，直至以生命殉情。

事实上夫妻之间不仅有感情交往，还有其他的交往。夫妇之间需要高度的融合，围绕着生活的各个方面进行全面合作。如果有一两个方面不相融洽，整个婚姻的生活就可能会搁浅，并影响整个家庭。夫妻要组织家庭生产，安排家庭日常生活，要密切合作，生儿育女，教育后代，完成人口的再生产，要操持家务，打理家庭中的一切。因此夫妻关系最全面的、最深刻，维持的时间也最为长久，它是家庭关系的枢纽，是家庭稳定的前提。[①]

夫妻关系具有如下几个关键阶段：

（1）新婚。结婚初期是双方互相协调、互相适应的关键时期，是第一个转折期。在这一时期，双方从恋爱的浪漫和自由中来到婚姻的现实和约束里，容易有幻想破灭感，对夫妻生活失望，会在角色期待、对权利与义务的理解上错位，引发冲突和争吵。

（2）孩子出生。孩子出生对双方是一个新的考验。表现在两个方面：一是妻子做母亲后，感情重心会移到孩子身上，影响对丈夫的感情；二是为人父母，家务增多，经济紧张，往日的宁静被打破，双方容易争吵。

（3）人到中年。中年丈夫一般上进心比较强，事业上有所成就，思想境界不断提高，而中年妻子往往甘当配角，进取心减弱，思想、修养水平比较低，形成双方的不平衡。加上许多人婚后不再注意保持自己的魅力，彼此间没有了新鲜感，关系逐渐变得淡漠。

（4）步入老年。老年人因为生理、社会生活变更，性格会变得幼稚，情绪容易波动，抑郁而多疑，并且不能自我意识到，但能明显地看到配偶的变化，觉得对方越老越古怪，影响双方关系。女子更年期后性需求减弱，但老年男性仍有这方面的需求，常常为妻子的不配合感到不满。这容易使夫妻关系紧张。[②]

二、夫妻关系的特征

在当代工业社会中，家庭规模小型化，家庭结构简单化，工作与家庭完全分离，男女平等主义的思想大造声势，出生率降低，生育与性行为分离，儿童教育和家务劳动社会化，妇女广泛就业，家庭生活水平提高，这一系列因素对于家庭中的夫妻关系产生了以下重要影响：

（1）夫妇式的家庭关系越来越受到重视，夫妻关系在家庭关系中占主要地位，家庭轴心从以往以亲子关系为轴心转向以夫妻关系为轴心。

（2）夫妻关系在家庭内部趋于平等，夫妻各自保持思想和经济独立，共同分担家庭义务。

（3）在夫妻关系中，更受重视的是爱情情感支柱、友谊和伴侣关系的实现以及性的和谐与满足，这些需要已经成为达到理想的家庭生活的前提（见表6—1）。

---

① 参见张文霞、朱冬亮：《家庭社会工作》，240～241页，北京，社会科学文献出版社，2005。

② 参见林崇德、杨治良、黄希庭主编：《心理学大辞典（上）》，360页，上海，上海教育出版社，2003。

表 6—1 传统夫妻与现代夫妻的差异

项目	传统夫妻	现代夫妻
择偶特点	靠父母之命，注重家庭条件、经济保障、人品忠厚	通过自由交往，注重外貌、性感、感情、文化教育、兴趣爱好、气质，多次择偶
婚前交往	彼此了解不多，但有“嫁鸡随鸡，嫁狗随狗”和“白头偕老”的心理准备	自由交往，自理要求高，受传统观念束缚少，不愿维系无爱情的婚姻
夫妻地位	丈夫是一家之主，具有权威性，妻子处于依附地位，要服从丈夫的意愿	夫妻地位平等，共同决定与婚姻和家庭有关的实务
社会身份	男主外，女主内，妻子的身份和地位取决于丈夫，丈夫的日常生活依赖妻子	双方都外出工作，妻子经济独立，追求事业生涯，双方的身份地位由自身的教育水平和职业成就而定
生育观念	生儿育女，传宗接代，多子多福，没有儿子是最大的缺陷	少子女或一个孩子，生孩子是出于心理需求和为社会培养下一代
孩子抚养	主要靠父母	主要靠社会化，夫妻在养育子女期间照常就业，业余时间照料子女
性生活	除了生儿育女和生理需求外，性生活不占主要地位，尤其是妻子的性满足受到忽视	双方是平等的性伙伴，夫妻对性的生理、心理、文化娱乐功能有对等的要求
业余时间	夫妻的职业流动和地理流动很少，社会交往简单，常年厮守在一起度过闲暇时间	夫妻双方在婚姻之外的交往频繁，职业流动、出差机会多，部分时间不在一起度过
姻亲关系	与双方家庭交往频繁，姻亲工作密切，家人的制约、援助与保障都很重要	与双方家庭有所交往，但经济与心理上独立，姻亲关系淡化，援助与保障主要靠工作单位和社会机构
离婚	起诉离婚，通过法院裁决，但受到家庭和社会舆论的严格限制，不敢离婚或害怕离婚	协议离婚普遍，不经法院裁决，离婚抉择较少受到家庭和社会舆论影响，男女双方提出离婚的权利平等，甚至女方更主动

资料来源：邓伟志、徐新：《家庭社会学导论》，54～55 页，上海，上海大学出版社，2006。

综合夫妻关系的内涵及社会发展现状来看，现代家庭的夫妻关系与其他家庭关系相比，具有如下特征。

（一）夫妻以爱情为基础结合，以公认的形式结合为两性关系

在中国传统社会中，夫妻多数因“父母之命，媒妁之言”结合在一起。这种夫妻关系起初并没有感情可言，但随着相处日久，也会培养出深厚的感情来。当前，爱情被视为婚姻和家庭的前提，缺乏爱情的婚姻和家庭被认为是不幸福的，也是难以想象的。

爱情既是一个人面对异性而产生的一种生理或者本能的冲动，同时也包括对某些社会价值标准的认同。可以说，社会上每一个人都有自己独特的爱情观。爱情受到生理和心理因素的巨大影响，就其本质来说，爱情是易变而不是永恒的。所以，认识和接受爱情的可变性并在婚姻生活中努力营造条件使爱情不断更新、

升华是创建幸福婚姻的关键。婚姻不是爱情的坟墓，也不是爱情的保险箱，重要的是双方如何去把握、去培育，如何顺应变化而调整自我，保持和培养自己的吸引力。当然，承认爱情的可变性不等于否认爱情的永恒性。应该说，爱情本身的美好是永远不变的。在现实生活中，需要辩证地把握爱情的可变性和不变性，才能更好地保持良好的夫妻关系。

同时，性生活也是夫妻关系中必不可少的一部分，没有性生活的夫妻关系显然是极少的，且难以为常人所理解。由于性关系越来越受法律限制，因此男女双方的性满足便成了他们结为夫妇的最重要因素，就结婚动机而言，这是一个外表看不出的强有力的动机。

（二）夫妻平等

夫妻平等，即在家庭中消除性别歧视，夫妻在人格、感情、经济、家庭事务分配、家庭事务决策、双方的姻亲关系等方面保持一种平等的关系。

过去，妇女在婚姻和家庭中的地位较男子低下，女性是通过家庭特别是丈夫和子女来体现其自身价值的，妇女的理想类型是“相夫教子”的贤妻良母形象。而现代社会倡导男女平等，夫妻在家庭中有平等的权利（如平等的财产支配权、配偶权等），对家庭有同等的义务。在我国城市家庭中，夫妻间平等、独立型的伙伴关系已成为主流。有研究表明，中国城镇20～49岁婚育期妇女的就业率达90%，远远高于日本、韩国、美国、法国、英国等国，与世界公认的男女平权国家瑞典相近。有的学者认为，中国城市家庭两性平等程度较高，与妇女在婚后连续就业的模式有密切关系。连续就业能最大限度地缩小两性间的差距，使妇女的自身资源得到合理利用和开发。再者，妇女参加工作，赚取薪酬，为男女在婚姻家庭及社会事实上的平等奠定了经济基础。

在家庭决策方面，研究显示，目前我国家庭中，夫妻共同决策的比重最高。但这并不意味着夫妻双方在决定任何家庭事务时都有均等的发言权。其中，妻子一般在家庭经济支配、家务分工、闲暇安排、对外交往等方面说了算的较多些，丈夫则在住房的选择或装修、子女的升学或择业等方面有决策权的更多些。从整体的权力模式看，在城市，妻子更具实权的家庭多于丈夫更有实权的家庭。而在农村，丈夫拥有家庭实权的多于妻子，且内地不发达农村的夫权家庭更多于沿海发达农村。在现实生活中，我国很多地方依然存在“男尊女卑”的思想，大男子主义依然是两性伙伴关系得以实现的隐性障碍。[①]

同时，夫妻之间相处，彼此的责任和权利是相对的，也是相互的。换言之，夫妻平等不是绝对的平等和事事上的平均，也不是说谁干活多少、挣钱多少，它更多体现在人格尊严上、感情上、事业上的彼此尊重和理解。夫妻之间不能以平等为由提出一些不合理或者说不近情理的要求，而应该科学分

① 参见徐安琪：《夫妻伙伴关系：中国城乡的异同及其原因》，载《中国人口科学》，1998（4）。

工，互相配合。事实上，夫妻间一些所谓的“不平等”表现可能是生理原因造成的，比如妇女不能以平等为由要求男人生孩子。试想一下：在现实生活中，很多妇女都认为“养家糊口”是男人应尽的责任，这对于男人来说，是否也是一种性别歧视呢？更有许多妇女一方面要求男女平等，但另一方面又抱着夫荣妻贵的传统思想，望夫成龙。结果，有的丈夫成了龙而妻子成了怨妇；有的丈夫发现自己无论如何努力也达不到妻子的要求，不堪压力，因而从婚姻围城里逃跑了。

(三) 夫妻是一体的，既是“伴侣”，也是“同志”

夫妻是一家人，在家庭以外的社会、经济和生活上均被看成是一体的。通常，丈夫的社会地位被看成是妻子的社会地位，丈夫的经济能力因共同生活而决定了妻子的经济生活，夫妻双方的衣食住行等生活条件也完全是这样。简言之，夫妻常常被视为一体的。

同时夫妻之间的关系超越了父母与子女之间的关系，不仅是现实中的“伴侣”，更是精神上的“同志”。父母和子女因辈分不同，兴趣也有很多不同，夫妻属同一代，因感情基础而结合，有着共同的生活兴趣，被认为是天造地设的一体。在过去，妻子被作为丈夫的附属品，没有实质性的生活权限，现在则已完全平等。不过，妻子在社会、经济和生活的地位上同丈夫相比仍有很小的差距，仅极少数家庭中妻子的社会、经济和生活地位高于丈夫。

你怎么看

极少数家庭中妻子的社会、经济和生活地位高于丈夫，你认为原因是什么？

(四) 夫妻之间是爱情、家庭义务和社会责任三者的统一

在我国，夫妻之间不仅有爱情，还有家庭义务和社会责任，三者合为一体。夫妻应该意识到，浪漫爱情只是夫妻关系的一个方面，更多的时候，夫妻相处，彼此都应该尽自己的义务，对社会也应该尽自己的一份责任。夫妻结合意味着新的家庭生活的开始，意味着新生命的产生。对家庭和社会尽责，就是夫妻都要自觉承担起维持家庭正常生活、抚育子女、互相关心、自觉抵制外来诱惑、维护家庭稳定的责任。

虽然爱情是夫妻结合的基础，但是这并不是夫妻相处的唯一要素。毕竟在一个完整的家庭中，夫妻关系只是其中的一个组成部分。很多时候，夫妻关系要服从于整个家庭的利益，服从于整个家庭的团结和睦。如有的父母为了所谓的一己之“爱情”，而轻易抛弃整个家庭，抛弃自己的子女，这种做法显然是不可取的。事实上，有些夫妻之间虽然在结婚时并没有什么爱情，但是他们能够以对家庭和对方负责的态度，认真履行婚姻家庭义务和承担社会责任，并逐步培养起了感情。相反，也有的夫妻开始时感情深厚，但繁琐的家庭生活磨灭了当初的激情，

一些人忽视了自己的责任和义务，最终导致家庭的破裂。[①]

第二节 婚外情的社会工作介入

婚外情也叫婚外恋、外遇、第三者插足等，是指有配偶者与第三人发生婚外恋情的行为。婚外情是一种普遍存在的社会现象，在现代社会中，由于时代的发展以及人们价值观念和生活方式的多元化，婚外情已经成为现代婚姻关系中最常出现的危机之一。根据美国性学大师金西（A. C. Kinsey）的报告，美国约有一半的丈夫和26%的妻子曾有过或正在经历婚外性行为。

一、婚外情对夫妻关系的影响

婚外情指有妇之夫、有夫之妇与配偶以外的第三者发生婚外恋情或自愿性的性关系的行为。这一行为具有以下特点：第一，三角或多角关系。婚外情至少涉及三方，即一对具有法定婚姻关系的配偶及第三者。第二，时间性。婚外情的时间可能是持续的，也可能是短暂的。第三，隐蔽性。婚外情行为一般是非公开化的，具有隐蔽性、隐私性。第四，多样性。婚外情可以有不同的形式，可以是精神的、肉体的或者二者兼有的，不能简单以是否发生了性关系来进行判断。第五，边界性。婚外情行为一般被认为是违背伦理道德的不良行为。[②]

尽管多数社会为维持婚姻制度的稳定都反对婚外情，但婚外情的存在可能和婚姻一样久远。特别是现代，婚外情是现代婚姻关系中最经常出现的危机之一。有研究表明，一方或双方于婚外异性关系出格、家庭暴力和性格不合是导致夫妻感情破裂离婚的三大原因。其中，在发达地区，婚外情是首要的离婚原因。[③] 可见，婚外情是婚姻生活中最伤害夫妻感情和婚姻关系的事件，也是已婚妇女最为担忧的事情。

据社会学家调查，在婚后的七年左右，如果夫妻没有闲情卿卿我我，就有可能另觅知音。该研究调查了70位与有妇之夫有染的女性，发现这些婚外情多半始于单纯的友谊。根据一心理咨询门诊对25个女性婚外情者诱因的统计，产生婚外情的诱因与占比如表6—2所示。

---

① 参见张文霞、朱冬亮：《家庭社会工作》，241～244页，北京，社会科学文献出版社，2005。

② 参见李尽臣、陈志霞：《近10年国内婚外恋研究的回顾与思考》，载《妇女研究论丛》，2010（6）。

③ 参见徐安琪、叶文振：《中国婚姻研究报告》，24页，北京，中国社会科学出版社，2002。

表 6—2 女性婚外情者的诱因

女性婚外情诱因	寻找感情寄托	谋求报复（发现丈夫有婚外情行为）	配偶性功能欠佳，寻找性伴侣	满足虚荣心	被对方引诱	其他
比例	33%	20%	15%	15%	11%	6%

一般来说，最易发生婚外情的组合是已婚男子和单身女子，其中以中年男子和年轻女子居多，且介入者一般较婚外情者的配偶年轻。有研究表明，婚外情的高危人群为：（1）有婚前性行为者；（2）结婚许久，有婚姻倦怠感者；（3）性生活质量差者；（4）一方或双方认为婚姻质量差者；（5）较独立者；（6）亲戚朋友中有婚外情者；（7）上班族。[①]

虽然有研究者建议对出轨者进行评判时多考虑出轨可以带来的好处，如确认感情真假、增强人的自尊、经历一段感情，因而建议不要一出现婚外情就离婚，但婚外情在中国社会乃至世界社会上的影响多是负面的，它动摇了作为家庭关系核心部分的夫妻关系，使得家庭结构出现解构，不仅会伤害到家庭关系中的其他成员，也会给夫妻双方、第三者造成伤害，影响夫妻关系的和睦与和谐。

在婚外情中，男女两性在心理和行为方式方面存在巨大差异。一般而言，男性出现婚外情往往跟性爱有关，而女性则主要出于感情方面的原因。男性更希望寻求新鲜感和两性生活的刺激变化，特别是在身心压力不堪重负时，他们希望能在婚姻中或婚姻之外找回自信和心理满足。能够有善解人意的异性给予自己慰藉，能够在异性那里展示自己的性魅力和满足自己的征服欲，证明自己仍然年轻、有魅力，对大多数男性而言都是极具诱惑力的。女性出现婚外情往往是因为丈夫不能满足自己的感情需求，当她们感受到其他异性对自己真诚的体贴和浪漫爱情时，往往会将感情从婚内转移至婚外，并渴盼与情人长相厮守、共度余生。从恋情来看，男性具有随缘性、偶发性和即兴性，往往先热后冷，先冲动后理性，一旦时过境迁，激情消退，理性恢复也快。女性则更具有被动性，也更审慎持重，但一旦突破性的防线，往往会全身心投入，甚至可以为爱情牺牲一切，表现出先冷后热、先审慎后痴迷的特点。从行为后果看，男性往往要考虑自己的社会角色、事业价值和家庭稳定，常常把婚外情当作一段浪漫插曲，一般不愿为此牺牲自己的事业和家庭，所谓喜新不厌旧，难以兑现与情人结婚的诺言。而女性在追求婚外幸福时则更为勇敢而执着，往往想要弃旧图新，但结果往往是情人临阵退缩，造成她们付出感情而得不到回报，倍感严重的伤害和深重的打击。[②] 从社会方面来讲，由于中国传统的男尊女卑观念，社会对男性婚外情比对女性相对

① See Luann Linquist, *Secret Loves*, Washington, D. C., Lexinton Books, 1989. 转引自彭怀真：《婚姻与家庭》，112 页，台北，巨流图书公司，1996。

② 参见陈新欣：《“当代中国婚姻与家庭研讨会”综述》，载《浙江学刊》，1995（2）。

宽容，女性发生婚外恋情，不管是主动还是被动，都更容易受到社会舆论的谴责。因此，女性婚外情者所经受的压力和心理折磨更大，也更容易出现心理问题。[①] 女性一定要对自己"能得到什么"做出理性判断和抉择，才不致陷入进退两难的境地。

婚外情者由于既要保持原来家庭的生活不受影响，又要维持与情人的秘密关系，生活在配偶和情人的夹缝中，精神压力是巨大的。他们既要面对配偶和家庭的可能质问，又要面对亲朋好友和社会的压力，更要面对自己内在的道德和良心的考量，并要处处遮掩以确保其行为的隐秘性，避免与自己的家庭和事业相冲突，还要考虑给予第三者以应有的待遇和地位的问题，其辛苦可想而知。但是，比起婚外情者的烦恼，其配偶和家庭受到的影响和伤害则更深。一般来说，不管夫妻原来的感情如何，也不管他们的观念原来是多么开明或者开放，当一方确知配偶与他人存在婚外性关系时都是痛苦不堪的。由于女性在生理和经济社会地位上的相对弱势，婚外情的最大受害者多是已婚女性。当一个妻子发现自己的丈夫有外遇时，第一个反应往往是震惊而难以接受事实，情绪和思考陷入混乱，行为上则出现哭泣、到处查证和无法反应等现象；接着，出现愤怒、感觉被骗、被羞辱、被伤害、痛苦不堪、想报复等心理反应，严重的还可能出现抑郁、焦虑、偏执、恐惧、癔症和神经衰弱等心理障碍[②]；家庭也随之发生频繁冲突，有的家庭甚至发生血光之灾，导致家破人亡。经过这一激烈的斗争阶段之后，原配偶常常进入情绪和行为上的平稳期，夫妻双方开始陷入长期的冷战或者想办法去解决问题。

对于丈夫的婚外情事件，女性常见的想法如下：（1）我为他牺牲那么多，他没有权利如此对待我；（2）我没有能力解决丈夫的这件事；（3）为了孩子，我绝不能让他离开我/我没离开他完全是因为孩子的关系；（4）我永远无法面对（无法原谅）他有外遇的事实；（5）我以前所做的一切都是白费（或不值得）的；（6）我觉得十分羞耻，在亲戚面前抬不起头来；（7）既然他会欺骗我而去爱别的女人，我不会再相信他所说的话；（8）我不能接受他当初爱我现在又去爱别人；（9）他做的是一件不道德的事，因此应该受到所有人的责备；（10）他有外遇是因为我不够完美；（11）他不积极解决与她的关系是因为他爱她胜过爱我；（12）既然他有外遇，我也要以牙还牙让他难受；（13）我是一个失败的人；（14）我要死给他看，让他一辈子良心不安……[③]而男性受害者更多的反应是自尊受挫、愤怒、失败感、暴力倾向和报复性地到外面寻花问柳。[④]

---

① 参见程继东、张丽：《婚外恋心理咨询的临床研究》，载《中国行为医学科学》，2002（3）。

② 参见李玉珊、刘美兰、崔海松：《婚外恋者配偶及子女的心理障碍》，载《中国行为医学科学》，1997（3）。

③ 参见彭怀真：《婚姻与家庭》，116页，台北，巨流图书公司，1996。

④ 参见张文霞、朱冬亮：《家庭社会工作》，271～275页，北京，社会科学文献出版社，2005。

【知识窗】 11个避免婚姻危机的忠告

阿根廷《妇女》月刊曾经给出了11个避免婚姻危机的忠告，可以作为已婚夫妻的参考。它指出，缺乏沟通常常会造成婚姻危机，如果夫妻双方都拥有维持婚姻的良好意愿，可以参考以下忠告：（1）黄金时间。多留一些时间给对方，并充分利用这段黄金时间。（2）双双外出。经常同配偶一起外出，并安排一些对方喜欢的活动。（3）倾听对方。当对方与你交谈时，不仅要倾听，而且要放下手头的事，看着对方的眼睛，表现出兴趣。（4）永像新人。永远保持新婚时的感觉，每天都要想方设法征服对方的心。（5）经常回忆。经常回忆初恋时的美好感觉，会给夫妻双方带来幸福感。（6）憧憬未来。对未来充满幻想，会使夫妻明确努力的方向。（7）请求帮助。告诉配偶你的问题和苦恼，并请求配偶为你遇到的问题提出切实的解决办法。（8）尊重配偶。在好友面前不批评配偶，尤其是在他/她不在场的情况下。（9）惊喜不断。用一些意想不到的细节给对方带来惊喜，一件礼物或一身对方喜欢的衣服。（10）切记吻别。出门前和配偶吻别是必要的。（11）要讲真话。永远要开诚布公，但不要以令人不快的方式表达你的观点。

二、婚外情的社会工作介入技巧

从系统的观点来看，婚外情事件是一个由外遇者、第三者、原配组成的三角关系，但婚姻并非仅是夫妻两人的事情，还会对其家庭产生影响，尤其是其子女。如果外遇者与第三者也生育了子女，则问题更为复杂。因此，婚外情中涉及的人除外遇者、原配和第三者之外，还可能涉及子女、其他家人和非婚生子女等。对于婚外情事件的社会工作介入也是围绕以上人群进行的。在此主要探讨对外遇者、配偶及第三者的介入。

对于婚外情，当事人往往是情绪大于理性，在认识和态度上受到情绪作用的控制，以致不能理性地认清问题，更不能以理性的方式来处理问题。因此对于婚外情事件的介入，一方面需要帮助当事人恢复其理性，使之能够有意识地摒弃那些非理性的认知，另一方面要疏导情绪，给当事人以支持，同时针对夫妻感情问题进行家庭辅导或夫妻辅导。一般来说，希望维持目前婚姻的夫妻是大多数，所以家庭社工应多进行调解，以帮助案主改善夫妻关系为最主要的工作，即所谓“劝和不劝离”。但是对于那些和好无望、离异才是最好解脱的婚姻，家庭社工也应该尊重当事人双方的选择，进行离婚辅导，帮助他们妥善处理离婚问题，顺利度过离婚这一关。应该注意的是，虽然保持婚后感情的专一是中华民族的美德，也是家庭幸福的基础，但是在婚外情的社会工作介入中，家庭社工绝不能以道德判断来代替理性的辅导。

(一) 对外遇者的社会工作介入

从社会工作的对象来看，婚外情的辅导首先针对外遇者。对于外遇者，最常见的问题主要是婚外情所带来的心理压力和怎样处理婚外情的后果问题。由于女性所承受的精神压力和矛盾心理往往较男性大，更容易出现失眠、焦虑、悲观抑郁、内疚、不安等心理现象，所以寻求心理治疗或者婚姻帮助的也多是女性。对于婚外恋情，女性常抱有一些错误的认识，诸如：错把激情当作爱；错把感激当作爱；错把浪漫当作爱；错把对方的甜言蜜语当作爱；迷信对方一时的承诺；认为生个孩子可以拉住对方；幻想对方可以托付终身；把对方理想化，把爱情神圣化等。站在社会工作者的立场，应提醒外遇者各种可能的结果和压力，帮助其认清和面对自己真实的情感以及各种非理性认知和不切实际的幻想，同时还应帮助其寻找合适的方法来宣泄消极的情绪和过重的心理负担，并建议其尽可能中止外遇关系，勇于面对可能的后果。

对于男性婚外情者来讲，"要不要告诉配偶"以及"怎样处理情人与配偶之间的关系"成为棘手的问题。对于"要不要告诉配偶"，针对不同的情形，可以建议外遇者思考以下问题：我为什么想告诉我的配偶？假如我说了，我的配偶会有何种反应，我怎么应对？为何我不说，要维持这秘密？在外遇被发现，或者必须在配偶和情人之间做出选择时，建议外遇者多想一想：我究竟想要什么样的情感生活？我想从外遇中得到什么？我得到了什么？哪种结果对我最重要，是得到情人还是保持家庭的完整？哪种结果是我最不愿接受的，是失去家庭和谐还是失去情人的爱情？如果我努力跟自己的妻子沟通，是否一定不能得到自己希望的生活？经过慎重的思考，外遇者要勇于舍弃对自己来说相对不重要的，选择对自己最重要的——或者是原来的家庭，或者是情人，两者必择其一。否则，夹在三个人的战争中，整个家庭和自己都将永无宁日，深受其害。在做出选择之后，外遇者要对自己的配偶和情人诚恳地检讨自己的错误，解释自己的决定，争取谅解，并以冷静、真挚的心妥善处理善后事宜。

(二) 对婚外情者配偶的社会工作介入

对婚外情者配偶的辅导常常是婚外情介入工作的重点。作为受到严重伤害的一方，婚外情者的配偶不可避免会有一些非理性认知和情绪。作为家庭社工，首先要引导其看清想法中的非理性和错误所在，引导他们从自怨自艾、失败沮丧以及伤害自己和对方的想法中走出来，然后针对问题原因寻找解决的办法。家庭社工可以从以下方面提醒受到伤害的婚外情者的配偶：(1) 发生婚外情的原因有很多，你认为究竟是什么原因导致你丈夫（妻子）发生婚外情，是否还可以有所补救？(2) 你丈夫（或妻子）有了婚外情并不等于他/她不再爱你，也不等于他/她希望家庭破裂，更不等于世界末日。(3) 作为婚外情者的配偶一方，应该慎重思考以下问题：我忍耐的界限在哪里？我对婚姻还有什么期望？分手（或者和好）

是最好的选择吗？子女、情感、财产等问题怎么办？我在这个婚外情事件中有什么责任？如果我努力，我和我们的夫妻关系可以有哪些改善？

对于配偶来讲，不知体贴（或过分体贴、絮叨），生活极度忙碌、无暇顾及家庭和配偶的感受（或整天无所事事、懒散），对配偶要求过高、处处苛责（或对于一切都无所谓、无视对方的优点和成绩），以及容貌、体形不好，语言乏味，毫无情调等，都是把配偶往第三者处推的因素。相反，令人愉悦的仪容、善解人意、处处表现出对配偶的高度兴趣和欣赏、风趣、体贴等是吸引的因素。因此，对于想把自己的丈夫（妻子）从第三者处拉回的妻子（丈夫）来讲，关键的解决之道是增大自己的吸引力，减少推力和增加第三者方面的拉力，减少第三者的吸力（见图 6—1）。作为婚外情者的配偶，首先应该减少吵闹，改变疑神疑鬼和总是兴师问罪的心态，停止无休止的求证、监视和吵闹不休的行为，代之以冷静、和善、积极沟通以解决问题的态度；进而求助于专业协助以及亲友和相关机构的社会支持，并从改变自己和改善夫妻关系入手，增加自己的吸引力。增加吸引力的措施包括：从仪容和精神修养上多美化自己，增加自己的吸引力和新鲜感，改善夫妻间的沟通或性爱的方式。同时还可以采取措施化解第三者的吸引力，如争取对家庭经济的控制权、绝对不答应离婚以挫伤第三者的希望和耐心，等等。总之，以静制动，以沟通和感化代替报复和吵闹，积极寻求改善夫妻关系的途径，是挽救婚姻的不二法门。[①]

图 6—1　婚外情中三主角关系图

资料来源：彭怀真：《婚姻与家庭》，117 页，台北，巨流图书公司，1996。

中国传统上认为应“劝和不劝离”，即无论夫妻之间出了怎样的状况，都应该想办法解决，以求得夫妻仍在一起生活的“美满”结局。但是在婚外情的辅导中，社工还是应遵循案主自决的原则，案主最终是否选择离婚，是无法用价值去判断的事情。

【知识窗】　个体选择：如果伴侣出现婚外情，你应该选择离婚吗？

大约 20%的配偶会面临是否要继续和出轨的伴侣一起生活的抉择。一种选择是立即终止婚姻关系，双方的信任已经丧失，无法再挽回了。做这种选择的人认为忠贞是婚姻的核心要素，如果违反了就会导致离婚。大学生们不赞成婚外情。一项对 1 027 名本科生的抽样调查表明，73%的人称“如

---

① 参见张文霞、朱冬亮：《家庭社会工作》，275～278 页，北京，社会科学文献出版社，2005。

果配偶发生婚外情就会选择离婚”(Knox & Zusman，2006)。对于有些人来说，情感背叛和身体背叛是一样的（Sabini & Silver，2005)。

即使是对于传统型的配偶，婚外情也不意味着一定要离婚，它会成为一段全新关系的开始，这种关系更为强烈，也更能使人相互理解。治愈创伤需要时间，但最终失足的伴侣会重新回头，忘却以前的事情（也不会再提起)，专注于改善自己的婚姻关系。应该告诫那些经历婚外情危机的配偶，一定要“三思而后行”（Olson et al.，2002，p.433)。尽管多数配偶对婚外情的发生很难接受，但他们不愿意结束婚姻。在被调查的50对成功的伴侣中，没有一对选择在出现婚外情时立即离婚(Wallerstein & Blakeslee，1995)。

发生婚外情的人会被人们认为背叛了结婚时的誓言，他们欺骗了自己的伴侣，使其（以及孩子）遭受巨大的痛苦。但很少有人考虑的是，如果婚外情被定义为为了原有关系之外的人或事付出感情、时间和经济资源，那么其他类型的“外遇”也许也会对婚姻关系造成破坏。把时间都花在孩子、事业、父母、朋友或其他消遣娱乐上的配偶，也会被剥夺大量的精力、时间和金钱，从而会创造出这样一种条件，在这一条件下，配偶可能会选择与一个对其提供更多关注和对其感兴趣的人发展关系。

传统的配偶在婚外情后仍然待在一块，代价是非常大的。在恰尼和帕纳斯（Charney & Parnass，1995）的研究中，仍在一起生活的配偶（占总体的66%）中有43%的夫妻认为妥善处理好这件事情非常难：“多数被背叛的丈夫和妻子在很多方面都受到了明显的伤害：自我感觉，自信心，或者对性的信心，被抛弃的感觉，对他们的归属感的伤害，对信任的背叛，愤怒，以及（或者）一些离开他们配偶的理由。”

研究者发现，只有14.5%的婚外情后仍在一起生活的被访者，使得自己夫妻之间的关系得到了改善和成长。在这些案例中，有近半数是以一夜情的形式出现的婚外情，而不是长期的感情和性关系。有趣的是，被背叛的妻子中有89%在她们被告之真相前就“真的知道”丈夫有婚外情。

在决定配偶发生婚外情以后是否要让配偶重新回到自己身边时，另外一个问题是出于对艾滋病的考虑。有一位丈夫说，尽管他想原谅妻子以往的不检点，但他还是要求妻子做了一个HIV检测，并且用了半年避孕套。检测结果是阴性，但是使用避孕套这个行为对妻子来说则是一个提醒：在目前的社会中，在稳定的婚姻关系之外寻求其他性关系会有生命危险。与这个问题相关的就是，如果丈夫有其他性伴侣，妻子很有可能会得子宫颈癌。

没有哪种简单的办法可以一劳永逸地解决有婚外情配偶的问题。多数配偶都会感到自己被深深地伤害了，并且寻求克服危机的办法，其中有些人成功了。①

① 参见［美］大卫·诺克斯、卡洛琳·沙赫特：《情爱关系中的选择——婚姻家庭社会学入门》，9版，305～306页，北京，北京大学出版社，2009。

(三)对第三者的社会工作介入

婚外情的第三者也是家庭社会工作介入的重要对象。有的第三者卷入外遇事件时，并不知晓另一方已婚，也有的第三者是明知道对方已婚但仍卷入外遇事件。

许多第三者是未婚女性，她们拥有外遇者的原配所没有的一些优点，如年轻漂亮。第三者由此常常想要获得与外遇者结婚的机会，她们常常迷信外遇的神话，因此破除神话、正视问题是外遇受害者必须认识的首要问题。以下是常见的外遇神话。

(1)“他承诺他会娶我。”——他曾对多少女人承诺?他连正式订立契约的婚姻承诺都破坏了，还会信守对你的承诺?

(2)“我和他是最知心的朋友。”——他有多少时间认识你?他也不会把真正的自己摊开在你的面前。

(3)“婚外情会毁掉他和他老婆的关系，你就有机会了。”——你对他和他老婆都不了解，更不了解他们的关系，更何况外遇和离婚也不是一回事。

(4)“我应当尽可能让他快乐。”——怎么不想想他带给别人多少麻烦和痛苦?

(5)“生个孩子能拉住对方。”——这是逼男性做决定，但他的决定多半是：逃。

(6)“浪漫的爱情胜过不快乐的婚姻。”——这是外遇者的盘算，但他为何不积极改善自己的婚姻状况，而只给你浪漫的短暂?

(7)“男人的壮志比我的事业和生活重要，我要多迁就才可以拉住他。”——无论如何迁就，也改变不了他和他所谓的壮志。

(8)“反正闲着也是闲着，有男人总比没有男人好。”——还有其他值得爱的单身男性，也还有很多利人利己的事情可以做。①

家庭社会工作者还可建议第三者思考以下问题：第一，你的爱人确定给你承诺，还是他抗拒有所承诺?第二，对方确实让你觉得你比他的配偶、家庭和子女都更重要吗?第三，你是否过分理想化你的外遇关系?你是否常试着说服自己你已从外遇关系中获得很多?第四，你是否因有外遇关系而避免发展与任何未婚者的情感?第五，你能否放弃外遇，暂时度过失望伤心的阶段，真正走入自由而坦然的人生?第六，你能把外遇和人生的幸福画上等号吗?②

第三节
再婚家庭的社会工作介入

再婚家庭，又叫混合家庭(blended)、双核家庭(binuclear)或重组家庭

---

① 参见彭怀真：《婚姻与家庭》，122～123页，台北，巨流图书公司，1996。

② 参见彭怀真：《婚姻与家庭》，124页，台北，巨流图书公司，1996。

(reconstituted family)，指的是配偶的双方或者一方曾经有过婚姻经历，而重新组成的家庭。传统社会中的再婚家庭往往与丧偶相联系，丧偶的夫妻“续弦”或者“再嫁”组合成新的家庭。而在现代社会，再婚家庭则与离婚密切相关。现代社会中的再婚家庭，其常见类型有父亲或母亲将在婚前家庭中的孩子带到新组建的家庭里，或者在新家庭里生下他们自己的孩子等。①

一、再婚家庭的特点

再婚家庭的具体形式有很多种，程序也比初婚更为复杂。根据再婚者组建家庭时有无子女分类，再婚家庭大致可以分为三类：配偶双方均有子女的、配偶的一方有子女的、双方均无子女的。如果从再婚家庭夫妻双方的婚姻经历来分，则可以分为两类：一类是夫妻双方均有婚姻历史，一类是只有一方有婚姻历史。②

再婚家庭在很多方面具有与核心家庭不同的特点。

（一）子女非再婚夫妻亲生

核心家庭中的孩子的父母都是孩子的亲生父母，而在再婚家庭中，对于孩子来说，只有一方关系是亲生关系。此外，在核心家庭里，生父和生母都与孩子一起生活，但在再婚家庭里，只有亲生父亲或母亲与其孩子一起生活。还有一种情况即，孩子轮流与亲生父母一起生活。

（二）再婚家庭一般都经历过失去爱情或伴侣的过程

再婚家庭中的夫妻双方同样经历过与曾经相爱的人在情感上的终结和空间上的分离。再婚家庭成员很有可能还有其他失落感，例如，搬出曾经住过的房子，相应地失去了原有的邻居和朋友圈子等。再婚家庭成员在心理上仍然保持着与家庭单元外部的联系。

（三）再婚家庭的成员生活的信念、价值观和行为模式系统冲突

一旦孩子进入再婚家庭，他们将会“继承”继父或继母的新的价值体系和信念体系，以及在家庭单元中的新的生活方式。同样，继父或继母要和受过不同家庭教育的孩子生活在一起。

（四）再婚家庭的孩子对“父母”情感的冲突

一般来说，核心家庭中亲生父母与孩子之间相处的时间比再婚家庭中的其他

---

① 参见朱强：《家庭社会学》，95页，武汉，华中科技大学出版社，2012。

② 参见张文霞、朱冬亮：《家庭社会工作》，315页，北京，社会科学文献出版社，2005。

关系更长，孩子与继父或继母之间关系的短暂历史，是孩子进入青春期后两者关系冲突增加的重要因素之一。但是，如果孩子和继父或继母建立了感情，他们会怀疑自己对亲生父母的“忠诚度”。

（五）再婚家庭冲突的潜在来源——前配偶的财务问题

不乏一些再婚家庭，配偶会被要求向获得子女监护权的一方支付子女抚养费用，如果前配偶不再支付孩子的抚养费用，就很可能在再婚家庭中产生冲突。再者，如果前配偶的财务被现配偶要求用来支付其亲生子女的抚养、教育等费用，则会给再婚家庭带来新的矛盾和危机。①

> **你怎么看**
>
> 理查德·巴赫（Richard Bach）说过：“连接家庭成员之间的真正纽带并不是血液，而是相互之间的尊重和喜悦。”你如何理解这句话？

（六）再婚家庭被污名化

再婚歧视假设再婚家庭比亲生家庭低等。再婚歧视与种族歧视、性向歧视、性别歧视和年龄歧视一样，都与偏见和歧视相关。因此需要进行一些支持再婚家庭的社会变革。②

案例 6—1

有很多关于再婚家庭的传言。国内外最熟悉的莫过于“灰姑娘”的故事中恶毒的继母；有很多人认为再婚家庭中的孩子是可怜的，会被伤害且未来无法恢复内心创伤；继母经常被人联想到“恶毒的妇人”、“破坏家庭的女人”。这些都是关于再婚家庭的迷思，同时也影响着现实中再婚家庭涉及人群的心理：或恐慌，或抗拒。

再婚家庭中的新关系不是保持不变的，而是一个持续变化的过程。最重要的改变莫过于再婚家庭中成员心态和行为的调整。包括配偶怎样看待另一方从前家庭带来的子女、子女如何看待家庭中的新继父或继母、配偶怎样看待对方对前配偶抚养费用或赡养费用的支付或接收行为等。布雷和凯利于 1998 年的研究表明，一般来说，再婚家庭的成员像一个家庭那样整体地进行思考和行动，需要再婚后两到三年时间。且再婚家庭在组建初期是最脆弱的，在这阶段中最终走向破裂的家庭约占 1/4。

① 参见朱强：《家庭社会学》，95～96 页，武汉，华中科技大学出版社，2012。

② 参见［美］大卫·诺克斯、卡洛琳·沙赫特：《情爱关系中的选择——婚姻家庭社会学入门》，9 版，366 页，北京，北京大学出版社，2009。

二、再婚家庭的社会工作介入技巧

再婚家庭中的父母和子女均处于一种不同于以往的特殊的环境和关系之中，再婚家庭相较于原家庭不同的结构要素，导致再婚家庭必然存在一些新的问题，其中最令人关注的莫过于再婚家庭中的亲子关系与子女社会化问题。

再婚家庭在家庭关系方面可能面临的危机主要有：(1) 再婚夫妇结合在一起之后，如何面对各自的前夫（妻），如何进一步相互接纳？(2) 继子女对继父母是否能够很快接纳？(3) 继子女对其亲生父母是否仍然感情深厚？(4) 继父母对前妻/夫所生子女是否接纳？一旦继母在婚后又有亲生子女，继父将如何处理？(5) 当自己的子女又有了继父与继母，作为亲生父母感受如何？(6) 继母再嫁之后所带的子女是否能够和丈夫前妻所生子女融洽相处？

再婚家庭是否能有一个幸福美满的婚姻和家庭生活，再婚者自我心理调适是其中最为关键的一个步骤。

（一）再婚者结婚之前的自我调适

再婚者在再婚之前多经历过失去爱情或伴侣，在寻找新的婚姻伴侣及准备结婚之前，首先要调整好自己的心态。心中因离婚或丧偶经历而产生的阴影，应尽量避免带到新的婚姻生活中来。新的婚姻是一个新的开始，念念不忘过去会让自己离幸福越来越远，更不能将自己的现配偶与前配偶进行对比。一个从未结过婚，但结婚对象结过婚的人，必须在婚前做好准备：一要考虑如何面对配偶过去的情感经历；二要思考如何妥善处理与配偶和前任所生子女的关系。期间可能会遇到一些问题，例如：如果配偶难忘旧情该怎么办？如果配偶与前任旧情复燃怎么办？如何对待配偶与前任的各种旧产？如何对待配偶原先建构的人际关系包括亲属关系圈子？等等。对类似问题，都需要有一个心理准备。反之，对于一个有过婚史而结婚对象尚无婚史的人来说，也要对如下问题做足心理准备：对方真的不在意自己的过去吗？对方能够善待自己的子女吗？自己该如何尽量降低前次婚姻给对方造成的潜在或直接的影响？

（二）如何扮演好继父、继母角色

再婚家庭中如果涉及继父母与继子女问题，则更显复杂。在再婚前一定要思考好如下问题：如何看待子女抚养费的安排？如何扮演好继父母的角色？再婚家庭中最难处理的是继父母和继子女的亲子关系及继子女的社会化问题。很多再婚者在决定结婚之前，总会做好足够的设想，认为自己可以很快获得孩子们的认同，但这仅仅是设想，事实往往会令当事者十分苦恼。

要扮演好继父、继母角色，应注意：(1) 尊重和接受孩子的感受。无论孩子对自己的亲生母亲、父亲是怎样的态度，都不能在孩子面前否定他们，而是要尊重和接受孩子的感受。(2) 摆正自己的位置。不要试图让孩子忘记他们的亲生父母，在孩子面前，永远不要以父亲、母亲自居，更不能为了构建一个良好的家庭关系，威胁利诱孩子配合营造和谐假象。尽可能告诉孩子，你愿意照顾他、爱护他，使孩子相信同你的关系不会代替他们同亲生父母的关系。这样既能减少孩子的抵触情绪，也有利于构造和谐的相处模式。（3）不要试图与孩子争夺“爱”。不能在孩子面前与丈夫或妻子过于亲热，也不要暗示你和他的爸爸或妈妈在一起多么美好和幸福。要避免孩子因离开亲生父母的一方而感到冷落和难过，避免对孩子敏感而脆弱的心灵造成二次伤害。（4）从孩子角度出发，多关爱、多沟通，同时保持一定的距离。如果孩子做错了事，要以温和的态度宽容他们，但要避免过度的溺爱或放纵不管，不能言听计从，应当摆出理智、客观的态度。同时要学会给孩子独立空间，也给自己和配偶以空间。对于孩子的优点，不吝表扬和鼓励，同时对孩子的情感宣泄要持理解态度。[①]

值得注意的是，很大一部分继父母认为，子女应该让其自然成长，管得多了不讨好不说，还会被众责。实际上，顺其自然会让继子女产生自己不受重视的心理，误认为继父母对他们漠不关心，从而对继父母产生敌意。顺其自然有时适得其反。

另外，人们在关注再婚家庭时，更多地关注再婚家庭的劣势，很少看到再婚家庭的优势。再婚家庭的优势与劣势共存。孩子可以解除多种多样的行为模式，观察一段幸福的婚姻，在家庭单元内部学会与兄弟姐妹相处。继父母则能以更客观的视角看待再婚家庭。具体来说包括：（1）接触多种多样的行为模式。再婚家庭中的孩子会接触到很多不一样的行为方式、价值观和生活方式。他们在两个家庭生活过，这是他们的优势。尽管这种生活会让孩子感到迷茫和困难，但是他们可以很早就知道家庭模式可以是什么样子的。（2）拥有更快乐的父母。孩子希望看到他们的亲生父母能够重新回到一起，不过他们同样会观察到他们的父母离婚以后比在一起时更为快乐。如果父亲或母亲再婚了，孩子可能会发现他们处于一段新的和更快乐的关系中。这些幸福感会深入到家庭日常生活的方方面面，因此，紧张和冲突相应会减少很多。（3）获得与继兄弟姐妹建立新关系的机会。有些孩子拒绝接受他们的继兄弟姐妹，另外一些则通过和“有关系”的人一起生活而得到了充实。一个 14 岁的孩子说：“我从来没有一个可以一起做事的哥哥。我们喜欢做一样的事情，这让我感到非常开心。”有一些再婚家庭中的兄弟姐妹一直到长大以后仍然保持着他们之间的关系。（4）获得更加客观的继父母。很多家长可能因为情感联系的原因，很难与孩子讨论特定的话题，继父母的优势就是他们与孩子的情感参与度不那么高，他们与孩子的关系处在一个不同的水平上。一个 13 岁的孩子谈到他和继母的关系时说：“她经历了自己父母的离婚，知道我经历的我爸爸的离婚过程跟她的也差不多，她是我唯一可以真正讨论这个话题的

---

① 参见王成彪、林红编著：《家庭心理学》，200 页，北京，开明出版社，2012。

人。我的爸爸和妈妈一听这些事情就很生气，根本不能跟他们讨论。”①

综上，与初婚家庭相比，再婚家庭涉及更多的因素，其中有优势，也有劣势。因此在处理这类家庭的关系时，不仅要看到问题所在，还要看到其中有哪些优势可以用来处理再婚家庭成员间的关系。

复习思考题

1. 夫妻关系有何特点？现代社会夫妻关系有什么新变化？

2. 如何认识婚外情问题？对于婚外情现象如何进行调试？

3. 再婚家庭的优势和劣势分别有哪些？对于劣势可以采取哪些方式进行调试？

推荐阅读书目

1. [美] 马克·赫特尔．变动中的家庭——跨文化的透视．杭州：浙江人民出版社，1988.

2. [美] 大卫·诺克斯，卡洛琳·沙赫特．情爱关系中的选择——婚姻家庭社会学入门．9 版．北京：北京大学出版社，2009.

3. 徐安琪，主编．世纪之交中国人的爱情和婚姻．北京：中国社会科学出版社，1997.

---

① 参见 [美] 大卫·诺克斯、卡洛琳·沙赫特：《情爱关系中的选择——婚姻家庭社会学入门》，9 版，369 页，北京，北京大学出版社，2009。

第七章

亲子关系的社会工作介入

【本章要点】

- 亲子关系是指父母与子女之间的关系，它是直系关系中最亲近的一种关系，具有不可选择性、不可替代性、不平等性、持久稳定性以及发展变化性等特点。现代社会存在着养育型、财产拥有型、反向型、冲突型、泛爱型等几种不良的亲子关系。
- 亲子关系在现代社会中呈现出较多的问题，常见的有亲子在发展阶段上的适应问题、亲子沟通问题以及亲子两代人之间存在的代际差异。
- 社会工作的个案、小组、社区等方法均可以介入亲子关系的问题，亲子关系促进工作坊也是一种重要的介入亲子关系问题的模式，并且在社会上得到了广泛的应用和推广。

【基本概念】

亲子关系 ◇ 适应问题 ◇ 沟通问题 ◇ 代际差异 ◇ 工作坊

第一节 亲子关系及其特点

一、亲子关系的内涵

亲子关系是指父母与子女之间的关系，它是由夫妻关系而产生的一种最基本、最重要的家庭关系。在法律上是指父母和子女之间的权利、义务关系。父母和子女是血缘最近的直系血亲，为家庭关系的重要组成部分。

英国人类学家弗思认为："由共同感情结合起来的孩子和他/她的父亲、母亲是一种真正永恒的三角。"费孝通在《生育制度》一书中曾经指出："婚姻的意义就在于建立这种社会机构的基本三角。夫妇不只是男女之间的两性关系，而且是共同向儿女负责的合作伙伴。在这个婚姻契约中同时缔结了两种相连的社会关系——夫妻和亲子。"① 虽然亲子关系因婚姻关系而生，不过，与夫妻间的婚姻关系相比，亲子关系作为一种血缘联系，显得更为稳定和牢固。因而，从很大程度上看，在中国这样重视"传宗接代"的社会文化中，亲子关系有利于夫妻关系的巩固和维持。费孝通指出："孩子出生为夫妇两人创造了一件共同的工作，一个共同的希望，一个共同的前途；孩子不但是夫妇生物上的结合，同时也是夫妇性格上结合的媒介……稳定夫妇关系的是亲子关系。"② 可见，子女的存在对维护家庭起了非常重要的作用，很多时候，在家庭中即使夫妇中有一人殒殁或离去，依靠亲子感情，家庭仍可以牢固地维系下去。

在中国传统社会中，人们一直崇尚的便是几代同堂的大家庭，这种家庭强调老一辈的权威，强调家庭的整体利益，而个人的需求则被忽略或不理。传统社会中的亲子关系是一种不平等的关系，父母拥有绝对的权威，而子女则处于从属地位。改革开放以后，我国的亲子关系发生了重大的变化，夫妻关系变得越来越重要，要形成一个良好的家庭氛围，夫妻关系甚至应当比亲子关系更为重要，但如果父母不能够很好地处理亲子关系，将不可避免地给家庭关系带来问题。因此，如何处理亲子关系就显得尤为重要。

> **你怎么看**
>
> 从传统社会的父子轴向现代社会的夫妻轴的转变，对现代的亲子关系带来怎样的变化和影响？

二、亲子关系的特点

亲子关系是直系关系中最亲近的一种关系，具有不同于夫妻关系和其他社会关系的显著特点。

（一）不可选择性

亲子关系是有血统相继承的社会关系，对任何人来说，妻子、丈夫是可以选择的，但具有血缘关系的父母是不可以选择的。父母只要生有儿女，就不能回避与子女的亲子关系，这种关系是从孕育孩子便开始的，即便未来发生过继或领养，也无法改变这种亲子关系的存在。

（二）不可替代性

亲子关系是以血缘关系为基础的，是其他关系，如朋友关系、同学关系、夫妻关系等不能替代的。亲子关系的不可替代性还意味着父母和子女之间的关系具有一系列的不可分割的权利和义务。我国的法律中对亲子之间的权利与义务有明

---

① 费孝通：《乡土中国　生育制度》，159页，北京，北京大学出版社，1998。
② 费孝通：《乡土中国　生育制度》，163页，北京，北京大学出版社，1998。

确的规定，父母有责任抚养和教育未成年的子女，不可虐待和遗弃。与此同时，子女也有赡养自己年迈的父母的社会责任。虽然夫妻之间的婚姻关系可以通过法律途径解除，但父母子女之间的亲子关系不能通过法律解除。

(三) 不平等性

在亲子关系中，有一方处于主导地位，这一方永远是父母，父母往往处于强势地位，要求子女听话，否则就会采取相应的惩罚措施，子女往往处于弱势和被动地位。另一方面，亲子关系的出现对父母的影响相对较小，因为父母对这种关系的出现是有准备的、有计划的。而且，父母的行为较为成熟，已经有丰富的社会经历，因此，亲子关系的出现对父母的行为影响较小。但是，对孩子而言，这个关系是最初的，这个关系的特点、质量、程度等对孩子以后的个性、情感和人际关系有着非常重要的影响。

(四) 持久稳定性

亲子关系的持久性是最突出的，这种持久性是其他人际关系所不可比拟的。只要亲子双方存在，这种关系就永远存在着。对于亲子关系而言，其他关系的持久性就低得多，如朋友关系等。即使是夫妻关系，其持久性也远不如亲子关系。

(五) 发展变化性

> **你怎么看**
>
> 回忆自己的成长经历，谈谈与父母关系的发展变化？

亲子关系也不是一成不变的，而是处于不停的发展变化中的。从社会变迁的角度看，这种发展变化性表现为传统与现代不同类型的亲子关系。比如在中国传统社会中，亲子关系非常强调父母的权威和子女的服从；而现代社会倡导的是一种相对平等的关系，亲子关系出现了平等的趋向。从个体的角度来看，亲子关系的发展变化性表现为孩子在不同时期与父母之间的关系也必然是不断变化的。如果父母不能以发展变化的眼光来看待亲子关系的今昔之别，则亲子之间较容易出现矛盾。变化的依据是孩子的年龄，即亲子关系随着孩子年龄的变化而变化。婴儿时期的亲子关系与小学时期的亲子关系有很大区别；小学时期的亲子关系和初中、大学时期的亲子关系依然有很大不同。年龄阶段决定了亲子关系的特点，决定了亲子相互的态度和行为方式。如果处理亲子关系问题时不能以这种发展变化的眼光，一般这种关系就会出现问题，或形成异常的亲子关系。

三、不良亲子关系的类型

(一) 养育型

这种类型的父母的主要功能是养育孩子，其他功能则明显不足。这种亲子关系形成的原因主要有环境缺陷、能力缺陷以及方式缺陷。比如有的父母将自己的全部精力都用于孩子的生活，即主要用于解决孩子的温饱问题，他们没有更多的时间去教育孩子。有的是由于工作原因无法教育孩子，但他们可以满足孩子的生活需要，如工作压力很大，没有教育孩子的时间和精力。有的是由于家庭原因而仅仅完成养育孩子的功能，如单亲家庭，父母和孩子的交往受到很大的限制。还有很多的父母之所以缺少对孩子的教育，主要是因为他们缺乏教育孩子的能力，即使他们有这方面的愿望，也无法付诸实际，如父母文化水平较低，或有生理缺陷等。父母教育的方式缺陷在现代社会中的弱势表现得越来越明显。

（二）财产拥有型

这种类型的父母将孩子作为自己的私有财产，自己可以对其任意支配。父母对孩子有绝对的权威，可以凭自己的意愿和情绪对待孩子，如批评、指责孩子，指挥、命令孩子。父母不考虑孩子的思想，不考虑孩子的情感，孩子的任何反抗都会使他们出现强烈的愤怒行为，孩子所要做的只能是服从。在这种关系中，孩子失去了独立和个性，成为被动服从的机器。

（三）反向型

在正常的亲子关系中，父母处于主导地位，是这种关系的支配者，决定着这种关系发展的方向。但是，反向型的亲子关系则相反，在这种关系中，孩子处于支配地位，父母处于从属地位，所有的决定几乎都依赖孩子，因为父母有强烈的依赖性，或在能力上有明显的缺陷，这必然给家庭带来很多问题。

（四）冲突型

亲子出现明显的冲突，父母攻击孩子，孩子反击父母。这种攻击主要表现在下面几个方面：（1）身体攻击：父母体罚孩子，孩子攻击父母；（2）言语攻击：父母用激烈的言词责骂孩子，孩子也用同样的方式对待父母；（3）心理攻击：父母用冷落、讽刺以及心理折磨的方式对待孩子，孩子则对父母表现出很明显的逆反行为，通过自己的行为表现来激怒父母，甚至通过犯罪等方式来报复父母等。这种类型的亲子关系会给家庭带来极大的困扰。

（五）泛爱型

在现在的独生子女家庭中，泛爱型的表现是非常突出的，比如对孩子的过度保护，对孩子作较多的限制。又如完全赞赏，不论孩子做什么行为，父母要做的只是对孩子予以赞赏，很少对其作出否定评价。这样就会出现以下现象：孩子无论做出正确的行为还是做出错误的行为，父母都同样给予鼓励和赞赏，因此孩子无法形成是非观和价值观，这不利于孩子个性品质的形成，而且易于使子女形成蛮不讲理、表现出强烈的攻击性的特点。

亲子关系的好坏对子女影响很大。西方学者郝林的研究指出，不良的亲子关系会使孩子形成消极、回避的行为，严重者子女会患孤独症。斯特瓦特对实施犯罪行为的人的研究表明，子女的攻击和犯罪行为与不良的亲子关系有关。可见，建立良好的亲子关系对于孩子的未来具有非常重要的影响。

【知识窗】 **亲子关系的基本类型**

1973年，爱因斯沃斯采用陌生情境（strange situation）测验，在对婴儿和母亲的研究中界定了亲子关系的三种基本类型：

（1）安全型关系（securely attach-ed）。妈妈在这种关系中对孩子关心、负责。体验到这种依恋的婴儿知道妈妈的负责和亲切，甚至妈妈不在时也这样想。安全型婴儿一般比较快乐和自信。

（2）焦虑—矛盾型关系（insecurely attached；ambivalent）。妈妈在这种关系中对孩子的需要不是特别关心和敏感。婴儿在妈妈离开后很焦虑，一分离就大哭。别的大人不易让他们安静下来，这些孩子还害怕陌生环境。

（3）回避型关系（insecurely attached：avoidant）。这种关系中的妈妈对孩子也不很负责。孩子则对妈妈疏远、冷漠。孩子当妈妈离开时不焦虑，当妈妈回来时也不特别高兴。

爱因斯沃斯将孩子分成安全型、回避型和焦虑—矛盾型，并且认为这些孩子长大成人及建立人际关系时，这些特点仍会显露出来。即在婴儿身上发现的不同依恋类型也适用于成人。

第二节 亲子关系的问题

亲子关系问题是指父母和子女在相处过程中所出现的种种问题，亲子关系在现代社会中呈现出较多的问题，常见的亲子关系问题有以下三种。

一、适应问题

有些父母与子女在某阶段可以相互适应，但到了另一阶段则无法相处。譬如，有些父母能好好照顾且抚养日夜安睡的幼小婴儿，但觉得难以管教到处乱跑的幼儿；或能应付依赖的孩童，但无法与青春期的子女和谐相处。

案例7—1

小明是一个14岁的初二男生，他从小就一直是一个很听话的孩子，从来不与父母顶撞。但不知从何时起，他开始喜欢闹脾气，跟父母顶嘴，说父母多管闲事，干涉他的自由，在家里喜欢躲开父母，自己关在房间里不出来，父母叫他也不理不睬，顶多哼哼两声，父母越关心他，他就越生气，对父母大喊大叫。父母对小明的变化也摸不着头脑，想不明白为什么那么听话的孩子突然性情大变，因此也会不自觉地经常说起小明过去的种种乖巧以及数落现在的种种叛逆，父母越是这样说，小明越是感到生气，亲子之间的矛盾越来越多。

作为父母，要尽量做到了解和掌握孩子心理发展的年龄特征，要明白儿童的心理发展既有阶段性，又有连续性，各个相邻的年龄阶段，既是互相区别，又是互相联系的。不应该混淆年龄阶段的差别，不能把小学儿童当作中学青少年来看待和要求，也不应把学龄儿童降低到幼儿水平。同时，还应看到相邻年龄阶段又不是彼此孤立、截然划分的，而是互相联系、逐渐过渡的。家长了解这一规律，就会在抓紧培养孩子在一定年龄阶段的应有的心理特征的同时，注意到相邻年龄阶段的衔接性，帮助孩子做好过渡的心理准备。

二、沟通问题

现代家庭中很多亲子关系问题呈现出来的都是沟通不畅。很多父母在生活中和自己的子女沟通时，惯于采取严厉霸道的单向沟通形式，这样不仅无助于父母和子女之间的沟通，相反会更多地出现矛盾和隔阂。有的父母因为工作忙，平时很少和子女进行沟通，在这时候，子女会觉得父母不关心自己，亲子关系因此越来越疏远。大体来看，亲子沟通主要存在以下几个方面的问题。

（一）沟通方式不当

首先，说教多，倾听少。子女的成长需要沟通，可是许多家长似乎不太关心子女的这种心理需求。由于受传统教育观念影响，多数父母和子女交谈时都以家长自居，只顾自己畅所欲言，忽略子女的感受。其次，批评多，表扬少。父母对子女常用的沟通方式包括：命令、指挥、警告、威胁、劝导、说教、批评、非难。这些沟通方式带来的实际效果是子女对父母的权威形象的抗拒和反感，难以建立亲子之间真正和谐的关系。所以，父母有必要改变他们的说话方式。譬如，耐心地听子女表达自己的看法，不随意地打断他们的说话，作为一个倾听者表达自己对子女的接纳，用自由发言的方法在谈话中引进更多彼此共同关心的话题，不把自己的意见强加于人，学会称赞，用这种有建设性的沟通增进双方的了解和共识。沟通是双方面的，在强调父母一方努力的同时，我们也必须提到子女在此过程中的参与。作为子女，应该认识到，在某些方面，父母的经验会对自己有好处，要学会从中学习，而不是盲目地拒绝。作为孩子，要学会向父母说出自己的问题，寻求父母的支持和帮助。

（二）沟通内容狭窄

父母以教导子女的为人处世、学习为主，对于生理问题、与异性的交往问题以及喝酒、吸毒等问题很少涉及。一位日本学者针对中国的家教评论说，中国的家长在教育孩子时只会说三句话：一是“好孩子，听话”（听爸爸妈妈的话）；二是“上课认真听讲”（听老师的话）；三是“好好学习，争取考上大学”。长久以来以这样狭隘、单一的内容与孩子的沟通，沟通的效果当然不会理想。

（三）沟通时间缺少

青少年渴望与父母平等交流思想，不愿被父母忽视与压抑。但是，在现代社会中，个体生存压力的加大使得父母不得不为了生存而忙于挣钱，许多父母早出晚归，根本没有足够的时间与孩子沟通，这无疑是现代父母面临的一个很重大的难题。整体来说，父母与孩子之间的沟通状况不容乐观，特别是父子之间的沟通尤其缺乏。只有不到25%的孩子经常与父亲沟通，与父亲每周沟通只有1小时的孩子占42.6%。

（四）沟通时机不当

在中国的大多数家庭中，孩子放学一进家门，家长第一句话就问：“今天学得怎么样，老师有没有表扬你啊?”这会让孩子感觉很不舒服，没办法只好搪塞两句了事。吃过晚饭，孩子通常一头扎进自己房间学习，和父母交流的机会很少。唯一可能实现有效沟通的机会便是在孩子的假期，但孩子们的节假日也被各类培训班排满，也没法实现有效的沟通。作为家长，应当创造一些有利的时机与孩子形成有效的沟通，比如逛公园、看展览、购物、旅游等，在这些活动中可以有充裕的时间进行深入交谈，是解决一些“重大问题”的好机会。

【知识窗】 亲子沟通的常见三种问题

艾德沃特认为亲子沟通常见问题有三种：第一，低度反应的沟通。此类沟通者不能掌握信息，不能激发家庭成员负起责任。第二，不良品质的沟通。此类沟通未能充分反应真正的情绪，使双方产生矛盾、扭曲主题、言行突然改变，或使用不完整的语句等。第三，不一致或矛盾的沟通。此类沟通使家庭成员间常传递复杂的信息，同时含有轻视或讽刺的面部表情或手势。双方都传送不一致的信息。在对不良亲子沟通方式进行分析之后，艾德沃特提出了如下有效的亲子沟通原则：第一，应以真诚的态度建立家庭沟通的基本规约或准则，避免相互误解；第二，家庭成员间应以同理心倾听对方的感受，并且不加以批判；第三，多使用“我”的信息做沟通，并真诚地表达自己的观念和情感；第四，少批评，少给予告诫，批评与告诫容易造成逆反心理，要多表示关心和爱。

家庭的沟通方式会对亲子关系产生极大的影响，所以父母与孩子沟通时，一定要注意把握正确的沟通方法、时机与内容。当任何一方心情不好时，不要教育子女，此时很容易把消极的个人情绪引入亲子沟通中，容易产生亲子冲突，会造成子女的反感，甚至有可能影响和干扰以后的学习和活动。同时，为人父母者也需要进行再学习，首先，学习一些沟通的技巧，如支持性技巧、反应性技巧、引领性技巧、影响性技巧及疏导情绪的技巧，以便在此基础上达到最佳沟通效果（见表 7—1）。其次，父母也需要学习家庭教育学、心理学知识，对每一年龄段的孩子有一个全面的认知和了解，这样能够根据孩子的身心发展的规律和特点与孩子建立起有效的沟通。

表 7—1　　李中莹亲子全面沟通技巧量表

少一些	多一些
长篇大论、说教	简短句子，15 字以下
埋怨（“都是你不好”、“你本来就不应该……”）	用“我”开始的句子，对自己的行为负责（“每当你发怒，我都觉得很担心。”）
不清晰、不明确的句子（“乖一点”、“不要这样，好不好?”）	用直接、确切的句子（“我想让你停止说激怒妹妹的话。”）
“以偏概全”式的询问（“为什么你总是这样的?”“你从来没有听过一次话。”）	用描述方式直接说出事情（“听到你这样说，我觉得你没有做到最好。”）
聆听时眼睛望着别处、沉默对待、双手交叠相向	聆听时看着说话的人，身体前倾，点头
打断别人说话	让每一个人充分地表达他的想法，再说出自己的意见
不确定自己是否真的明白别人的意思	肯定自己真的明白别人（复述对方说过的话或者做配合性的回应）
大声吵闹	用平和、正常的声调谈话
讥讽、嘲笑对方	直接、明确和诚恳地说出自己的意思
频换话题，或者同时讨论多个话题	处理完一个话题再处理下一个
提起旧事、算旧账或发出恐吓（“现在不吃，说不准晚上就饿肚子。”）	集中于此时此地发生的事情上（“不想吃饭，是否感到不舒服?”）
身体语言与所说的话不相符，或没有配合身调、表情或手势	身体语言与所说的话一致
将情绪隐藏于心里或不肯承认内心的情绪	适当地表露内心的情绪，使对方感受到自己的诚意
不良的面部表情：晦气、不屑或使人生气的表情	面对别人时有和蔼的面部表情
片面猜测别人内心的想法，自以为是	真心地听取别人的见解，提出问题，确保自己明白别人的意思
用使人泄气的话或者威胁（“你这人一点用都没有”、“你真令人讨厌”、“你再这样，我便……”）	用 EQ 型用语（“我担心你的成绩”、“似乎有一些事情使你不开心，可否谈一下?”）

续前表

少一些	多一些
不理睬对方、不回答	真心诚意地对话
一面说话，一面做其他事情	放下手中的事情，诚恳地对话
永不认错	有错时承认错误
不断地教导或者训话，不理会别人是否接受	用平等的地位与心态对话，适可而止

资料来源：李中莹：《亲子关系全面技巧》，97页，北京，现代出版社，2008。

三、代际差异

【知识窗】《文化与承诺——一项关于代沟的研究》

玛格丽特·米德认为，所谓代沟，指的是两代人在价值观念、生活态度以及兴趣爱好等诸多方面存在的差异。两代人成长的历史时期不同，接受的教育不同，生活的经验不同，社会各个方面的条件也不相同，差异的存在在所难免。因此，代沟是一种自然的社会历史现象。真正使代沟成为问题的因素在于如何对待和消除代沟。诚如米德在《文化与承诺》一书中写的：即使在不久以前，老一代仍然可以毫无愧色地训斥年轻一代："你应该明白，在这个世界上我曾年轻过，而你却未老过。"但是，现在的年轻一代却能够理直气壮地回答："在这个世界上，我是年轻的，而你却从未年轻过，而且永远不可能再年轻。"

从文化传递的方式出发，米德将整个人类的文化划分为三种基本类型：前喻文化、并喻文化和后喻文化。"前喻文化，是指晚辈主要向长辈学习；并喻文化，是指晚辈和长辈的学习都发生在同辈人之间；而后喻文化则是指长辈反过来向晚辈学习。"这三种文化模式是米德创设其代沟思想的理论基石。

前喻文化，即所谓"老年文化"，是数千年以前原始社会的基本特征，事实上也是一切传统社会的基本特征。原始社会的生产工具十分简陋，劳动主要靠人力进行，加之自然环境的险恶，使人们缺乏酝酿生产与社会变革的必要的物质手段，因而整个社会的发展十分缓慢。人们从未奢望，也根本不可能设想自己的生活能和父辈、祖辈的生活有什么不同，在他们眼里生活的意义是既定的、前辈的过去就是他们的未来，"他们的父辈在无拘束的童年消失之后所经历的一切，也将是他们成人之际将要经历的一切"。

并喻文化，从根本上来说是一种过渡性质的文化，它肇始于前喻文化的崩溃之际。米德列举了战争失败、移民运动、科学发展等导致前喻文化崩溃、并喻文化诞生的诸多历史原因。所有这些原因都有一个共同的特点，即先前文化的中断使年轻一代丧失了现成的行为楷模。既然前辈无法再向他们提供符合朝代要求的全新的生活模式，他们只能根据自己切身的经历创造之，只能以在新的环境中捷足先登的同伴为自己仿效的楷模，这就产生了文化传递的并喻方式。

在并喻文化的形成过程中，造就了最初的代际冲突。对于年轻一代来说，在新的环境中，他们所经历的一切不完全同于，甚至完全不同于他们的父辈、祖辈和其他长者；而对于老一代来说，他们抚育后代的方式已经无法适应孩子们在新世界中的成长需要。米德借移民家庭中的情况，充分证实了这种由于老一代不再能够继续引导青年前行而产生的代表新与旧两种生活方式的两代人之间矛盾与冲突的必然性。移民家庭中的父母若想子女能够尽快适应迁居国的文化，最为基本的途径就是接受迁居国的教育。由于孩子们能够较快地掌握迁居国的语言，往往可以反过来向父母介绍当地文化，迫使父母去接受子女们所作的有关什么是标准行为的解释。但是，和年轻一代对新的行为方式的接受有一点不同，年老的一代首先必须面临先前的行为方式的丧失。这种丧失是痛苦的，因为这意味着对先前生活的否定。这就使老一代不能不和年轻一代产生龃龉抵牾。

后喻文化，即人们所称的“青年文化”，这是一种和前喻文化相反的文化传递过程，即由年轻一代将知识文化传递给他们生活在世的前辈的过程。如果说在前喻文化（即传统社会）中，社会化的对象是社会中尚未成年的个人，那么，借用社会学的术语，后喻文化则是一种不折不扣的“反向社会化”，“在这一文化中，代表着未来的是晚辈，而不再是他们的父辈和祖辈”。

米德最后指出：“后喻文化的发展将依赖两代人之间的持续不断的对话，通过这种对话，已经能够积极主动地自由行动的年轻一代，一定能够引导自己的长辈走向未来。这样，年长的一代就能够获得新的知识。我确信，除此之外别无选择，只有通过年轻一代的直接参与，利用他们广博而新颖的知识，我们才能够建立一个富有生命力的未来。”①

代际差异就是两代人因为生理、心理、角色和社会地位及社会经历不同，在行为和认识上产生的差异。在封闭的或社会发展处于滞缓的时期，两代人所处的社会环境无明显差异。如我国封建社会中，两代人观念、行为的差异并不显著。而在现代社会，代际差异是一种普遍存在的文化现象。尤其是在传统社会向现代社会过渡的变革时期或者在一个社会大动荡之后的重建时期，代际差异尤为明显。父母与子女之间，由于年龄不同，以及由于在社会化的关键期时期所处的

---

① ［美］玛格丽特·米德：《文化与承诺——一项有关代沟问题的研究》，石家庄，河北人民出版社，1987。

社会经济、政治、文化背景和所受教育不同，他们在价值观念、思维方式、生活方式、社会角色扮演和对社会关系、社会现象的感受等方面，甚至兴趣爱好、社交方式等，都不可避免地存在着差异。在社会经济、政治、文化急速发展与转变时期，尤其是这样。费孝通在《生育制度》中指出："新旧的交替总是会展开争斗的，这一幕争斗却常加剧了父子之间的隔膜。"[①] 在急速变化的现代社会，知识技术日新月异，年轻一代所具有的文化与其父辈所拥有的文化呈现不同的局面，这种局面可能直接导致子代与父辈在价值观念上不同。"这种价值观不同，有时甚至是对立的情况，不可避免地会带来双方沟通上的困难，从而也就不可避免地带来家庭中的冲突和矛盾，从而造成不良的亲子关系。"[②] 所以，父母的思想观念也需要与时俱进，应该认识到社会的急速变迁、许多新技术和新知识的出现，使亲子两代在适应能力、对新事物理解和吸收快慢上存在差异，要接受子代的文化反哺。如果父辈依然不愿意放弃旧的观念，子代也唯恐失去新的发展思想，就势必会造成两代人的对立与冲突。

代际差异在任何一个时代都是存在的，要解决由此带来的亲子关系问题，我们可以从以下几个方面展开：一是角色置换。父母和子女都设身处地为对方着想，做到将心比心，使双方理解各自的心理需求和行为动因，消除彼此间的隔阂。二是相互理解。父母要更新观念，破除封建家长制思想，对子女不过多干涉或采取保姆式的监护和管教，子女也应知道父母的观念和态度是长期生活经历的结果，对自己的严格管教完全是出于爱护之情和培养之心，彼此体谅。三是相互尊重。人不仅需要自尊，而且需要尊重他人，父母尊重子女，子女孝敬父母，代际差异也会随之消解。四是相互接纳。相互接纳对方的态度和意见，这种接纳不是被动的强加，而是在真正弄清对方的态度和意见的合理性后，心悦诚服地放弃自己的见解而接纳，取长补短，融合成一个合理的意见。五是相互学习，取长补短，共同发展。

第三节
亲子关系的介入方法与工作坊

社会工作介入亲子冲突问题的适用范围相当广泛，介入方式可以多种多样。我们不仅可以建立针对亲子冲突问题的专业社会工作，而且要把协助家庭解决亲子冲突作为学校教育、团组织工作、社区工作和青少年工作的重要内容，并把社会工作的价值理念和有关方法引入青少年教育和管理工作中。相对而言，后一点也许是更为重要和具有现实操作性的。从方法而言，可以采取的介入方式除了个

① 费孝通：《乡土中国　生育制度》，209页，北京，北京大学出版社，1998。

② 袁书华：《不良亲子关系对青少年社会化中问题行为的影响及其对策》，载《青少年研究》，2003(2)。

案工作、小组工作和社区工作之外，协助家长和孩子拓展各自的社会支持网络也十分重要。

一、亲子关系社会工作介入的方法

（一）个案工作对亲子关系问题的介入

个案工作可以以孩子或是家长为服务对象，也可以以亲子关系需要改善的整个家庭为服务对象。用个案方法介入亲子关系问题，我们会发现诸多救助家长都会一味地将责任归咎于子女，主要会责备他们懒惰、不听话或是反叛。接案社工必须先深入了解问题的本质，然后从家庭沟通、亲子相处、夫妻关系等方面深入调查，以发掘问题的实质，诸如是否存在家庭系统混乱、夫妻不和或沟通障碍等。社工应从整个家庭系统去思考问题，而不能只着眼于孩子，这是家庭社会工作面对亲子管教问题的基本立场。可以通过亲子讲座，让家长学习更多的管理方法，让亲子双方更多地了解和学习相处的技能与技巧，这是亲子个案工作的主要目的。[①]

案例 7—2

小陈是个很老实的孩子，却告诉社工说自己想退学。通过与小陈的沟通，社工发现他与爸爸的关系不是很好，尤其不喜欢爸爸对他事情的一手包办，而且爸爸总感觉他的成绩不好让他丢脸了。这个个案最初的干预焦点原本在于案主想退学的问题上，然而，在与案主及其父母进行了初步沟通后，社工发现，案主的家庭存在一些问题，家庭成员之间的关系尤其是父子关系比较紧张。案主想退学，究其根源是不良的家庭成员关系导致的。解决了案主家庭系统的问题，也就在很大程度上解决了案主想退学的问题。因此重点在于改善小陈的家庭关系特别是父子关系上。

（二）小组工作对亲子关系问题的介入

小组工作是我们在处理亲子关系问题时经常会用到的方法。通过小组活动，组员认识到所面临的亲子关系问题，获得关于亲子沟通和家庭结构的知识，通过支持分享，组员不断学习，一方面学会应对亲子关系问题的发生，另一方面学会防止不利于解决问题的情绪的产生，组员在学习中成长。小组工作的运用能够带

① 参见香港·社会服务发展研究中心：《家庭社会工作实务手册》，38页，广州，中山大学出版社，2013。

动良好积极的活动氛围，减少距离感，如开展亲子关系平行小组，邀请孩子及其家长共同参与活动。各类游戏的开展必须在家长与孩子的合作下才能顺利完成，促进了家长与孩子的交流，在收获胜利喜悦感的同时能够使亲子之间关系得到改善（见表7—2）。运用小组社会工作对于亲子关系的改善具有以下作用：

第一，共同学习。小组中有差异性的个体在训练过程中表现各异，每个人都有别人可以仿效和希望别人仿效的品质。在小组中观察别人的优缺点，给个体提供了领悟、模仿和改进的机会。

第二，安全宣泄的环境和归属感。这样的小组容易让人产生安全感，认识到自己不过是小组中的一员，有很多和自己相近或相同的人群，可改变“独有”的不合理信念，有助于维护其自尊并产生改变的动力。向“同病相怜”的众人宣泄会有更好的情绪宣泄和净化效果。小组还让成员关注其他人的感受，发现自己对他人的重要性，从而反思自我，改善沟通模式。

第三，集思广益，监督执行。小组工作中通过集体学习、讨论、反馈、再学习、再讨论的过程，更容易使成员在无形中改变认知和行为，而且这种改变过程是不自觉的、无强迫性的，所以改变的结果更稳定持久。

表7—2　　黄金时间活动表

我们一致同意，喜欢一起做以下活动 姓名： 签名：	
1	11
2	12
3	13
4	14
5	15
6	16
7	17
8	18
9	19
10	20

资料来源：李中莹：《亲子关系全面技巧》，94页，北京，现代出版社，2008。

（三）社区工作对亲子关系问题的介入

以社区工作的方法介入亲子关系的改善，将把全社区的儿童与家长都囊括其中，扩大对象范围，增加社区居民的参与积极性，在全社区营造一种温馨快乐的氛围。可针对具体情况进行策划，开展一些大型的社区活动，促进整个社区内良好亲子关系的形成与发展，如组织社区家庭才艺大比拼、社区家庭大联欢；也可以邀请专业的教育学家、心理学家，针对亲子关系问题举办讲座，让全社区的父母都能够有机会参加，从中获得经验。

案例 7—3

本案例中的社区工作者是来自香港理工大学社会工作专业的学生，他们于2007 年 5 月来到北京市海淀区紫竹院街道车南里社区，服务了 80 个工作日。在社区里，他们首先熟悉环境、评估需求，之后开展活动、总结评估，本案例就是他们社区工作的一部分。

（1）需求评估。

通过对社区的观察以及与社区居民的交流，工作者发现，社区内儿童的父母大部分都是双职工，平日工作比较繁忙，学龄前儿童基本由保姆或是祖辈看护，父母与孩子的交流相对较少。家庭是孩子最早能接触和最重要的社会化场所，家长的爱与支持能够有效提高孩子的信心与能力，亲子间的亲密沟通与交流对孩子的心理成长有很大的促进作用。鉴于此，工作者决定开展亲子活动。

（2）基本理念与实际干预。

工作者决定采用小组工作的方法，以改善社区内居民的亲子关系为基本目标。组员限定在学龄前儿童及家长范围内，采取社区居民自愿报名参与的方式，属开放式小组。这次亲子活动最基本的理念在于孩子和家长要一起参与到小组中，一起参加小组的各项游戏，在共同游乐的过程中感受支持与合作，从而加强亲子关系，增进情感的交流。

（3）工作方法与工作者。

在亲子活动中，工作者特别注意在家长中发展志愿者，彼此分享亲子交流的经验。这样能够激发社区内在的力量，调动社区自身的资源，从而使亲子的基本理念和活动能够在社区中真正传播开来，使得短短四次亲子活动结束之后依然有志愿者来组织同类型的活动，吸引更多的社区居民参与，整体提升社区的亲子氛围。

在亲子活动中，工作者是一个教导者，他们将亲子的基本理念以及提升家庭功能的具体技巧传授给活动的参与者；同时在社区方面作为联系人，帮助社区培养志愿者，整合社区资源，建立联系网络，使得其所教导的内容能够广泛持久地影响社区。①

（四）社会政策对亲子关系问题的介入

在多数西方国家，政府普遍制定了由各种法律、收入保障和社会服务机构所组成的家庭政策，包括现金帮助、工作福利、家庭服务等。同时，西方国家制定了很多政策来帮助社会成员实现工作与家庭责任的平衡，考虑到很多家庭的父母面临既要工作又要照顾家庭成员的矛盾，不少国家的社会政策都有缓解这类矛盾的内容。如在英国，政府鼓励雇主制定有利于职工行使家庭责任的工作安排，如

① 陆士桢、王芳、陈颖编著：《中国儿童社会工作实务案例精选》，187～188 页，上海，华东理工大学出版社，2010。

家庭休假制度和弹性工作时间等。国外的这些政策对我们相关政策的制定和执行具有较大的启发和借鉴意义，但从目前来看，在我国，从政府到企业层面都较少注意社会政策对于缓解家庭压力、改善亲子关系可能起到的重要作用。

(五) 家庭治疗对亲子关系问题的介入

家庭治疗（family therapy）是以“家庭”为治疗对象的一种心理治疗方法，它以整个家庭为对象来规划和进行治疗，把焦点放在家庭成员之间的关系上，而不过分关注个体的内在心理构造和心理状态。家庭治疗源于西方，以西方文化背景为依托，但其理论在很多方面又与中国家庭文化不谋而合，比如注重相互依赖，将家庭看成一个整体系统，强调父母角色一致性，重视亲子关系等。因此家庭治疗针对亲子关系问题（如亲子沟通不良、亲子关系淡漠、亲子关系紧张、亲子矛盾冲突、亲子关系破裂等）的改善有更为显著的效果。家庭治疗把家长、孩子及其他家庭成员当作一个自然单位，旨在改进这一家庭单位的整体功能，即通过改变家庭成员之间的交互作用来造成个体的变化。其中重要的一环即是改变家长，帮助家长更加了解孩子的成长和发展；帮助家长认清自己的角色，梳理自身的问题，并通过自身的变化来带动孩子的进一步变化。比如“问题孩子”的家庭，有时“症状”在孩子身上，但是反映的却是家庭系统有问题，孩子变成夫妻问题的“替罪羊”。

家庭在孩子成长中无疑起着非常重要的作用，良好的家庭环境对孩子良好人格的塑造和心理健康非常重要，这已经成为共识。但是人们往往存在着这样的歪曲认识：孩子的问题的责任在父母，是父母的问题影响了孩子的行为。萨尔瓦多·米纽庆（Salvador Minuchin）所创立的结构式家庭治疗认为：“几乎所有人的心理症状，不管它发生在个体身上还是发生在人与人之间，皆是不适当之家庭组织结构的副产品。”已有研究表明，婚姻关系和亲子关系共同影响幼儿的心理行为问题，婚姻关系和亲子关系呈现显著正相关。亲子关系对子女行为异常有一定影响，好的亲子关系与低的子女行为异常水平相联系，不良的亲子关系往往是子女出现心理问题的一个重要因素。因此，我们的家庭教育也应改变观念，从针对改进父母教养、父母行为转变为致力于良好家庭关系的建立。

案例 7—4

小莉，19岁，是家中的独生女。父亲是成功的推销员，在外地工作，经常会在家发脾气。母亲则很传统，是典型的中国妇女，逆来顺受；实在忍不住时，就会哭泣，或者不理丈夫，这时丈夫的行为就会收敛一些，做家务或者哄妻子，但不久依然故我。小莉以害怕上学为主要表现，母女俩一直为她不能上学而哭泣，她一上学就头疼、胃疼，一到学校就想起不愉快的事情，无法坚持上学。而每次在父亲从外地回家时，她身体不适的症状就会减轻，而且可以上学。请你运用家庭治疗的相关理论，对该个案展开分析。

二、亲子关系促进工作坊[①]

（一）理论依据

1. 萨提亚治疗模式

萨提亚的沟通理论是亲子工作坊的直接依据。“当涉及解决家庭问题或团体关系时，运用家庭系统理论、沟通与互动沟通理论的许多具体概念是最恰当的；这些概念的引用是处理亲子关系的最佳工具。”[②] 萨提亚的治疗模式认识到家庭在人的自我观念与行为模式形成中的重要性，并且希望通过对家庭历史的追溯与对家庭沟通方式的理解，找出家庭成员问题的成因，在此基础上通过家庭互动方式的改变，达到个人成长的目的。许多父母没有意识到家庭中不良的沟通方式对孩子“自我价值感”的打击，因此萨提亚认为，通过改善沟通的技巧，可能达到提升家人自我形象的效果。联合家庭治疗的要点就是进行直接沟通的示范，并让案主模仿，从而学会良好的沟通方式。萨提亚本人在20世纪60年代创立了理论模式后，在世界各地开办工作坊，传授联合家庭治疗理论与操作技巧。1974年，萨提亚被男性倾向的当权主流思想排斥，辗转东南亚。1983年，她到中国香港地区讲学及主持训练工作坊，以其热诚的魅力、超卓的技巧和感染力极强的亲身示范吸引了大批香港本地的追随者。时至今日，在香港，萨提亚治疗模式在个案或小组社会工作方法中得到了较为广泛的应用。目前在中国内地，许多机构也基于萨提亚的基本理念开设了形式多样的亲子关系培训课程，每年都吸引了大批的父母和孩子加入其中。

【知识窗】　萨提亚亲子理论：谁是孩子心理健康的保护神？

在0～3周岁期间，孩子最需要的心理营养是无条件的接纳、成为妈妈生命中至关重要的人以及安全感；在这期间，父亲的作用是间接的。由于孩子在这个时期内和母亲是“共生”状态，没有自己独立的意识。所以，这个阶段扮演重要角色的是妈妈！但父亲的作用也不小，父亲需要做些事情，从经济和情感上对母亲给予无条件的支持和关爱，让母亲的情绪稳定，让母亲有良好的心情和安全感。这些心理营养直接决定孩子今后的人际关系、亲密关系、安全感和责任感。

孩子4～6周岁，父亲正式开始走向前台。孩子的心理营养重在获得父母的肯定、赞美、认同，并开始大量

---

① 参见张莉萍：《亲子关系促进工作坊——家庭社会工作的示范》，载《华东理工大学学报（社会科学版）》，2006（1）。

② 黄维宪等：《社会个案工作》，251页，台北，五南图书出版公司，2009。

模仿父母亲。在本阶段，父亲的影响力远远超过母亲。作为孩子生命中的“重要他人”，爸爸妈妈同样的一句肯定，爸爸对孩子的影响力是妈妈的50倍。此时爸爸的赞美、肯定和认同，不管是语言的还是非语言的，孩子都会非常肯定、非常快地吸收进去。心理学研究发现：爸爸的爱是可以争取得到的，只要孩子做爸爸认同的事情，就能赢得爸爸的爱。相反，妈妈的爱却无法争取到，妈妈偏爱谁，往往毫无理由，被爱者即使什么都不做，妈妈也一样爱他。换句话说，对于独生子女来说，妈妈的爱是不需要争取就可以得到的。这样，孩子天生就会做些事情来取悦爸爸，赢得爸爸的爱！所以，爸爸就会轻而易举地：

(1) 直接影响孩子的价值观系统。如果孩子做到了爸爸价值观认同的事情，孩子的自我价值感就会高；否则，无论一个孩子多么成功多么富有，只要不是符合爸爸的价值观的，他从心底里还是认为自己不够好。这也说明了有很多有钱人看起来很成功，但内心并不快乐。所以，这个时候是父亲植入良好价值观的黄金时期。

(2) 直接影响孩子的自信。这个世界上有些人什么都没有，却十分自信；有些人多才多艺非常出色，却自信不起来。自信是一个人的底气！这种底气就是孩子在遇到人生困境后的心理底线，面对强大压力，他可能会一直往下掉，但掉到这个“底线”时，就开始全面反弹，再也不会往下走了。一个人底气足的人，永远不会崩溃。是父亲塑造了孩子是否有一颗强大的心脏。

(3) 直接影响孩子的性别认同。孩子和父亲的关系好，女儿会更富于女性美，儿子会更有男人味。在与父亲的互动中，父亲能把女儿女性部分更好地引发出来。同样，儿子会迅速认同父亲作为男人的责任、原则、胸怀、胆识与气魄。

我们常常发现：4岁以后，孩子会非常粘父亲，这是孩子的天性，他们要跟随父亲发展他们的“社会性”，为自己和母亲“分离”，从而成长为一个独立的个体做准备。

从6周岁开始，孩子进入模仿模范阶段，父亲的模范力量更为直接，这时孩子将迅速学习到父亲面对生活难题和困境时体现出来的态度和方法，学到如何管理自己的情绪。面对问题，我们是对外抱怨还是向内反省，是逃避还是承担，是冷漠旁观还是积极参与等，孩子会不加分辨地照单全收。而这些东西，如果我们引导得当，这个孩子一辈子就会过得幸福而成功。

2. 游戏治疗

犹太裔英国精神分析心理学家克莱因发展创立了儿童精神分析学，形成了独特的儿童分析技术——游戏治疗。他指出，游戏容许儿童带出潜意识的冲突，并以一种安全的方式面对他们的情感，借此可以整合其偏差行为。儿童在游戏中学习语言，学会运动，产生联想与幻想，而他们的问题也随之在游戏中得到解决。

【知识窗】

游戏治疗

沙盘游戏治疗是目前国际上具有重要影响的心理治疗技术，案主可以自由地在沙盘上宣泄自己的情绪和情感，使用小物件在沙盘中创造一个场景。沙盘游戏治疗可以通过主动想象和创造性象征游戏的运用，搭起一座从潜意识到意识、从精神到物质以及从口语到非口语的桥梁。沙盘游戏治疗广泛地应用于多种心理疾病治疗（如自闭症、多动症、情感障碍、抑郁、恐惧、学习困难、强迫症、游戏成瘾、偏执人格以及精神分裂症等）和心理咨询师的自我认识、自我成长。

面对压力时，人们有不同的容忍度，以及不同的反应模式，年纪小的儿童因应能力有限，还没学到成熟的心理防卫方法，缺乏生活经验，对压力的反应特别脆弱，需要通过协助，以解除焦虑，学会新的应对技巧或方法。游戏治疗是一种基于心理动力与发展原则的心理治疗方法，希望借助游戏的方法，缓和儿童情绪方面的困扰，协助解除临床症状，排除成长障碍，使身心正常发展。

即使父母与老师们已经因为孩子出现做噩梦、过分羞涩或攻击行为，感到头痛不已，也只有少数儿童愿意承认自己的恐惧与不快乐，此时游戏治疗的技巧正有助于在治疗过程中接近儿童的内心，作为和儿童沟通的媒介。

游戏治疗的素材可以是艺术技巧（如彩色笔、蜡笔、彩色黏土）、玩偶（如家人玩偶组或玩具家具组）、掌中布偶（如家人组或代表情绪的动物布偶）、说故事、棋盘游戏等。另一方面，“亲子治疗”有其重要性，受创儿童借由与治疗者的互动，经验到情绪的抒发、降低麻烦事件、转移冲动、体验正向的情绪经验等，如果家长能成为治疗同盟，可发挥最大的效果。不过，真正影响儿童心理健康的关键是亲子关系，而不是儿童与治疗者的专业关系，有效能的父母才是儿童最重要的盟友。

3. 团体动力学理论

社会心理学家库尔特·勒温在 1939 年提出“团体动力学”概念，意指对团体中各种潜在动力的交互作用、团体对个体行为的影响、团体成员间的相互依存关系等问题的探索。勒温指出，团体是一个不可分割的分析单位，是有联系的个体间的一组关系。其成员不是孤立的个体存在，而是被组织到一个复杂的、相互依赖的系统之中。虽然团体的行动要看构成团体的成员本身，但已经建立起来的团体，其个体成员动机与团体目标几乎一致，所以，通过引起社会团体变化而改变其个体要比直接改变个体容易得多。

（二）工作坊

“工作坊”（workshop）一词最早出现在教育与心理学的研究领域之中，旨在为参加者提供一种良好的社会活动场所，使成员通过团体内人际交互作用，以他人为镜、反省自己、深化认识，是团体心理咨询的一种具体化模式。工作坊一般由8～15人组成，其中有“参与者”、“领导者”和“促进者”。参加活动的人称为“参与者”；具有一定专业能力、主持工作坊进行的人则称为“领导者”；领导者的助手、工作坊推进的协助者称为“促进者”。

【知识窗】 工作坊

工作坊是目前越来越流行的一种提升自我的学习方式。简单来说就是体验式课程，大概的时间分配是学员体验时间50%，分享时间20%，讲授时间30%。所谓“体验”是指设计一些活动、游戏、演练来让学员体验并从中学习。拓展训练与市场上所谓的教练技术就是最早期的体验式课程。工作坊是心理服务的一种工作方式，咨询师针对适当的问题，在征得学员同意的情况下，借助团体力量，以小组的工作方式展开咨询服务。

心理工作坊不是心理咨询。在工作坊中，是一个咨询师同时服务于一组学员。心理工作坊不是只针对心理疾病的患者，作为一种能有效地影响人的方法，它日益成为追求自我成长、自我完善的人们的心灵SPA。心理工作坊不只是上课、讲座，而是将互动与主题相结合，让学员在体验中潜移默化地获得提升。

工作坊课程除了训练形式不同之外，在培训场所与环境上也有相当要求，关键是干净的地毯，最好是每人一个坐垫（不具备就只能坐椅子）等；人数也有限制，最好是35人以下。

工作坊课程的特点是：不着重于教授理念，而着重于体验；不着重于知识点与具体技巧的传授，也不着重于案例式的启发式教学，而着重于学员的身心体验，并借助于学员的整体学习（所谓整体学习包括：思考理性层面的学习，即意识层面的学习；潜意识层面的学习，包括情绪、经验结构、身体等层面的全方位学习），突破知易行难的状况，转化并创造改变的力量，在课堂上即达成学员改变的力量持久化，并解决头脑意识层面无法改变的问题，焦点是心灵的内在成长，然后带来外在的改变！

案例7—5

2013年妇联统计数据显示，中国有超过6 100万的留守儿童，分布在全国各个不发达的农村地区，中西部省份尤甚。河南、湖北、安徽、河北、四川和陕西等省份的留守儿童占到农村儿童的28.29%。留守儿童的父母为了家庭经济发展而外出务工，但由此也带来了与留守在老家的孩子相处中的各种问题，比如孩子不接电话、逃学、说谎等，家长与孩子的聊天话题也往往局限于“吃饭没有”、“听话了吗”和“成绩怎样”。在长期分离之下，父母与孩子存在越来越多的交流障碍，成为最熟悉的陌生人。

成立于2010年的广州市映诺社区发展机构是一个非营利机构，该机构于2013年开展了专门针对留守儿童的项目，在为期一年的项目中，第一个月做前期准备，各项常规活动从第二个月开始，包括热线、每月对父母的培训和驻点志愿者落地学校。而每年的8月、9月则会开展非常规活动："美丽的大脚"计划和嘉年华，将父母和孩子组织到一起，在活动中加深对彼此的了解和感情。在2013年举办的"美丽的大脚"留守儿童亲子沟通工作坊，共邀请了9个来自深圳、中山等地的留守儿童家庭——合计13名家长和11个孩子共同度过四天三夜，让留守儿童与父母之间的沟通障碍凸显，并从中更了解彼此，为双方之后更有效地沟通种下种子。在四天三夜里，为打工父母和孩子提供一个亲密共处的空间，引导他们彼此了解，说出那些最需要对方的时刻、来不及说出口的愧疚和愤怒，以及心底最深的秘密。

映诺社区发展机构项目负责人针对"留守儿童"问题作出建议：要维系留守儿童与父母之间渐渐弱化的亲情，并非一件容易的事。"假如希望通过四天三夜的工作坊，就能解决家庭内部的沟通问题，我很抱歉地告诉你，这是不可能的。"正如映诺社区发展机构项目副总监谢海娣所说，工作坊希望做到的是让家庭成员首先意识到问题的存在，继而踏出解决问题的第一步。

在"美丽的大脚"工作坊的最后一天，孩子们走进了一线车间，亲眼、亲手去感受父母的工作。工作坊落幕，新学期开始，留守的生活仍将继续，解决家庭成员之间的沟通问题还需要长时间的努力。但只要留守儿童和打工父母都学会慢慢走进彼此的世界，就能打破刻板印象，重启去了解的渴望。

与此同时，该机构还开通了一条"留守儿童热线"，这也是国内第一个同时关注工厂父母与学校留守儿童并将双方联系起来的综合性项目。留守儿童热线项目的模式，简单来说，就是社会组织与企业、学校的一次三方合作，映诺为在企业工作的父母和在老家上学的孩子搭建了一个沟通与学习的平台。目前参与热线项目的工厂主要分布在东莞、珠海、深圳、中山，驻点学校分布在湖南、广东河源、广西等地。

复习思考题

1. 亲子关系具有哪些特点？
2. 不同年龄阶段的孩子与父母的关系会出现怎样的变化？
3. 哪些方法可以运用于亲子关系的治疗？

推荐阅读书目

1. 蔡忠，主编．阳光点亮心灵——上海市青少年事务社会工作案例汇编．上海：华东理工大学出版社，2007.

2. 陆士桢，王芳，陈颖，编著．中国儿童社会工作实务案例精选．上海：华东理工大学出版社，2010.

3. 李中莹．亲子关系全面技巧．北京：现代出版社，2008.

4. 李子勋．陪孩子长大——李子勋亲子关系36讲．修订本．北京：中国广播电视出版社，2006.

第八章

单亲家庭的社会工作介入

【本章要点】

- 现代社会的竞争与挑战使得家庭的稳定受到极大冲击，单亲家庭越来越多，其形成原因较之于传统社会出现一些新的变化，因离婚所导致的单亲家庭比率大幅提升，给社会带来诸多不稳定因素。
- 单亲家庭由于家庭结构不完整、家庭关系失调、父母性别角色缺失等，可能会影响到未成年人的成长，对于成年人的影响同样很大，需要引起我们足够的关注。
- 社会工作的个案、小组、社区以及社会政策的方法均可以对单亲家庭以及个体提供帮助。在当前因离婚导致的单亲家庭越来越普遍的情况下，我们应当承认单亲家庭也是多元社会中家庭模式的一种，这样更有利于家庭中每一个个体适应变化了的家庭生活。

【基本概念】

单亲家庭◇单亲家庭的影响◇家庭结构◇介入方法◇介入技巧

第一节 单亲家庭概述

从历史上看，单亲家庭作为一种家庭形式早已存在，但单亲家庭这一概念的提出却还是最近几十年的事。20 世纪六七十年代，欧美等西方国家的离婚高峰促成了大量离婚式单亲家庭的出现，与此同时，由于女权运动的兴起及“性解放”思想的鼓吹与蔓延，大量的未婚母亲不断涌现，随之而来的是单亲家庭的数量剧增，单亲家庭这一家庭形式日益普遍。随着政府、社会团体及学者对这一特殊家庭形式的广泛关注，单亲家庭这一概念出现并逐渐为社会所接受。在中国，情况则有所不同，在改革开放之前的很长一段时间，离婚率很低，未婚先孕也极为少见，这一现象在改革开放以后发生巨大变化。由于快速增长的离婚率，离婚式单亲家庭比重逐渐上升，另一方面，由于"性解放"所导致的未婚先孕及未婚妈妈现象也逐渐增多。

一般来说，所谓单亲家庭是指由父母中的一方与其未成年子女所组成的家庭结构类型。造成这种家庭类型的原因有：离婚、一方死亡、一方入狱或未婚生子等。如果说原来的单亲家庭多是由于父母亲当中一方的亡故所导致的，那么，现代单亲家庭则主要是由于父母的婚姻关系破裂所致。

一、单亲家庭的现状

如前所述，单亲家庭比例的上升并非是近几年的事，许多西欧国家和美国早在20世纪六七十年代就出现了单亲家庭比例增长的现象，尽管在增长时间、比率、总体水平、离婚与配偶死亡和未婚单身父（母）的比例等方面各国情况各有差异。从国际上的统计数据来看，从20世纪60年代至今，单亲家庭在多个发达国家呈现逐年上升的趋势。20世纪60年代末，法国的单亲家庭已增至100万，美国每52个有未成年人子女的家庭中就有一个是单亲家庭，英国每8个未成年人子女家庭中就有一个是单亲家庭，其总数达到100万；70年代中期以后，英国的单亲人口增速为每年6%，单亲家庭中的未成年子女总数达160万；到了80年代，英国、德国、美国、加拿大等国的单亲家庭的数量已经占家庭总数的5%～16%。今天，美国单亲家庭数量已占所有家庭总数的1/4，德国的单亲家庭也占到1/5强。

中国单亲家庭的发展趋势也愈演愈烈。民政部统计资料显示，自20世纪70年代末以来，中国的离婚率持续上升，在20年中上升了近3倍。上海的离婚率近年来的增长速度惊人，粗离婚率（粗离婚率是指年离婚总对数除以当年平均人口数）从1980年的0.3%到2000年的2%，增长了近6倍。根据统计数据计算，上海在1991年至2001年的10年间，有54.46万人离婚，而再婚26.22万人，其中女性14万人，即离婚后没有再婚的单亲有28.24万人，平均每年近3万人；中国每年100多万对夫妻离婚，所形成的单亲家庭无疑呈上升趋势，加上因一方丧偶形成的单亲家庭，数量就更多。据我国民政部1993年的统计，在当年已婚的9 212万夫妇中，只有91万对夫妇离婚，离婚率仅为9.9%。1995年的统计又表明，在中国每千人中有154人离婚，也就是说，1995年我国的离婚率已从1993年的9.9%上升到15.4%。两年中上升了将近6个百分点，而在30年前我国的离婚率只有1%左右。

目前，中国离婚家庭数量仍在逐年上升。根据民政部规划财务司的统计，到2010年四季度，中国有120.5万对夫妻登记结婚，办理离婚登记的夫妻则高达196.1万对。照此计算，2010年平均每天有5 300多对夫妻办理了离婚登记手续。财政部最近11年统计数据显示，从2003年到2010年，中国离婚总人数已经连续8年递增。伴随着离婚率的不断攀升，越来越多的单身父亲或母亲与孩子生活在一起，预计单亲家庭的孩子在今后每年都将以 50 万～90 万的数量递增，离婚所致的单亲家庭子女在中学生中达到 8%。

二、单亲家庭的成因

随着社会的进步与经济的发展，我国离婚率呈上升趋势，这种趋势在一定时段内将会加剧。现代社会面临着激烈的竞争与挑战，家庭的稳定受到极大冲击，单亲家庭越来越多。单亲家庭的形成原因是多方面的，且较为复杂。下面我们将从主客观两个方面对单亲家庭的成因进行分析。

单亲家庭形成的客观原因主要是父母一方亡故，比如自然死亡、疾病死亡、意外事故死亡等。在现代社会中，人们的生活工作压力普遍都比较大，人到中年，由于生理遗传或积劳成疾等得病，延误治疗或无法治疗，造成一方过早离世。这些年来，由于生活环境的变化以及工作压力的增大，中年死亡率明显上升。此外，由于交通事故或其他事故所造成的父母一方亡故也占据一定的比例。在传统社会中，单亲家庭形成的最主要的原因可能是父母一方的亡故。

相对来说，因为主观方面所导致的离婚在现代社会中的比率要高得多，由此形成了大量的单亲家庭。首先，父母婚姻破裂是形成单亲家庭的最主要的原因。比如夫妻双方因为一方的暴力，或者由于父母双方的个性差异太大，一旦意见不合就可能引发冲突矛盾，由此带来家庭的不稳定和家庭破裂，最终出现父母离婚。另外，由于第三者插足所导致的离婚事件在现代社会中也是层出不穷，因为这种情况而出现的父母离异给单亲孩子带来的影响和伤害，要比其他原因造成的离婚带来的痛苦和伤害大得多。此外，繁琐的家务事也是造成夫妻矛盾，最终离婚的一个重要原因。

总之，不管是主观原因造成的父母离婚，还是客观原因形成的单亲家庭，都不利于单亲家庭孩子的成长，都可能给孩子带来一定的心理问题。相关研究也表明，主观原因造成的单亲家庭给单亲孩子带来的心理伤害，比客观原因形成的单亲家庭给孩子带来的心理伤害高出一倍多，而且影响的时间更长、程度更深。

第二节 单亲家庭的影响

家庭结构不完整、家庭关系失调、父母性别角色缺失等都可能会影响单亲家庭子女的成长、性格和行为，尤其对单亲家庭中的未成年子女的影响是巨大的，对成年人的影响也很大。单亲家庭的生存现状也不容乐观，许多单亲父母年龄偏大，身心状况欠佳，文化程度较低，技能比较单一，其再就业问题显得比较突出，特别是一些女性单亲家庭，可能因为无法实现再就业而不得不承受着婚姻、家庭不幸所带来的经济贫困、赡养老人、抚育子女以及下岗失业等多种社会压力。而单亲父母困窘的生活和颓丧的心理状态自然对孩子产生不良影响。

一、单亲家庭对孩子的影响

单亲家庭对孩子的影响是明显的，因为从小缺乏来自父亲或母亲的关爱，他们比一般的孩子更缺乏安全感，更容易引发一系列的心理问题。在现代社会中，单亲家庭中父母离异的比例较高，下面我们具体来谈谈由于父母离异所导致的单亲家庭中的孩子所受的影响。朗格非娄认为年幼儿童因父母离婚而经受的心理压力较年长儿童更大，受到的影响更多。裴克从父母离婚时子女处于学龄前儿童阶段、上小学儿童阶段、青春期少年阶段和踏上社会并自立的成年人阶段四个方面，仔细分析了离婚家庭子女的心理发育受到障碍的多种情况：

（1）当子女为学龄前儿童时，父母离婚的影响是深远的。2 岁以下的子女没有自我意识，无法体验到复杂的人类感情。他们致力于学会走路、讲话、自己进食以及其他的基本社会行为。此时的小孩依赖于父母，信任自身所处的环境，从而朝气蓬勃地朝自我独立的方向成长。如果父母离婚，母亲为孩子的抚养而负担过重，父亲无法看望和照顾孩子，那么这种家庭动荡对孩子的各项发育，特别是性发育不利。2～6 岁的孩子开始离开家庭，去托儿所和幼儿园。他们开始把自己看作一个“原因”，能对周围环境产生“结果”。他们开始能够捕捉父母复杂的感情，能感觉到什么是道德，因而易被罪恶和纠纷伤害。父母的离异会使他们对父母分开生活感到忧虑，使他们的身心发育后退几步，如睡眠失调、尿床、产生过分依恋情结、害怕任何离开行为等。

案例 8—1

萌萌是一个三岁两个月的小姑娘，长得很可爱，大大的眼睛，长长的睫毛，漂亮极了，每个老师都很喜欢她。萌萌的妈妈是一家教育类杂志的资深编辑，应该说她比一般的家长更有条件接触到最新、最时尚的教育理念和相关资讯，从中获得一些技巧。然而任凭她想尽各种办法，都不能让萌萌变得开朗、快乐起来。在萌萌妈妈看来，萌萌最大的问题就是内向、心思重。原因似乎很简单，因为在她两岁的时候，爸爸和妈妈就离婚了。家长离婚的初衷，是为了给孩子更好的成长空间，因为夫妻间的矛盾不能调和，经常冷战或是争吵都会影响家庭气氛。爸爸妈妈离婚后，萌萌跟妈妈一起生活。离婚以后的日子虽然平静了许多，但这样的变故依然不可避免地给孩子留下了阴影。有一次妈妈生病了，整个房间里静悄悄的没有半点儿声音。舅舅来看望她们，发现萌萌一个人藏在房间的角落里哭，舅舅问她为什么哭，那时还不到三岁的萌萌说：“如果妈妈死了，我怎么办？”一米八几的大男人闻言无语，眼睛瞬间湿润了。

（2）当子女为上小学的儿童时，父母离婚的影响也是深远的。这个阶段的孩子知道父母之间发生的事。尽管他们常常感到有责任去平息父母间的纠纷，但是无能为力。因此他们十分忧伤，思念已离开家庭另外生活的父亲或母亲，幻想他们会重归于好。这个阶段的孩子致力于成长并开始参与外面世界的竞争，父母的离婚无异于给他们的成长以打击，他们变得爱和其他的孩子打架，爱在课堂上想入非非，白日做梦，由于对家庭的日夜担心而身体状况变差等。

（3）当子女为青春期少年时，他们的感情和身体都发生了变化。他们开始离开家庭、离开父母，父母不再是唯一的权威；但是他们仍需要父母和家庭的稳定，需要家庭这个“后方”的保护。父母的离婚，使他们的期望落空了。他们为此很愤怒，并就伴侣、道德和责任问题与父母争论。父母离婚后的不良后果可能是：一部分少年，特别是那些已存在一些困难的少年，变得自暴自弃，如旷课、挥霍无度、失足等。另一部分少年则变得过分依恋父亲或母亲，成为父亲或母亲的知己、弟妹的看护人，但缺乏在外面世界竞争的意识和能力。

（4）当子女成为踏上社会并自立的成年人时，他们不再需要父母的日夜照料，但是，父母的离婚仍使他们感到忧伤。他们虽然感到应对父亲或母亲负担责任，但不知道怎样协调对待已分开生活的父亲或母亲。此外，成年期是一个需要别人和社会承认自己的时期。父母的离婚会使成年子女缺乏生活的目的，孤立自己，使自己在激烈竞争中处于消极位置，而且，父母离婚会使子女草率结婚，以谋求家庭的温暖，这很可能又导致新的离婚的发生。①

具体来说，单亲家庭对孩子的负面影响主要体现在以下方面。

（一）人格发展

心理学的研究表明，人格异常与他们的成长环境有着密切的关系，破裂家庭往往是孩子人格畸形发展的温床。在中国，离婚常常被称为“闹离婚”，因为离婚往往是一个较为漫长的过程，从一般争吵而逐渐升级，有的甚至诉诸“武力”。孩子在这个“硝烟弥漫”的家庭战场中生活，他们的年龄使他们难以理解父母闹离婚的复杂背景和诸多因素，看到的只是大人间的纷争与利己行为。另一方面，单亲家庭的孩子因缺少完整的父/母爱和角色学习榜样，在性别角色认同上比一般孩子差，自我概念、人际信赖、幸福感、自尊等也比较低，思想行为上表现比较消极。儿童周围的榜样及对成人的模仿对儿童性格行为发展的影响尤为重要。家庭的离异，造成孩子被迫与父母中的一人生活。如果男孩与母亲生活在一起，那么他们接触更多的是女性的角色行为，生活里缺少了具有阳刚之气的父亲的榜样，性格中也就缺少这方面的素质；相反，如果女孩与父亲生活在一起，那么她们接触更多的是男性的角色行为，生活里又可能缺少具有阴柔之美的母亲的榜样，性格中也就缺少这方面的素质，这对其成年以后的行为及社会适应能力无疑会产生重要的影响。

---

① 参见王世军：《坚强与无奈——单亲家庭》，143～144页，石家庄，河北人民出版社，2002。

(二) 情绪发展

有研究指出，父母离异的儿童在独立性、创造力或社会参与上优于正常家庭儿童。但许多单亲家庭的子女易产生焦虑、生气、悲伤、罪恶感、恐惧、沮丧、忧郁、孤独等情绪困扰，而影响人际关系和社会互动。由于长期生活在不和睦的家庭中，他们亲眼目睹了父母之间的争吵及敌对情景，缺乏家庭原有的温馨和关爱，因此极易出现消极的情绪和不良的情感反应，具体表现为情感脆弱、易激动、没有安全感和幸福感。严重者可能会表现出病态的人格特点，如敏感多疑、对任何人都不信任等。研究发现，若是这些问题在儿童时期不能得到很好的解决，甚至会影响到成年期，包括持续的焦虑和忧愁、自责和内疚、爆发性的攻击行为、强迫性地只依靠自己、担心为人父母不能称职等。

(三) 学业成就和行为表现

单亲家庭儿童由于注意力差，上课较不专心，缺乏忍受力，学业成就一般低于正常儿童。从行为表现方面看，他们通常显示有攻击倾向、道德发展评定较低，更易于滋生偏差行为。

单亲家庭对身处其中的儿童的影响可能体现在以上几个方面，同时，已有的研究也发现，他们可能对下一代的影响也比一般家庭的孩子多两倍左右：未能顺利完成高中学业、孩子迟早出现心理或行为问题的可能更高达二至三倍、未来也会离婚等。当然，单亲家庭的成长环境也有可能给孩子带来一些积极的影响。比如单亲家庭的孩子大多敏感而早熟，因为失去过，所以他们会更懂得珍惜，他们较之于家庭完整的孩子更自立、更坚强，他们的心智较同龄人更成熟。另外也有研究指出，比起其他具有同等社会经济地位的孩子们，单身女性家庭中的儿童更具有感情调适的能力，在一般情况下他们都有高度的自尊心，智力也比较发达。

> **你怎么看**
>
> 离婚家庭的孩子的主要需求是什么？如何较好地适应父母的离婚？

二、单亲家庭对男性或女性的影响

单亲家庭对于成年人来说，同样带来很大的冲击。相对来说，单亲父母在离婚中所受的冲击是大不相同的。举例来说，经济来源的改变对家庭的整体福利有很大的冲击，因为大部分的单亲家庭是以母亲为主，而这些家庭的收入往往要低于单亲父亲的家庭。有研究指出，当50%的单亲母亲家庭生活在贫困线以下时，只有8%的单亲父亲家庭生活在贫穷中。

(一) 单亲可能给女性带来的困境

首先，单亲母亲的就业机会较少。这一方面是因为传统性别角色的影响，不论是在政治、经济、法律上还是在社会上，单亲母亲都将面临更多结构上的不公平，如性别角色刻板化的结果，使得女性劳动力薪资低于男性甚多，再加上单亲母亲被认为是照顾者，所以单亲母亲承担工作与家庭照顾的双重负担，致使单亲母亲的工作时间、工作经验、工作技术都不利于在就业市场的竞争。一般女性在劳动力市场中已被界定为"下层"工人，享有较低的薪资、较差的福利，以及较不利的升迁与雇佣机会，更何况是单亲母亲，自是比单亲父亲面临更多就业与经济上的困境。另外，单亲母亲通常为了便于照顾子女，不得不缩短工作时间。如果孩子年龄较小，需要单亲母亲更多的照顾，这就使得她们能够选择的工作范围非常小，一旦孩子生病，女性不得不经常请假来照顾孩子。当孩子进入学龄期，孩子的放学时间较早，单亲母亲因为必须能够同时兼顾工作与早点下班照顾孩子，而使其可以选择的工作较少。许多女性在成为单亲之前，甚至为了养育孩子而不得不放弃自己的工作——或者说并没有专业的一技之长，养家的重任一般交由父亲来承担；而一旦离异带着孩子就会发现，仅靠并不专业的技术想要养家并不是一件容易的事情。同时，为了兼顾对孩子的照料，许多单亲母亲不得不从事低薪、低职位的工作以满足对家庭的照顾。如果缺乏适当的社会支持，通常未取得监护权的父亲很少提供儿童照顾费用。相关研究发现，单亲亲职在独力抚养子女、子女课业以及子女管教方面，普遍感到担心，其中，女性、丧偶、低收入户的单亲家庭在独立教养子女方面较其他单亲家庭更感吃力。另有研究指出，单亲母亲较单亲父亲在抚养子女上更感吃力，因此其整体的与子女照顾直接有关的福利需求（如儿童保护、亲职协助、津贴协助），也都较男性为高。随着成为单亲时间变长，单亲母亲明显比单亲父亲在独力抚养子女上面临更多的困难，这可能跟上述宏观层面的社会结构中的经济因素密切相关。

其次，女性单亲家庭的生活水平比离婚前要有所下降。一般而言，离婚后男方给的抚养费符合标准并能够及时付给，单亲家庭的日子会好过点。反之，如果男方给的抚养费偏低或有意拖欠，那么，单亲母亲的生活负担就大大加重。特别是法律规定的抚养标准主要根据离婚当时的生活水平而言，比如 20 世纪 90 年代给孩子的抚养费是每月 30 元，而 10 年后这 30 元根本就是杯水车薪。

再次，单亲母亲或父亲有时可能面临家人、亲友及邻里的不支持、不理解。一般情况下，当家庭面临问题时，女性一般会首先求助自己的原生家庭。但有时候原生家庭的父母并不能够完全理解儿女离婚的做法，这种不理解可能会导致更多的沟通问题，从而不利于单亲母亲或父亲对孩子的养育。

最后，公共扶助少。大部分的单亲母亲处于劣势经济地位，极需依赖公共扶助。有关夫妻财产分配、离婚或未婚怀孕的赡养费给付的相关法律，也明显对单亲妇女不利，至于社会福利所能提供的协助更显得非常贫乏，诸如托儿设施不足、符合单亲就业与创业的工作机会不足、小区网络的支持系统欠缺等，而上述的因素互为影响的结果，更使得单亲母亲贫穷化的情况日益加剧。

单亲母亲比起一般双亲与男性单亲家庭，拥有更高的致贫几率，而且贫穷持续的时间也较长，这使得单亲母亲面临更多的困境。为了有效解决这些难题，从宏观上改变传统文化及社会结构就显得尤为必要，尽管这是一个长久的过程，但也需引起我们的注意。从微观的角度看，对单亲母亲的身心调适显得尤为必要。只有需求获得有效的响应，才能使得单亲母亲避免无法脱离贫穷的恶性循环，并获得更好的发展。

（二）单亲对男性的影响

一般我们可能认为，单亲对女性的影响远远大于男性，但当我们深入思考这一问题时就会发现，单亲对男性同样产生不可忽视的影响，主要体现在以下几个方面。

首先，单亲父亲面临协调工作与亲子教育关系的问题。大部分担任监护人的单亲父亲发现，他们必须在工作与生活中做出调整。对某些男性而言，在扮演父亲这一角色时投入较多，就不得不改变自己的职业生涯目标，收入相应也会减少。此外，单亲父亲同样给人一种负面印象，即作为一个单亲父亲难以全身心地投入到工作中，这势必影响他人对他们工作的评价。和女性比起来，男性一般拥有较高的收入，并且也不可能因为婚姻而限制了家庭外的工作。当然，如果拥有较高的收入，单亲父亲可以将孩子交给保姆、日托机构及其他替代性的安排。难以兼顾工作与亲子责任是许多单亲父亲谈及困境时普遍谈到的一个问题。

其次，单亲父亲的情感能力较为缺乏。相对而言，男性在情感方面不及女性细腻，很难从内心去体会孩子，理解孩子，与孩子心灵上的交流可能会比较少。中国男人参与家庭的程度普遍很低，这是一种情感上的封闭，在我们的文化里这似乎是一个很正常的现象——父亲的主要角色是在外挣钱养家，而母亲则更多扮演情感性的角色，陪伴孩子。所以一旦成为单亲父亲，如何激发父亲的情感性的一面，使其能够更好地与孩子交流与沟通，便显得尤为重要了。

【知识窗】 **由《爸爸去哪儿》谈中国传统社会中的父亲角色**

2013年10月，一档亲子互动类节目《爸爸去哪儿》席卷中华大地，并在社会上引起广泛的关注与讨论。知名儿童心理专家、广州武志红心理咨询中心咨询师李雪对中国的父亲角色展开了分析。她认为中国男人参与家庭的程度普遍很低，这是一种情感上的封闭，中国绝大多数家庭的结构，即父系结构都是这样的，男人是回避型的，而女人就是索取型的，这是非常典型的一种婚姻状态。中国男人缺乏情感能力，并且合理化成要做事业，要养家，在他们看来这就是对家庭的责任。男人如果从情感上完全脱离这个家，容易造成儿子性别认同上的问题，从而使儿子形成俄狄浦斯情结。一般来说，父亲缺失的家庭，男孩会看上去比较老实、有责任感，人们通常认为这会是一个好男人、好丈夫，但是他们在情感上是非常封闭的。如果是女儿呢，父亲的缺位最直接的影响是她不知道怎么跟男人建立起关系，在未来可能存在不知道如何与丈夫建立关系的问题。

再次，单亲父亲存在照顾问题。在中国这样一个传统的男权社会里，绝大部分的女性仍然是日常生活的主要照顾者。一旦成为单亲，男性如何照顾孩子、如何安排日常生活，甚至如何照顾自己便成为令他们感到头痛的问题。

最后，单亲父亲可能会比较缺乏社会支持。一般来说，社会提供给单亲父亲的支持，并不像提供给单亲母亲的一样多。有研究指出，单亲父亲若缺乏家庭的支持，且所从事的是低薪和非弹性工时的工作，他们很可能因为没有人帮忙照顾子女而失去工作。若加上缺乏一技之长，教育程度又低，则工作机会也有限，如此弱势的单亲父亲将会影响家中整体经济状况与生活。除此之外，男性一般很少与其他男性建立可以提供情绪支持的友谊，单亲父亲也很少有能够分享儿童照顾经验的男性朋友。此外，在大部分的婚姻里，妻子是夫妻双方与社会保持接触的“社会特使”。在社交上不习惯于照顾自己的单亲父亲，在离婚后可能会失去很多接近社会生活的机会。[①]

> **你怎么看**
>
> 社会对于男性性行为和女性性行为的不同规范是什么？隐藏在不同规范里的价值观是什么？

此外，因为离异所导致的性生活无法满足，或者是过多的非婚性生活给男性自身以及孩子都会带来很大的影响。离婚对单亲父亲的心理影响也不容忽视。一般来说，离婚对当事人来说，往往是一次不小的人生打击，并会在一定范围内产生震动，离婚会使男性产生自卑、孤僻、怨恨、后悔等种种复杂情绪。

第三节
单亲家庭介入的方法与技巧

一、社会工作对单亲家庭的介入方法

（一）个案工作法

> **你怎么看**
>
> 如何帮助孩子处理父母离婚后与父母的关系？

个案工作法是我们在介入单亲家庭问题时通常会用到的一种方法。因为每个家庭和每个孩子的问题各不相同，且单亲家庭的家长及孩子不愿意让家庭的一些情况让外界知道，因此个案工作更易于建立起社工与家庭以及孩子间亲密的专业关系，易于发现问题并了解造成问题的真正原因。家访是一

① 参见［美］Kris Kissman、Jo Ann Allen：《开创生机——单亲家庭权能增强社会工作》，161～162页，台北，亚太图书出版社，1999。

种针对单亲家庭问题时经常会采取的方法。通过家访，社工更容易发现有困难的个人和家庭，为其开展有针对性和计划性的个案服务。社工定期约见服务对象，提供面对面的心理疏导、人际关系交往技巧辅导、亲子教育辅导、法律咨询等。此外，社工也协助困难家庭在合法、合理的前提下，申请资助和应有的经济补偿等。比如在单亲母亲家庭中，当母亲下岗，经济遇到困难时，社工应帮助其与所在社区、街道联系，争取社会最低生活保证金，同时帮助她本人进行再就业技能培训，尽快重新就业，恢复其经济能力。社工应帮助单亲家庭提高自身潜能，应对家庭困难，恢复和发展其社会适应功能。根据“人在情境中”的理论，社工还应不断发掘单亲家庭所在环境系统的有利资源，做好家庭、学校和社区三者之间的沟通。

案例 8—2

小明，男，13 岁，父母较早离异，父亲是残疾人（双上肢残疾和聋哑）。小明如今和父亲及祖父、祖母居住于约 10 平方米的一室户内，条件较为简陋。住宅周边卫生状况较差。家中经济来源较少，只靠祖父的退休金和父亲的 280 元最低生活保障金生活。因为长期和祖父、祖母及残疾的父亲生活在一起，小明的日常交流遇到了障碍，变得较为沉默。据祖母反映，小明经常彻夜不归，而且常和同学去网吧，打电子游戏，学习成绩不理想，经常考试不合格。最近一次彻夜不归是连续两天两夜没有回家，发生在前几天，使家人十分担心。由于祖父、祖母年龄已大，不知如何管教他，平时靠小明的婶婶和叔叔教育，小明较听叔叔和婶婶的话。

（二）小组工作法

小组工作法在针对单亲家庭的问题时也能够发挥多方面的作用。充分利用小组互动、小组经验、小组凝聚等活动形式，有助于实现小组中单亲父亲或母亲个人问题的解决。通过采用自愿报名、为组员保密的原则，社工可以引导单亲青少年组成和谐的团体，大家讲述自己的故事，倾听与自己家庭相似的同伴的经历，从而引起共鸣，使这个团体实现内在的凝聚；社工引导单亲父母讲述自己如何处理自己的子女教育问题，大家一起讨论分析，得出合理的解决办法并鼓励大家学习借鉴。亲子活动能够让单亲父母与子女进行有效沟通，并且提供一个很好的互动平台，使其能够深入了解彼此内心的真实感受和想法，感受彼此对对方的关爱，增进家庭温暖与和谐。

在小组的不同阶段，社工可以安排不同的小组活动。比如在小组前期，活动的主题可以是关于健康、兴趣、技能等，如旨在介绍健康生活理念的“健康生活我做主”单亲父亲或母亲互助小组等。在服务推进期，社工开展的小组活动主要为治疗小组、互助小组、社会化小组，如改善亲子关系的“亲子聆距离”小组、“超越自我”单亲家庭子女小组，以及“心灵之声”单亲母亲或单亲父亲情绪辅导小组、“巾帼志愿者”单亲母亲志愿者培训小组、针对单亲父亲的“我是家务活高手”小组等。这些小组活动的开展，不仅让单亲父亲或母亲个人和子女获得一些知识、技能，更能结识许多朋友，形成一个自助互助的平台，扩大社会交往，促进家庭功能的发挥。

发展单亲母亲的小组工作，可以为这些女性提供很多的好处，具体来看，有以下几点：首先，提供一个温暖、支持的团体，让单亲母亲有机会宣泄并分享她们的情绪与感情。其次，提供有关单亲母亲的教育，比如对单亲处境的认识、对单亲家庭子女的认识、如何有效处理人际关系、时间安排的技巧、财务管理、法律事件的处理、压力的调适等。最后，提供个人问题解决的讨论机会，并找出可能的答案。此外，建立以邻里为基础的家庭资源中心，以提供儿童抚育、咨询、同辈团体支持、转介、职业教育、生活常识、自我成长、法律咨询和其他与单亲家庭有关的特别服务。

案例 8—3

2000 年 5 月，中华××学院社会工作系、××大学社会工作及社会行政学系与北京市崇文区××街道办事处一起，开办了单亲母亲自强小组。这个小组对帮助单亲母亲获得自强自立能力，走出婚姻失败的阴影，重新开始新的生活发挥了重要的作用。

本次单亲母亲自强小组共设计了 5 节课，课程的内容分别为："崎岖中的成长：人生的挑战"、"爱的释放：释放与宽恕"、"爱惜自己"、"自我升华，推己及人"、"与孩子一起成长"。课程的设计注重从身、心、灵和社会层面的介入去协助单亲母亲建立自尊，做到自立、自强和自爱，从而开始新的生活。课程的内容中贯穿了"身体"的运动、呼吸练习、按摩活动，"心"情及情绪的表达和管理，"灵"性反省及生命的重塑，"社会"关系和互助精神的培养与训练，等等。

小组工作的目的在于：(1) 在小组过程中，女性能够对自身处境重新认识，实现自我提升，释放潜在的能力；通过小组活动，单亲母亲可以学会肯定自己对家庭和社会的付出，发现并欣赏自己的优点。(2) 鼓励单亲母亲说出自己心底的声音，并从与其他姐妹的分享中吸取经验，例如，如何改善与子女的关系，如何处理负面的情绪，等等。(3) 在小组过程中，树立单亲母亲互助和维护自己权益的意识，培养向社会提出自己的要求和需要的勇气。

经过 5 次活动后，组员们普遍反映变化很大。她们开始将自己的注意力从过去转向了未来，学会了利用积极的情绪来应对负面的情绪，学会了宽恕别人，宽恕自己，放下包袱，计划未来。小组结束时，组员们起草了一份单亲母亲住房问题要求书，希望政府给离婚的带子女一起生活的单亲（特别是女性）在计算工龄时，将前夫（妻）的工龄包括进来，以减少他（她）们的经济负担。这份要求书通过政府部门，递交给了有关职能部门，希望政府在立法和修改法律时，考虑单亲家庭的特殊需要。①

---

① 刘梦、陈丽云主编：《小组工作手册：女性成长之路》，8～9 页，北京，中国人民大学出版社，2004。

同时，可以把有着共同问题的单亲家庭的子女集合在一起，成立互助小组，让他们在小组中通过小组的动力，相互支持，相互鼓励。在小组成立之后，可以采取游戏、专题讨论的方式，确定不同的主题（如情绪管理小组、自信心训练小组、人际交往小组、学习小组等），帮助组员正确认识自己，增强组员的自信心，提高组员的人际交往能力，建立和改善其人际关系，获得积极的人生观、价值观，乐观地面对生活，促进组员的健康成长。

案例 8—4

单亲家庭的儿童通常表现出不遵守规则、学习成绩较差、多动、注意力不集中、讲粗话、骂人、容易冲动、说谎、胆小、害羞等问题。在本案例中，社工把具有相同特质的孩子聚集在一起，组建了单亲儿童小组，致力于帮助他们改变不良行为，以积极、健康、向上的态度面对自己、面对人生。

小组目标：

让单亲家庭的儿童感受到他人对自己的支持，觉得自己并不是孤独的；组员之间可以互相帮助；组员相信自己的未来很美好。

小组活动实施：

第一单元："我们"（团队建立）

社工作正式自我介绍，儿童组员见面并作自我介绍。通过"大风吹"、"师徒四人"等游戏调动大家的积极情绪，增加组员之间的互动。请每名组员画出自己的家，并指出自己在家庭中的位置。社工发现很多小朋友画出了分散成几个部分的家。

第二单元：宣泄（释放情绪）

社工鼓励组员讨论情绪问题。

第三单元：讨论（找出问题症结）

(1) 社工帮助组员处理情绪问题：让组员懂得"我"会渡过目前的困难时期；父母不睦不是因为我们，父母没有抛弃我们；我们仍旧有自己的生活。

(2) 让孩子们总结自己要对家长说的话。社工促进组员与家长、老师沟通。社工在尊重家长、老师意见的基础上，与家长、老师保持联络，把儿童组员的想法告知，并获得及时反馈，希望老师和家长关注儿童组员的变化，并力求为组员营造一个支持的新环境。

第四单元：暖意（讲述父母关爱自己的故事）

社工请每名组员讲述父母关爱自己的故事，然后大家共同讨论，社工对一些问题进行解答。最终得出结论：其实父母是疼爱自己的。

第五单元："我们"（重生）

社工引导孩子们讨论：在认清现实之后如何走向美好的生活？

第六单元：起航（离别、总结、互送祝福、互相支持）[1]

（三）社区工作法

社区工作法可以积极开发、利用社区资源，为单亲家庭提供更多帮助，另外也可以为单亲家庭提供服务社区的机会，使其更好地融入社区生活。社会工作者通过走访单亲家庭所在社区的服务机构与社区居民，在社区内发现和动员社区内部的资源，加强社区对这些单亲家庭的理解和支持，改善他们的社区生活环境。社工可以为贫困单亲家庭提供必要的资金援助，避免该家庭中的青少年因贫困而失去在校学习的机会；可采取多种方式对单亲家庭所在社区或村镇进行适宜的宣传，以调动社区内比较热心的居民或有爱心、有时间的老年人积极参与，鼓励他们带动大家向单亲家庭青少年传授社会认知经验；也可以联合社区家庭居委会、专家学者开展各种活动，让社区活动拉近单亲家庭与社区其他群体的距离，也使社区更多的居民受益，增强社区凝聚力。

在工作方式上，应将单亲母亲俱乐部纳为社区工作的对象。鼓励社区成立单亲母亲俱乐部、单亲母亲支持小组或类似的互助网络，提升单亲母亲的自信和能力，缓解她们心中的压力和困扰。同时，吸纳社区内法律、心理咨询及就职信息服务等方面的资源，共同介入对困难单亲家庭的社区照顾工作，缓解单亲母亲的压力。

应建立社区学习辅导中心，对单亲家庭子女展开学习和心理方面的辅导。因为单亲家长的时间和精力所限，有相当一部分家长在子女的学习和思想沟通上缺乏应有的时间和精力的投入，因而存在对子女的学习和辅导投入严重不足的情况，如果缺乏外力的支持，很有可能造成子女学习下滑和心理上的封闭。有些孩子面对家庭的变故不能有效调适，也会影响在校的学习，比如上课时不能集中精力听课，下课之后害怕同学的嘲笑而不愿和同学交往等。通过建立社区学习辅导中心，社工一方面可以辅导其学习，另一方面可以了解其心理和思想状况，并对其进行有效的疏导。

【知识窗】　浙江嘉兴“单亲妈妈家庭专业社工服务”

2009 年，嘉兴市妇联在调研基础上形成了《嘉兴市“单亲妈妈”专业社工服务项目书》，并向市委社工办申请立项，于 2009 年 12 月成立了嘉兴市阳光家庭社工事务所，确定了单亲妈妈家庭作为首个社工服务项目。嘉兴市阳光家庭社工事务所以实施“单亲妈妈家庭专业社工服务”等项目为载体，以“倾听呼声、真情相助、你我携手、助人自助”为服务理念，围绕

---

① 陆士桢、王芳、陈颖编著：《中国儿童社会工作实务案例精选》，68～69 页，上海，华东理工大学出版社，2010。

单亲妈妈家庭生活中出现的问题及需求，协助单亲妈妈家庭挖掘自身及社会资源，发挥个体潜能，帮助个体成长，实现自助助人。单亲妈妈家庭服务项目启动后，事务所经过前期的调查摸底，对单亲妈妈家庭个案进行了入户访谈，对基本情况进行了分类汇总。在个案服务中严格按照个案工作操作流程进行，针对不同家庭的危机进行个案介入辅导，与她们建立正式的服务关系，并根据单亲妈妈家庭的实际情况和不同需求制定服务行动方案，在服务对象认可的条件下制订个性化的服务计划书，与服务对象签订服务协议。该项目还成立了“阳光妈妈俱乐部”，利用小组工作的方法为单亲妈妈们制订了项目活动计划及每月活动计划，并向社会预告公示。项目先后开展了妈妈互助之电脑学习小组、才艺展示小组和亲子平行小组等活动。

在创办过程中，嘉兴市妇联打造了一支“社工十妇工十义工”的妇女社会工作队伍，一方面向社会公开招聘专业社会工作者，另一方面整合原有的法律和心理咨询师志愿者、家庭讲师团等队伍成为社工所的后援服务团，与女企业家协会、君度律师事务所、96345 等 11 家单位和社会团体成为合作单位，并向社会招募志愿者作为社工的有益补充。目前，共有律师、医疗、家教、婚恋指导、心理咨询等专家后援服务团志愿者 37 名，志愿者 78 名。同时，事务所还依托社区，在了解社区生活环境和社会资源的基础上，开展社工进社区宣传活动，积极争取社区支持，解决服务对象信息收集难问题，并与相关的目标社区建立了良好的工作关系和合作关系，通过街道社区协助收集单亲妈妈家庭信息，并发动社区一起为单亲妈妈家庭提供就业和亲子教育服务，实现信息互通、资源共享。

(四) 社会政策

尽管单亲家庭在我国还没有像在国外那样成为一个严重的社会问题，但其对社会稳定与发展产生的影响已不容忽视，政府部门应该制定一些相应的政策，为单亲家庭减轻负担、增加福利、提供必要的社会服务。

我们首先来了解一下西方发达国家在对单亲家庭照顾方面的经验。欧美、苏联对单亲家庭的帮助既包括经济方面，又包括社会方面。这些国家并不把单亲家庭视为问题家庭，单亲家庭子女从小就了解自己的处境并将此视为正常，儿童的心理能够得到正常发展。以美国和英国为代表的国家一般提供较多的实物补贴，如房屋津贴、食物券、免费营养午餐、燃料津贴等。在美国，1992 年有超过 360 万个单亲家庭接受社会援助；在英国，对单亲母亲的援助是社会福利支出增长最快的部分；而在法国和德国，单亲家庭社会福利支出增长率同样很高。以瑞典为主的社会民主国家，对单亲家庭的经济支持方式较为多元与齐全，几乎所有经济支持措施皆包含在内，也注重提供品质良好与设施完善的儿童照顾服务以及育婴假。

中国目前对单亲家庭没有特殊的、专门的优惠政策，单亲家庭的经济问题、子女抚养问题、教育问题，在很大程度上必须依靠单亲家庭自身的努力来解决。针对单亲家庭，从社会政策层面看，我们可以从以下几个方面开展工作，以使单亲家庭能够得到国家与社会的特别关照。

从经济层面看，应强化医疗补助、急难救助、低利贷款、子女教育补助、子女抚育津贴、住宅安置、辅导就业等相关的方案。根据我国国情，我们或许也可设立一个“单亲家庭救助基金”，帮助特困家庭解决住房难、就医难、读书难、教育子女难等问题，给予完全没有经济能力的特困单亲家庭特殊的经济扶助。各地区政府可以根据地方实际情况，并参照家庭的收入和父母一方的工作情况，制定相应的发放补助标准，以在经济上给单亲家庭一定的补助。应采取措施保证救助救济物款到达救济对象手中，特别是对贫困和特困户要优先照顾和倾斜。也可以针对单亲家庭，特别是特困单亲家庭制定一些特殊的相关法律法规，比如减少农村单亲家庭的税费，免征城镇单亲家庭的个人所得税，单亲母亲上岗优先，等等。

从家庭发展层面看，应增加单亲妇女就业与创业的机会，改善职业结构、性别歧视等现象，建立小区的支持系统；同时，针对单亲家庭的家长也可以开展相关的职业技能培训，帮助单亲家庭提高适应社会和竞争的能力。发挥学校和工、青、妇等组织的作用，通过各种渠道、采取多种形式举办讲座、典型事迹报告会、座谈会、技能培训等，帮助单亲家长树立自强不息的精神，调整好自己的心态，敢于正视现实，学会科学的家庭教育方法，掌握就业技能，培养自身的适应能力，勇敢地走出困境。

从社会结构层面看，在法律部分，可增加针对离婚与未婚怀孕的赡养费及确保单亲母亲相关权益的法律条款；而在社会福利改革部分，应使贫穷的单亲家庭可优先使用儿童托育设施并获得补助。普遍设立公立托儿所、幼儿园及其他儿童看护服务，使单亲家庭的家长能够较为顺利地工作，以使他们有足够的能力来负担孩子的教育与家庭的生活。

除了以上所提到的方法外，像学校社会工作、青少年社会工作也可以针对单亲家庭的孩子给予相应的帮助，使这些家庭及未成年人获得更多的社会支持，更好地渡过难关。

二、社会工作对单亲家庭的介入技巧

在当前因离婚导致的单亲家庭越来越普遍的情况下，我们应当承认单亲家庭也是多元社会中家庭模式的一种，如果两性不能从对方身上得到相互的满足，任何一方均有权寻找另外的生活安排。换句话说，离婚也可能是一种追求幸福的选择，单亲家庭应当去污名化、免于被歧视、更应被视为一种正常的家庭。作为社会工作者，我们对于单亲家庭也有一些特别的辅导技巧。[①]

① 参见［美］Kris Kissman、Jo Ann Allen：《开创生机——单亲家庭权能增强社会工作》，55～116页，台北，亚太图书出版社，1999。

（一）协助家庭成员重新组合或适应新的家庭结构

从完整、正常的家庭生活到突然的家庭结构的改变，大多数家庭成员都会感到自己力不从心，无法适应。单亲家庭成员无法适应新的家庭形式的原因，可能是缺乏相关的资源，社会对单亲的负面印象带来心理压力，以及时间、技巧和精力上的需求增加。社会工作者可以在辅导中强调单亲家庭的正面概念，着重点要放在强调单亲家庭也能够发挥其整体的功能。在离异或分居之后，所有的家庭成员必须调整好自己的心态，必须放弃过去在维持家庭功能上的一些任务和期望。同时，在夫妻刚离异之后，如果有新的配偶加入成为家庭的新成员，家庭可能会同时经历多重的过渡期。特别是对于孩子来说，种种变故更是带来巨大的冲击，也很难适应。对此，社会工作者要特别注意。

（二）重建家庭仪式

对于新的单亲家庭而言，生活的改变是不可避免的。比如度假、外出吃饭和庆祝等重要的事情可能因为家庭成员的缺乏以及经济资源的缺乏而不得不取消或减少。社会工作者可以通过另外的一些方法来建构新的家庭关系的重要起点，比如，定期的家庭会议可以变成家庭重要仪式的一部分，因为这样的家庭会议可以在新的家庭结构中协助建立家庭凝聚力。在介入的会谈过程中，社会工作者可以建议家庭成员做行为的预演，以增加倾听的技巧和尊重家庭成员间彼此不同的意见。这样的过程包括学会如何不去打断他人的说话，以及试着在回应他人之前，先了解他人的看法。

（三）制作一个家庭生态图

家庭生态图可以涵盖清楚的信息，我们建议，如果可能，最好在第一次会谈时就制作家庭生态图，这样可以从一开始就与案主建立起伙伴关系。可以在这一过程中邀请家庭成员参与，社会工作者担任一个引导者的角色，只是会谈中众多的参与者之一。单亲家庭通常可以通过完整的生态图对他们的困境有一个现实的了解，他们可以将问题与环境联结起来，然后重新建构或以正面的观点来评价他们的经验，这个过程可以引导出问题的解决办法。通过生态图的制作，家庭成员会发现原来他们拥有很多资源。我们以图 8—1 为例。图中一家之主的名字被放在大圆圈中，这圆圈是用来区分家庭与外在的大环境的界限，无监护权的父母与拥有监护权的父母之间有联结，但放在圈圈之外；小圈圈代表与家庭成员福利有关的外在系统，连接线表示该关系的种类和品质，越清楚明确的线表示关系越强烈，越稀疏的线（如虚线）表示关系越疏远；不同家庭成员与外在环境之间分别用线表示不同的关系，描述的文字则由家庭的角色来阐明这张图的含义。

（四）家庭内的支持

单亲家庭在抚养孩子的过程中，最需要获得的便是来自家庭内的支持，特别是对于单亲母亲而言，能够获得原生家庭的帮助将使其很好地渡过难关。当然，

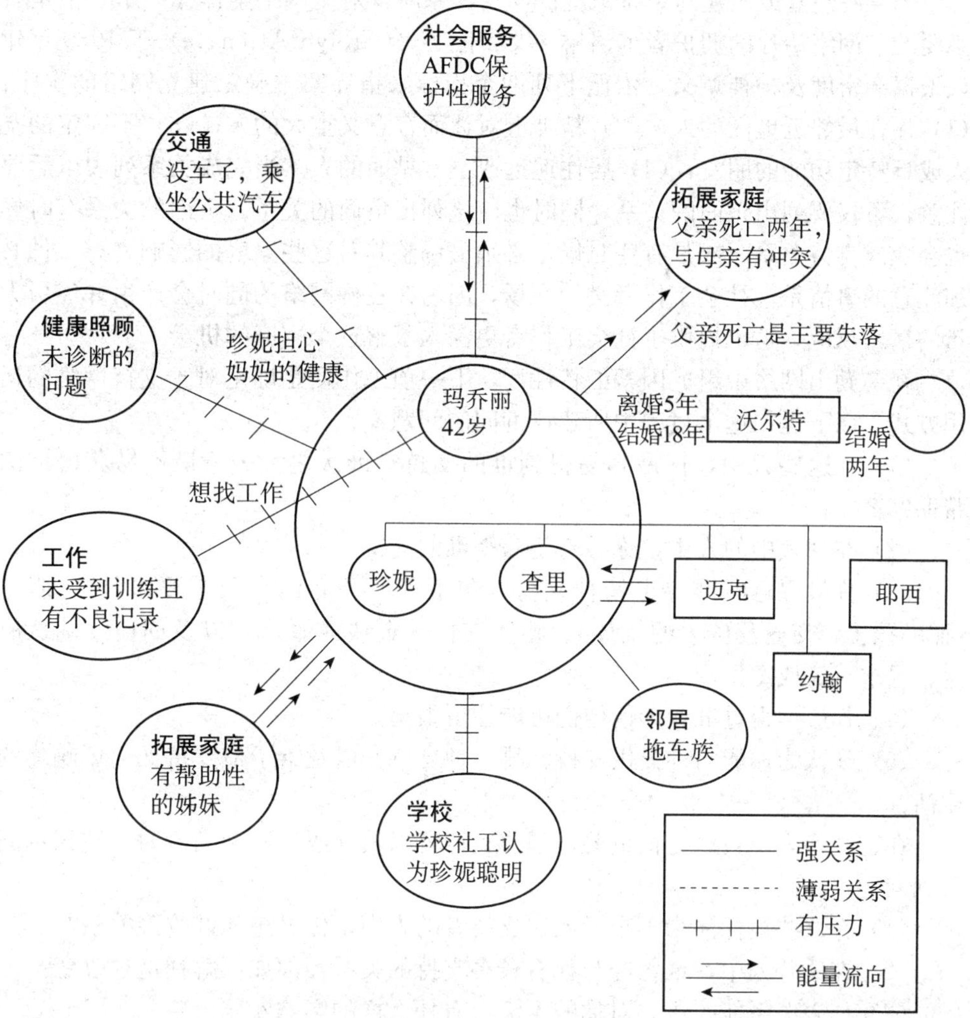

图 8—1　家庭生态图

在中国这样一个亲属支持与联结较为紧密的环境下，大部分的单亲母亲还是能够从原生家庭获得很大帮助的。

(五) 家庭外的支持体系的建立

许多人都抱有这样的信念，那就是人在完善的支持系统网络中会更加茁壮成长。对于女性来说，就更是如此，她们比男性更被社会化为“知道”关系的重要性，甚至女性被认为是“关系”取向的。几乎每个人都有一个由亲属、朋友、邻居、同事、合伙人和其他人所形成的互动网络关系。每个成人的平均个人关系网络包含 3～6 个亲密团体及 25～40 个其他团体。离婚可能会严重瓦解平常的朋友与家庭网络，刚离婚的单亲母亲及其家庭常感到被孤立，这将使她们压力更加沉重，缺乏时间与活力经常阻碍她们向外寻求新的关系与维护旧关系，如此一来，她们的社会支持体系更加被破坏。

当准备建立或重建对单亲家庭的支持体系时，对于网络整体作一个评估是有必要的。网络治疗的拥护者卡洛琳·艾特丽芙（Carolyn Attenave）于1980年建议根据亲密度及精神意义，依循下列四个指标来指导案主确定建立网络的次序：（1）住在最邻近地区的人；（2）精神上对你而言意义重大的人；（3）不固定的友人或具特定功能的朋友；（4）居住遥远或不常见面的人。当完成关系列表以后要注意，不仅要列出正面的关系，同时也应该列出负面的关系。负面的关系有时候也会变成支持关系，或是有些时候也必须去调整其对这些家庭的影响。有一件必须注意的事情是，社会工作者必须在场，因为在建构网络的同时会产生并经历大量的情绪反应，这也提供了社会工作者更深入了解这个家庭的机会。

在勾勒出网络中组成因素的特性后，下一项工作便是确定对于支持网络的运用方式。以下是在这个过程中所建议询问的问题：

（1）在这些人中，你最容易得到谁的支持？谁次之？……最不易获得谁的帮助？

（2）在列表中的人中，你最希望获得谁的支持？

（3）你最愿意向谁寻求精神支持（包括你所关心的事及重要事件）、服务（照顾孩子、交通及孩子的玩伴）、物质支持（金钱或服饰）以及回应（确认决定、寻求建议或意见）？

（4）你最信得过谁？即使他们可能住得很远。

（5）你认为你能向谁提供支持？哪一种支持？以及给予他支持如何影响你的生活？

在这些列表中被标为很重要，却非支持者以及（或者）冲突者时，建议询问下列问题：

（1）在这些被标注为不亲近或非支持者的人中，你最想和谁改善关系？

（2）在这些人中，谁曾经与你有较多支持的关系？你如何解释这种改变？

（3）如果关系能改进，对你的生活会有什么样的影响？

（4）有没有你现在处不好的人，但你愿意向他提供协助？这对你的生活会有什么样的影响？

（5）你的家庭成员有没有任何好方法能改变这些关系？

这些资讯将帮助案主开始考虑其他获得支持的选择。在某种意义上，许多改善关系的可能性建议均已包含在问题中。答案很可能可以给社会工作者提供发展潜在替代性支持关系的来源。

当然，离婚率的不断攀升也促成了一些单亲家长支持机构的产生。协助单亲父母小组互助及成长团体借由团体成员间的分享与相互支持，协助单亲父母改善其情绪适应的问题，逐渐化解生活中的危机；或通过个别咨询，适时给予单亲父母心理层面的支持，教导其适当的压力应对技巧，使其在面临生活压力时能够采取适当的应对行为，减少因压力所带来的情绪困扰。相关机构应规划情绪管理的相关课程，教导单亲父母在生活压力中如何恰当地调整自己的情绪，使情绪能够维持在平衡的状态，以维持身心的健康。

【知识窗】 台湾地区基隆市政府单亲家庭服务中心

近年来，社会快速变迁导致家庭结构日趋多元化发展，单亲家庭的比例日益升高，已成为一种新家庭形态。为此，基隆市政府于本市妇幼福利服务中心成立“单亲家庭服务中心”，建构“以家庭为中心”的个案服务模式，向单亲家庭的家长及子女提供相关社会福利服务，协助单亲家庭恢复生活常轨，促使家庭功能发挥，以提升单亲家庭的生活质量。

服务内容如下：

（一）社会福利咨询服务

提供与单亲家庭相关的福利咨询服务，如特殊境遇家庭紧急生活扶助、中低收入家庭儿童少年生活扶助、弱势家庭儿童及少年紧急生活扶助等，协助单亲家庭充分了解及运用社会资源。

（二）个案管理

联结运用各项社会资源介入或媒合转介等处遇，实时提供单亲家庭所需服务，恢复及增强家庭功能，避免单亲家庭陷入危机。

（三）法律咨询

聘请专业律师以预约方式提供子女监护、夫妻财产等单亲家庭易遇到的法律问题咨询服务。

（四）心理咨询

针对单亲家庭中有需求的个案，聘请专业心理咨询师提供个别、亲子、家庭心理辅导会谈等服务，陪伴单亲家庭面对困境、自我了解与成长。

（五）团体活动

以团体活动的方式，针对不同对象需求，规划不同类型的团体课程，如成长、支持团体或亲子团体等，协助单亲家庭解决情感、亲子等问题。

（六）娱乐活动

办理单亲家庭亲子一日游、儿童夏令营等活动，增进亲子间互动与感情。

（七）讲座活动

不定期开办各项讲座及活动，增进新知，提升知能。

复习思考题

1. 现代社会单亲家庭的形成具有哪些新的特点？
2. 单亲家庭对个体的影响体现在哪些方面？
3. 社会工作对单亲家庭的介入可以采取哪些方法？

推荐阅读书目

1. 王世军．坚强与无奈——单亲家庭．石家庄：河北人民出版社，2002.

2. 陆士桢，王芳，陈颖，编著．中国儿童社会工作实务案例精选．上海：华东理工大学出版社，2010.

3. ［美］Kris Kissman，Jo Ann Allen. 开创生机——单亲家庭权能增强社会工作．台北：亚太图书出版社，1999.

第九章

空巢家庭的社会工作介入

【本章要点】

- 空巢家庭在城乡的比例正在不断增长。一方面，空巢家庭呈现出空巢时间提前，且越来越年轻化的特征；另一方面，一般家庭的空巢时间延长，空巢周期变长。
- 个人思想观念的巨大变化，家庭结构的变化、代际的差异，以及社会在转型中所引发的变迁，都是导致空巢家庭不断增多的重要原因。空巢家庭存在着经济供养，心理、情感，疾病医护，日常生活照料等方面的困难。
- 针对不同的空巢家庭，社会工作的个案、小组、社区的方法以及社会政策均可以展开介入。

【基本概念】

空巢家庭 ◇ 经济供养问题 ◇ 日常生活照料问题 ◇ 疾病医护问题 ◇ 社会工作介入

“空巢”这个词本意是用来形容嗷嗷待哺的小鸟终于羽翼丰满，展翅高飞离开鸟巢，剩下孤独、寂寞的老鸟独守空巢，期盼小鸟的归来。“空巢”是寓意深远、形象生动的用词，它说明了似水流年中代际关系的演变突然就到了某一个关键的时刻，一进入这个阶段，父母和子女在居住上开始分离。空巢家庭（empty-nest family）一般是指父母家庭内部无子女或虽有子女，但子女长大成人后从父母家庭中相继分离出去，只剩下老年父母独自生活的家庭。在中国，“空巢家庭”这一概念是在 1982 年第一次人口普查时被提出来的，从此，空巢家庭正式进入人们的生活。

第一节
空巢家庭的现状与特征

一、空巢家庭的现状

空巢家庭在传统社会中极为罕见，原因不难理解。以自然经济为主要特征的传统社会，生产力发展水平低下，这从根本上决定了大家庭乃至大家族普遍存在的必然性，人们适应生产生活的能力在相当程度上取决于家庭人数的多少。养儿防老、传宗接代首先是出自传统社会现实经济生活的客观需要，其后逐渐凝固为一种社会伦理道德标准直至法律制度。“父母在不远游”，在我国传统社会乃是普遍而自觉的孝道观念和原则。住与行尚且如此，更不用说分门别居了。在累世同堂、子承父业相沿袭而又具备客观条件的传统社会里，空巢家庭极少出现是十分自然的，至于成为一种普遍的社会现象更是绝无可能。

现代社会的发展促使家庭的各个方面都发生了重要变化。家庭的流动性较之于从前发生了重要的变化，结婚之后分家、分开居住似乎是一种自然而然的现象。现在形成空巢的动力或是人们的自己选择，也取决于家庭中经济等客观条件的许可程度，以及父母与其已婚子女之间的自愿程度，比如住房条件的限制、家庭成员的就业和经济收入状况、家庭中的人际关系问题、代际差异等，最终都将影响空巢家庭的形成。

真正对我国空巢家庭产生重要影响的是我国独生子女的父母步入老龄阶段，空巢家庭将是21世纪我国城市和许多地区老年人家庭的主要模式。伴随着第一代独生子女日渐长大，儿女们离家求学、就业和结婚，越来越多的低龄空巢家庭开始在城市里出现。如果说在20世纪80年代，空巢家庭占老人家庭总数的10%，那么到了90年代，这一比例则上升到30%。而再过5到10年，这一比例将飙升至50%，2025年则会达到高峰，而且，空巢现象开始前移，很多四五十岁的中年人家庭已经空巢。根据全国第五次人口普查，2000年，有65岁及以上老年人的家庭户占全国家庭户总数的20.09%。2010年11月，民政部披露，部分大中城市空巢家庭达70%，我国目前有1.67亿老年人，其中80周岁以上的高龄老人1 899万人，占11.4%，他们之中多数人逐步进入半自理或不能自理状态。我国有失能老人1 036万、半失能老人2 123万，共占老年人口总数的18.9%，他们不同程度地需要护理照料服务。

据了解，在发达国家，空巢家庭出现较早，现在十分普遍，老年人与子女同住的只占10%～30%，除了日本，大多数老年人均与子女分居。美国第二次世界大战前，52%的老年人与子女同住，到了20世纪80年代，与子女同住的只有百分之十几。在比利时、丹麦、法国和英国，20世纪80年代初，全部家庭户中65岁以上独居者占11%。瑞典独居老年人达到40%，即每10个老年人中就有4人独居。

就整个人类社会而言，空巢家庭的出现是社会发展的一种必然。无论是东方还是西方，现代社会的发展终将导致传统家庭模式的解体。然而，对于历来习惯于以四世同堂为荣、以儿孙绕膝为乐的中国人来说，空巢家庭的出现却同传统的养老模式形成巨大的反差，其所引起的一系列前所未有的老年家庭问题，无疑应引起人们的极大关注。

二、空巢家庭的特征

(一) 空巢时间提前，呈现越来越年轻化的特征

正如我们在前面所提到的，传统的中国一般都是大家庭，一对夫妻所生子女也较多，只有等最小的孩子结婚走了，空巢家庭才最终形成。中国自 20 世纪 70 年代初开始实施计划生育，独生子女家庭日益增长，再加之外出求学、打工的人越来越多，独生子女婚育期的到来、住房条件的改善，以及社会流动的加速，年轻一代离家人数越来越多，空巢家庭的时间越来越提前，也呈现出越来越年轻化的特征。在 2007 年举行的首届全国和谐家庭论坛上，一份关于空巢家庭夫妻关系的实证研究报告中提到，未来 10 年，空巢家庭将成为老人甚至中年人家庭的主要形式，所占比例有可能达到 90%甚至更高。空巢家庭年轻化或者说中年空巢家庭的增多，是一种正常的社会现象，是生活方式转变的必然结果，一方面，我们要看到空巢家庭年轻化的有利方面，即空巢后夫妻关系亲密度提高，而且家庭成员减少，关系简单，还大大降低了发生家庭矛盾的可能性。另一方面，我们也要对空巢周期延长、中老年人心理空虚等问题采取足够的重视。如今城市空巢家庭的父母大多处于 40 多岁的中年黄金阶段，这类空巢家庭中大部分父母的社会角色出现很大变化，不再是原来单一的离退休，而是存在不同的状态：有的正处于工作的黄金阶段，事业正蒸蒸日上；有的可能因为一些社会原因处于离职、下岗状态，等等。

(二) 空巢时间延长，空巢周期变长

> **你怎么看**
>
> 面对空巢家庭这些新的特点，我们的政府和社会面临着哪些挑战？

“空巢时间延长”是与“空巢时间提前”相关联的，因为提前了，空巢期自然而然地也就延长了。而随着家庭结构的变化、居住条件的改善，老年人与子女分居的越来越多，再加上子女的工作压力大，闲暇时间少，外出经商、出国留学人员增加，空巢家庭会大量出现。改革开放以来，中国经济得以快速发展，在经济发展的基础上，人民生活水平不断提高，同时科学技术的发展和医疗卫生服务体系的不断完善，使人们更加重视增强体质，更加注重科学饮食与身体营养保健，人们的身体素质越来越好，中国人口的平均寿命普遍提高，从而使空巢期延长。据 2008 年 7 月 11 日世界人口日大会上公布的数据，中国人口平均预期寿命从 2000

年的71.4岁提高到73岁，妇女、儿童和老年人的健康水平明显提高，人均预期寿命从改革开放之初的68岁提高到目前的73岁，老年人口寿命的延长同时也意味着要度过的空巢期会更长。

三、空巢家庭的阶段

空巢家庭一般分为三个阶段：前老龄期、老龄期和鳏寡期。这三个阶段在不同的时期有不同的特点。前老龄期和老龄期的部分时期，老年人生活能够自理，如果有退休金，身体尚可，遇到的困难和问题相对较少。这一阶段我们需要集中关注的可能是他们精神生活方面的问题，比如如何适应退休后的生活、闲暇时间的安排、兴趣的养成等。

而在老龄期的后一部分时期以及鳏寡期，空巢老人面临的问题可能会比较多，社会救助的责任将会十分重大，人们平时所说的"空巢家庭需要帮助"，主要是指这一时期。对于这一阶段的老人，我们可能需要更多地关注其日常生活的照料、疾病的看护等。因此，了解空巢家庭的不同阶段，以便有针对性地提供相应的服务和帮助，对于社会工作者而言就显得极为重要。

第二节 空巢家庭的成因与问题

一、空巢家庭的成因

空巢家庭的出现是社会发展的趋势、社会进步的体现及人们价值观念改变的结果。在发达国家，空巢家庭出现较早，也十分普遍，老年人与子女同住的只占10%～30%，而发展中国家达到60%～70%。

空巢家庭的出现是社会发展的必然结果，引起家庭空巢的原因也是多方面的，在此，我们试图从个人、家庭以及社会三个层面来解读其出现的原因。

（一）个人层面

从个人层面来看，个人思想观念的巨大变化是空巢家庭产生的原因之一。

（1）年轻人与老年人观念变化，渴望独立的生活空间。在中国传统社会中，人们都期望生活在大家庭中，人到老年最大的幸福就是与子女同住并享受天伦之乐，一家人其乐融融、子孙绕膝曾经是传统中国人的梦想。改革开放后，经济的发展和现代生活的改变使得这一传统观念慢慢地发生着变化，代际分居成了一种新趋势，这客观上促成了城市空巢家庭的增多。在住房的选择上，当年轻人有能力租房或购房后，思想和生活习惯上与父辈的差异使得多数年轻人也喜欢独立居住。特别是在结婚之后，婆媳关系所引发的各种矛盾也使得年轻人都会选择与父母分开居住。对于老人而言，传统的希望子孙绕膝的观念也发生了变化，很多老人希望自己有更多的空间而选择与子女分居，尤其是那些经济上能够独立、身体状况较好、精神上需求又较为丰富的低龄老人。还有部分老人因对久居的社区怀有深厚感情，自身不愿意离开熟悉的住所和朋友，从而选择与子女分开生活。也有老人在与年轻人共同生活一段时间后，因彼此矛盾重重，而不得不选择分开居住。

（2）年轻人赡养老人的观念淡薄。中国自古就是一个“百善孝为先”的社会，而在现代社会中，这一传统观念遇到了极大的挑战。养老问题已不再受社会规范的制约，而是一种个体的行为，从而大大增强了随意性，家庭养老功能进一步弱化。在商品经济、市场经济大潮的冲击下，很多子女对年老体弱的父母漠不关心，在赡养老人问题上相互推诿，嫌弃父母，人到晚年，空巢也就变得越来越普遍，老年人的生活也不尽如人意。

（二）家庭层面

从家庭的层面来看，家庭结构的变化及代际的差异是导致空巢家庭出现的重要原因。在现代社会，家庭结构的小型化、核心化已经成为一种较为普遍的现象，这同时也意味着更多老年人生活在空巢的状态下。随着我国计划生育政策贯彻的不断深入，独生子女家庭迅速增长，他们已经在陆续地结婚、生育。如果独生子女之间通婚，在一定时期内，他们将面临一对夫妇赡养四位老人的情况，人们称之为“四二一”家庭，即一对夫妇两个人供养四位老人和一个孩子，城市老人多数有退休金，经济问题还不大，但一旦孩子外出求学或工作，留下的父母及祖辈有可能面临空巢而无人照顾的局面。对于农村人来说，因为没有基本的社会保障，老年人没有退休金，当子女都外出工作后，留下他们成为空巢老人。有的子女可能会给父母一定的钱财来养老人，但许多的老人都面临着生活无人负担的局面，困难重重。一旦生病，老人不仅无钱看病，连基本的看护、照料也没有保障。另外，空巢家庭的老人虽希望与子代孙辈住一起，但与多数年轻人追求新潮思想的观念相比，代沟问题容易凸现，由此老少两代人为满足自身对自由生活的需求，小家庭的居住方式被普遍接受。有的老人看着子女们忙于学习、工作，抽不出充裕时间照顾自己，只有忍痛割爱，选择独立生活来减轻子女的负担。

（三）社会层面

从社会层面来看，社会在转型中所引发的变迁也是空巢家庭产生的原因。随着经济的迅速发展，“父母在不远游”这一多数中国人世代相传的孝道美德渐渐发生着变化，因为让年轻人固守传统美德，不到外面的世界去寻求发展，在当今是不现实的。在城市里，日渐增多的子女到外地甚至到国外求学或工作，这就使得不少家庭只剩下老一代人故土难迁。对于农村人来说，在农村因人多地少问题，大批剩余劳动力大规模地向城市转移，无疑构成了中国当代人口迁移的一大特色，这部分人口主要为农村青年人口。目前，中国农村青年外出打工已形成规模，随着城市农民工数量的增加，青壮年的外流意味着养老人力资源相对缺乏，这也就成了中国农村空巢家庭剧增的主要原因。此外，随着市场经济推动下住房制度的改革和住房水平的提高，许多子女结婚后都有条件拥有住房，这使得老人与子女分开生活的越来越多，结果一些实质意义上的空巢家庭就形成了。

二、空巢家庭存在的问题

空巢家庭虽然是社会发展的一种必然趋势，体现了社会的发展与进步——因为社会的进步决定家庭结构必然发生变化——但与此同时，也给社会、家庭及老年人个体带来了一系列的问题，具体而言，主要表现在以下几个方面。

（一）经济供养问题

从全国的情况来看，很多空巢老人都面临着经济供养方面的问题，特别是许多居住在农村的空巢老人，大多没有基本的养老保险，或者是只有每个月不到一百元的养老补贴，这点钱相对于不断高涨的物价无异于杯水车薪。很多空巢老人居住条件差、身患多种疾病，经济收入低，生活质量不高。经济困难问题突出的老年人主要是那些没有养老金收入或是退休早且养老金收入低以及患重、慢性病的高龄空巢老人。主要表现在以下三个方面：第一，经济收入低。对一般的低龄老年人而言，社会保障制度和家庭支持网络所提供的双重保证，构成了一种相互补充的关系，基本保证了大多数老年人的基本生活来源。但是，对于那些没有养老保险金收入，或者因为退休早而养老金收入较低的高龄空巢老人而言，经济收入的低下严重地影响了老年人的生活质量。第二，医疗需求大。由于老年人医疗需求的特殊性，一些空巢老人家庭在生活与医疗的双重压力下，陷入了“因贫致病，因病致贫”的恶性循环中，医疗费用支出的巨大压力直接影响了老年人的生活状况与生活质量，因此，对老年人贫困的理解不能只局限于纯经济收入方面。第三，养老负担重。目前全国的养老机构收费标准与一些贫困空巢老人的收入形成了鲜明的对比，无论是接受生活照料的经济负担，还是高额的护理费用，对他们都是沉重的负担。再加之近几年物价水平的节节攀升，也让老人们增长缓慢的退休金显得格外不够用。国家相关部门也看到了这一问题，目前已经制定了针对80岁以上的高龄老人的相关补助措施，截至2013年年底，全国有18个省建立了80岁以上的老年人的高龄津贴，有22个省建立了服务补贴，还有3个省建立了护理补贴，这都在一定程度上缓解了老人们的经济困难。

案例 9—1

秦老先生今年65岁，其老伴62岁，他们有一个儿子30多岁，已经成家，与老两口分开居住。年轻时，老两口分别在一家钢铁厂和一家机械厂上班。几年前，由于企业改制，两人提前退休。在岗时，他们靠着稳定的工资生活，日子过得还算不错。退休后，老两口靠退休金生活。前几年儿子结婚，花光了他们所有的积蓄。最后，由于老伴生了一场病，花费很高，因此欠了许多债。老伴病好后，他们的日子更加拮据了，两位老人每日三餐几乎都以粥度日，每个月为数不多的退休金只能用来还债。儿子目前的工作单位效益也不好，每月的收入只能勉强照顾“小家庭”，没有能力给父母提供经济帮助，再加上两位老人也知道儿子的难处，所以，即使日子过得艰辛，也没有向儿子开口要钱。

(二) 心理、情感问题

不少空巢老人精神空虚、心理寂寞、情绪低落、怀有孤独感和衰老感，表现为情绪上低落不稳、急躁不安、孤僻，生理上机能失调、食欲减退、睡眠不好等症状，这一般被称为“空巢综合征”。空巢综合征的表现为：空巢老人普遍都有一种“空巢感”。空巢感也就是孤独感，但这种孤独感里又增添了思念、自怜和无助等复杂的情感体验。有空巢感的老人，大都心情抑郁，惆怅孤寂，行为退缩。他们中许多人深居简出，很少与社会交往。究其原因，一是对离退休后的生活变化不适应，从工作岗位上退下来后感到冷清、寂寞。二是对子女情感依赖性强，有“养儿防老”的传统思想，及至老年正需要儿女做依靠的时候，儿女却不在身边，于是不由得心头涌起孤苦伶仃、自哀、自怜等消极情感。再加上许多子女的养老观还是传统的，或因工作忙而无暇顾及老人的心理，年轻人普遍认为只要父母不愁吃住就可以了，而普遍忽视与老年父母的精神交流与心理慰藉。三是心境抑郁，行为退缩。这些老人可能由于本身性格方面的缺陷，对生活兴趣索然，缺乏独立自主、振奋精神，以及重新设计晚年美好生活的信心和勇气。

案例 9—2

2014 年 3 月 11 日上午 10：00 左右，家住某社区的曲爷爷和李奶奶夫妇俩手挽手于 12 楼纵身跳下，当场死亡。事后据同一个楼层的孙女反映，爷爷和奶奶都是 79 岁，患抑郁症已经很长一段时间了，曾有过三次自杀未遂事件。另据居委会反映，他们经常跟左邻右舍的人说：“活着没意思。”让人感觉到他们或多或少都有一些抑郁的症状，这种情况在有些老年人中还比较严重。

(三) 疾病医护问题

人到了老年，身体状况自然每况愈下，生病也就在所难免。由于年龄段的不同、自身身患疾病的差异，老人们有不同的医疗保健需求。对于高龄老人来说更是如此，由于生理机能减退，他们抵御外界干扰的能力减弱，健康较其他低龄老年人群体脆弱，需要经常性照料的比例也较 65～79 岁的老人高出 5 倍左右。如果高龄老人患病不能得到及时的治疗，就意味着可能耽误治疗疾病的最佳时间，为疾病的恶化埋下隐患，大大有损于他们的健康长寿，高龄和孤寡的空巢老人身边无子女，一旦重病，去医院看病都成为困难。

案例 9—3

日前，一位家住××市成都路的 86 岁老人，给有关部门写了一封求助信，说他身患严重的肛瘘，且有冠心病等疾患，卧床不起，四处寻医问药无果，不得不继续蜗居“空巢”。有关部门前去了解，原来，这位躺在床上的老人，连翻身都要老伴相助。老人是知识分子，4 个儿女或在外地或在境外工作。老伴看上去尚硬朗，但也有 82 岁高龄了。老人说他的肛瘘病史已有 30 多年，最近患便秘使此病雪上加霜，常因脓肿血流不止。据这位老人说，他们到一般的社区医院普通外科（社区医院无肛肠科）很难治愈此病，但大医院又不可能让其住院治疗（因老人不能动手术），且有并发症，上门送医送药也不现实。后几次写信、打电话给八五医院漕河分院肛肠外科求助，但该科青年医务志愿者帮助的对象是经济特困老人，出于道义，该科青年医务志愿者免费上门送医送药三次，帮助老人缓解病情。

（四）日常生活照料问题

长期以来，我国的老年护理一直被认为是家庭成员的责任。绝大部分需要照顾的老年人居住在自己家中，由家庭成员负责照料，属于非正规的长期护理服务。根据 1992 年中国老年人供养体系的调查，老年人对日常生活照料者的选择顺序依次排列为配偶→子女→孙子女→保姆或钟点工。数据显示，对于需要照料的老年人，主要由配偶、子女或孙子女照料的比例在城市为 90.8%，农村为 97.3%。然而，随着二十多年来我国社会经济的发展，居民的家庭结构和生活方式也发生了重大的变化。由于城市中中青年生存竞争的加剧、职业流动的加速、独生子女政策的推行，家庭结构开始趋向小型化、核心化。据统计，2005 年我国平均每个家庭户的人口为 3.13 人，其中城镇为 2.97 人，农村为 3.27 人。同时，传统生活方式与价值观念的变化，也深刻影响着城市家庭中的代际关系模式，两代人分居的倾向明显，老年人独居现象日益增多。就上海而言，至 2007 年年底，上海市纯老家庭老年人口总数 84.37 万人，其中单身独居老人 19.30 万人，空巢家庭比例已超过 40%。尤其值得注意的是，作为全国率先实行计划生育的地区，上海首批独生子女父母已在 2013 年前后进入老年阶段，60 岁以上的老年人口中，独生子女父母达到 80%。这种空巢家庭将会形成第一次高潮并且成为主要的家庭形式。因此，家庭小型化与空巢家庭的增加，使家庭对老年人的生活照料服务的困难与压力进一步增大，家庭作为养老载体承担的老年人护理职能将被削弱。一旦家庭失去了对老年人的保护作用，将会危及老年人最基本的生活与生存权利。

案例 9—4

某花园社区内，一位老人在自己家里悄然离世，几天后才被前来收水电费的工作人员发现。这位老人的几名子女都在外地工作，自老伴去世后，就一直独居。这位老人之死在当地引起了不小的震动，特别是那些孤寡老人。一位丧偶老人感叹道："现在的小区冷冷清清，隔壁邻里连面都没见过，想找个人说说话都没有，更别提有什么事互相照应了。如果我有个头疼脑热的，又有谁知道呢？"

空巢老人可能面临的问题当然不仅包括这四个方面，但以上方面所呈现的问题却是老人们在空巢时普遍存在的，他们在日常生活中面临着多方面的困境，需要引起家庭与全社会的共同关注。

第三节 空巢家庭的介入方法与技巧

一、个案工作法对空巢家庭的介入

从我国传统的孝道文化来看，老人的晚年生活主要是由儿女来提供的，所以在养老方面过于倚重儿女。而现如今，随着年轻人外出读书或者结婚后另处居住，不少老年人面临着空巢这样的状况，很多老人因此产生不良的心理状况。社会工作者可以利用个案工作的优势，帮助空巢老人改变陈旧的观念，使老人学会适应空巢后的生活，协助老人规划空巢后的生活，鼓励空巢老人积极参与社区活动，为老年人组织与争取权益，寻找各种资源，帮助老年人建立科学、健康的晚年生活方式和心理准备，辅导老年人正确认识死亡及接受死亡的来临，减少愤怒及恐惧的消极情绪。

空巢老人有着与其他群体不同的生理特点和心理特点，因此在遵循一般个案工作的方法和原则外，还有它自身的独特原则和方法。首先，在建立专业关系阶段，要与老年案主建立相互信赖的关系。社会工作者要发自真心地关心和关注老年案主，了解老年人的真实感受，并对他们的感受作出积极的反应，使他们从这种反应中得到安慰，感到自己不再孤单。另外，在与老年人进行沟通的时候，需要换位思考，想一想家家有老人，人人都会老，善待老人就是善待自己。同时要善于观察，做有心人。其次，社会工作者在对待老年人时，要耐心倾听，多沟通，多鼓励。不要对老年人进行说教，因为对于有着各种人生阅历的老年人来说，任何说教都是没有意义的，只有耐心的倾听才是消除老年案主内心孤独感的有效方法。让老年人把内心的痛苦、焦虑和感受倾吐出来，给予其情感上的支持和慰藉，让老年案主从社工的安抚中感受到温馨与关怀。同时，在认真倾听的过程中，要注意不可随意打断案主。老年人说话的逻辑性往往不像年轻人那么强，一旦他们的倾诉被打断，常常忘记自己说话的主题和想要表达的意图。最后，在空巢老年照料与服务中，需要服务技巧。同样是为老年人服务，社工的服务是维护老年人合法权益，为老年人寻求社会资源和社会援助，处理老年人家庭关系，辅导老年人心理，帮助老年人参与社会活动，实现社会公平和社会财富共享。

针对空巢的老年人，我们也可以运用老年社会工作的一些辅导技巧。

（一）怀旧和生命回顾

怀旧是让老年人回顾他们过往生活中最重要、最难忘的事件或过去的最有意义的经历、故事，从回忆中帮助老年人找回自尊和荣耀，让老年案主重新体验快乐、成就、尊严等多种有利于身心健康的情绪。通过交流让老年人进入怀旧的情境，社会工作者应在旁疏导。生命回顾旨在通过生动地缅怀过去的成功或失败的经历，让老年案主重建完整的自我，它更加系统、详细，也更能让老年案主面对自己的人生境遇，体味人生的价值和意义。

（二）案主自决

要在介入过程中，让老年案主自我选择、自我决定。帮助老年案主逐步恢复积极的心态。在制订计划时，可能许多老年人会说："请你帮我拿个主意吧，我真不知道该怎么办了。"其实老年人对于自己能够作出决定还是十分高兴的，能让他们感到自信和力量，这样制订的计划在此后的执行中也会取得比较令人满意的效果。社会工作者不仅要相信老年人有能力作出自己的决定，而且应积极鼓励老年案主参与计划的制订与策略的选择过程。

（三）个别化原则

人们总是容易按照某种固定的类型、模式和范畴去理解老年人，事实上每一位老年人都是一个独特的个体，都有他们自身的个性和特点，即使在他们遇到丧偶和空巢危机时也是如此。

就个人而言，空巢老人应有充分的心理准备，尤其是对于空巢时期出现的问题，老年人要有充分的心理准备，要逐步减少对子女的依恋心理，增强和提高心理上的独立程度。子女离家并不等于斩断了与父母的联系，当今世界交通、通信日益发达，人们沟通感情的渠道已不再局限于面对面的交流，书信、电话、手机短信、网上聊天等一样可以传递温馨的情感。对于空巢老人，一方面，老年夫妻之间在子女离家后，更应注意相互给予更多的关心、体贴和安慰，建立自己新的生活规律和情感支持系统，且不因子女的暂时回归而改变，以使自己心态保持稳定。另一方面，社会工作者要鼓励老年人的子女多理解父母的心情，尽量常回家看看，这是对处于孤独中的老人心理上的最大安慰。

案例 9—5

在怡心社区里，住着这样一对奇怪的空巢老人，他们长期将捡来的垃圾堆放在家中，这些杂物发出的恶臭影响到了同栋楼里其他住户的正常生活，左邻右舍投诉不断。社区居委会和小区物业公司对此非常重视，频频与两位沟通，但没有效果。居委会决定邀请与此个案相关的各方代表召开紧急协调会商量对策，如果届时还是没有较好的计划，就采取强制措施对两位老人家里的杂物进行清理。

二、小组工作法对空巢家庭的介入

小组工作是社会工作者利用小组的方法为空巢老人提供服务，增加其参与社会活动的机会，通过帮助老人参加相关小组活动，排解其生活中的寂寞，消除其生活中的疑虑，增加其生活情趣，促进其身心康复的工作过程。从老年人的生理、心理和社会特点来说，老年人更需要群体活动。老人有各种不同问题和需求，但由于儿女工作生活较忙，没有时间及时关注老人们的需要。社会工作者可据此组成不同的老人小组，帮助老人通过参与特定的小组活动来解决自己的问题。老年人的活动小组根据小组的目标和任务可以分为多种类型，如成长小组、学习小组、康乐小组、任务小组、治疗小组、教育小组、志愿小组、兴趣小组等。在这些小组中，社会工作者可以是小组的倡导者或召集者，也可以是组织者或领导者，通过倡导或直接组织相关的老年小组，领导老人团体的活动。在这些活动中，社会工作者必须有效处理老年人参加团体的心理障碍，空巢老人由于生活圈子缩小，生活相应变得单调、枯燥，这种生活容易使老年人产生许多心理疾病，如孤僻、自我封闭，以致失去很多生活乐趣，因此要减轻老年人的心理障碍、顾虑，真正实现老有所乐。

案例 9—6

以下是广东省东莞市乐雅驻樟木头家庭服务中心的案例。

1. 理念：

(1) 凯文的活动理论认为，活动水平高的老年人比活动水平低的老年人更容易感到生活满意和更能适应社会，主张老年人通过新的参与、新的角色来改善老年人由于社会角色中断所引发的情绪低落，在新的社会参与中重新认识自我，从而把自身与社会的距离缩小到最低限度。

(2) 空巢老人最大的特点就是老人们的“空巢感”，社会工作者可以直接针对社区空巢老人开展各种专业性的介入活动和非专业性的娱乐、学习活动，如开展空巢老人小组活动，与老人接触与交流，鼓励老人们扩展社会交往领域，积极加入户外社会活动，以此减轻或消除由于空巢而产生的“空巢感”和其他心理问题，提高空巢老人的生活质量。

2. 目的及特别目标：

目的：要了解空巢老人的兴趣爱好，根据他们的兴趣开展相关主题的学习、分享小组，丰富老年人的兴趣爱好，减少空巢老人的“空巢感”，让他们拥有健康的、丰富多彩的老年生活。

特别目标：使参与小组的老人更多地认识社区内的老人，扩大他们的社交领域，从而使他们的老年生活更加丰富多彩。

3. 活动内容：

小组性质：学习型、分享型小组。

工作对象：空巢老人。

参加者人数：8人。

小组周期：一周2次。

三、社区工作法对空巢家庭的介入

社区与老年人有着十分密切的关系。由于多年在社区的生活，老年人对社区的归属感、依恋感更强。老年人是逗留在社区内时间最长的一个群体，他们的日常生活常在所居住的社区内度过，社区内的环境设施及社区内所发生的事情均与老年人的日常生活息息相关。老年人多年来在社区生活的经验使他们掌握了很多社区资料，建立了不少社区联络网。同时，老年人也是社区内的一分子，他们不应该只是社区内被动、沉默的一个群体，他们应该拥有权利及义务去关心社区和参与社区事务，老年人在社区内完全可以扮演积极的角色。

老年社区工作是指社会工作者运用专业工作方法，改善老人的社区参与，提高老人的自助、互助能力，通过社区机构改善老人的生活质量的服务过程。在中国的社区工作当中，最重要的两部分是老年社区服务和老年社区照顾。老年社区服务是政府或非政府团体为老年人提供的更加具体的照顾服务。老年社区服务对于高龄空巢来说更加重要，因为高龄空巢老人一般身体状况较差，生理自理能力较弱，而子女又不在身边，不能对其进行实时的规律性的照顾，此时来自社区机构的专业性的社区照顾服务对老年人来说就非常重要。

社区养老是指老人既可以享受到家庭照顾，又可以享受到社区提供的养老照顾服务，使老人在熟悉的社区环境中得到更为专业的社工的照顾。随着空巢家庭的增多，社区养老逐渐成为许多老人选择的养老方式，社区养老同时也为无法守护在老人周围或者无法亲自照顾老人的子女提供了一个比较理想的照顾方式。按照我国建立新型社区的要求，老人在从工作单位退休之后，其关系将直接转到他们所居住的社区，不再留在原单位，这在客观上要求社区必须建立相关的老人服务设施，如建立社区老人活动中心、老年公寓、老年心理诊所、社区老人护理中心、老年医院、社区离退休党员组织等。社区服务人员经常上门为老人进行各方面的服务，社区志愿者上门提供家务服务、陪老人聊天，充实他们的日常生活。对于生活在空巢家庭的老年人来说，社区才是真正的家，周到的社区服务可以赋予老年人以强烈的心理归属感。“小家”虽成空壳，社区这个“大家”依然温馨，社区对于保障老年人晚年生活质量的重要性今后更加凸显。

有些社区充分发挥社区志愿者的力量，按照“就近、方便、自愿、关爱”原则，发动高龄空巢老人邻居加入社区志愿者服务队伍，实行邻里结队帮扶，志愿者通过每天见一面、查一遍、做一事等方式，及时了解结对老人的身体生活状况，力所能及地帮助老人解决有关困难，配合社区做好高龄空巢老人的监护工作。社区也可以定期举办心理讲座，组织老人进行心理咨询。

【知识窗】 让“空巢”老人变“蜂巢”老人——网络互助养老新模式

每逢周四，住在云南昆明的81岁老人“秋瑜”的家里就变得格外热闹。朋友们的到来让不大的房间充满欢乐。“秋瑜”并非老人的真名，而是她在网络上的昵称，一起聚会的伙伴都是她的网友。在交往中，这些60岁以上的老人互相用网名称呼对方。这些独居的老人们说，他们结缘于一个名为“幸福916”的网络社区。这种网络互助养老新模式在昆明悄然流行。政府人士和养老问题专家表示，在当前“银发浪潮”的冲击下，居家养老的老年人日常生活照顾和精神需求难以满足，不少养老机构“一床难求”，网络互助有望缓解当前中国的养老困局。

在中国，子女离家后缺乏照顾的老年人被称为“空巢老人”。随着老龄化社会的日益逼近，他们的养老问题困扰着越来越多的家庭。“秋瑜”也是空巢老人之一。她对记者说，自己退休后从外地来到云南昆明，不习惯与儿女同住的她在外租了间屋子独居。2011年起，“幸福916”网络社区创办人“老蓝”把云南昆明作为网络互助养老的试点，带动了许多像“秋瑜”样的老年人走进网络世界的老年社区，体验全新的晚年生活。“秋瑜”、“福金子”等老年人告诉记者，这种网络互助养老模式让老年人通过网络社区建立交流和互动小组，进而让原本分散、孤独的老年人得到帮扶和慰藉，最终把线上社区、线下互助组连接成“蜂巢”一样的互助养老网络，可谓“蜂巢式养老网络”。

截至2013年11月，“幸福916”网络社区已经发展了2万多名会员。记者看到，网络社区划分为舞蹈、茶文化、厨艺、十字绣、门球、合唱等数十个兴趣小组，其中精彩活动版块的发帖数达到41万多条。通过这些兴趣小组、热点话题的带动，目前61个现实中的互助组已经在昆明建立起来。

四、社会政策对空巢家庭的介入

针对空巢老人，可以从以下几个方面做出努力与完善。

（一）加强老年人社会保障制度的建设

《中华人民共和国老年人权益保障法》规定，国家和社会应当采取措施，健全对老年人的社会保障制度，逐步改善保障老年人生活、健康以及参与社会发展的条件，实现老有所养、老有所医、老年所为、老有所乐。我们要加强建设医疗保障和养老保障体系，以解决空巢家庭老人医疗费用和养老费用问题。制定针对空巢困难老年人的特殊救助制度，把帮扶救助重点放在空巢老年人中的独居、高龄、女性、农村老年人等弱势群体上。首先，要制定帮扶政策。各级政府都应尽快出台有关空巢老年人帮扶工作的意见或办法，提供必要的资金支持，通过树立帮扶工作典型，示范引导帮扶工作全面展开。同时要对帮扶老年人工作进行必要的行政监督、考核，建立规范的激励机制，依托社区，整合资源，促进帮扶工作的落实。要求建立空巢老年人档案、空巢老年人联系制度、老龄干部和社区志愿者定期走访制度，了解空巢老年人的需求。其次，完善对贫困老年人定期发放补助、救助金的制度。建议对享受低保的空巢老年人每月发放 50 元生活补助金，保障困难空巢老年人维持基本的生活。再次，通过签订帮扶协议的方式，组织社区单位和志愿者及低龄健康老年人实行包户或“一帮一”服务，帮助解决他们的生活照料问题，并从精神上给予鼓励、关怀和安慰。又次，社区卫生站应对空巢困难老年人减免部分检查和医疗费用，保证空巢老年人患病时得到及时的救助，根据需要设立家庭病床并提供上门服务，就近解决空巢老年人的就医问题。最后，由政府出资给空巢困难老年人安装急救铃。

（二）制定有利于家庭养老健康发展的配套政策

2011 年，国务院印发了《中国老龄事业发展“十二五”规划》和《社会养老服务体系建设规划（2011—2015 年）》，提出我国将以发展居家养老服务为重点，加快社会化的老龄服务体系建设。其中，加快建立健全居家养老服务网络，大力发展居家和社区照料服务，大力培养居家养老中介组织和志愿者队伍，对位解决空巢家庭的“精神寂寞”、生活照料等现实困难，这都在一定程度上有利于缓解空巢家庭面临的一系列困难。

（三）大力倡导敬老、爱老的光荣传统

2013 年 7 月 1 日起，新修订的《中华人民共和国老年人权益保障法》正式施行，该法中特别规定了“家庭成员应当关心老年人的精神需求，不得忽视、冷落老年人。与老年人分开居住的家庭成员，应当经常看望或者问候老年人”，这一法律的出台，在社会上引起了很大的反响。为了更好地执行《中华人民共和国老

年人权益保障法》，我们应当提供足够的方便以使年轻人能够更频繁、更方便地探望自己的空巢父母。比如，国家在假期的安排上应当更加合理，用人单位可以每年给出一定时间的“探亲假”，以利于该法的有力执行，以营造一个全社会对老年关怀的大环境。

在舆论上，要大力发扬中华民族尊老、养老的光荣传统，鼓励和支持子女关心、爱护老年父母。对赡养父母的子女，除了经济政策外，还应该有相应的政治政策，提高赡养父母子女的社会地位，形成尊老、敬老、养老的社会风尚。应表彰孝敬、赡养老人的模范子女，谴责虐待、歧视甚至遗弃老人的行为，号召社会各界、单位、街坊邻里多加关爱空巢老人，鼓励低龄老人帮助高龄老人，鼓励老年人互助。

复习思考题

1. 现阶段空巢家庭呈现出哪些特点？
2. 空巢家庭面临着哪些问题？如何解决？
3. 运用个案工作的哪些方法可以对空巢家庭进行帮助？

推荐阅读书目

1. 穆光中．挑战孤独：空巢家庭．石家庄：河北人民出版社，2002.
2. 仝利民，编著．老年社会工作．上海：华东理工大学出版社，2006.
3. 朱佩兰．安老与社会工作．香港：香港中文大学出版社，2000.

第十章

家庭暴力的社会工作介入

【本章要点】

- 家庭暴力在全世界所有国家均普遍存在，家庭暴力一般可分为身体暴力、精神暴力和性暴力。家庭暴力是家庭冲突的极端形式，其发生是多方面因素共同作用的结果。家庭暴力对个体、家庭以及社会均产生严重的不良后果。
- 社会工作专业价值观要贯穿于家庭暴力干预的全过程。在实践中，由于家庭暴力问题的复杂性，常常需要同时运用多种社会工作方法去处理问题和提供服务，需要整合多方面资源，综合运用社会工作各种方法，形成社会工作综合模式。社会工作者在家庭暴力干预中充当个案管理者的角色。
- 社会工作的个案、小组、社区、心理咨询、家庭治疗以及社会政策等均可以对家庭暴力开展介入；同时，与服务对象一起行动，代表服务对象采取相关的策略来达成最终的介入效果。

【基本概念】

家庭暴力 ◇ 社会工作专业价值观 ◇ 个案管理者 ◇ 介入方法

家庭暴力是一个全球性的问题。不同政治经济文化背景下的国家和地区，都不同程度地存在着家庭暴力。正如吉登斯所言："家庭是现代社会中最危险的地方，从统计方面看，任何年龄、任何性别的人，在家里都远比夜晚在大街上更可能遭受到身体上的攻击。"① 在世界各国，家庭中虐待妻子的现象都十分常见，据世界银行调查统计，20 世纪全世界有 25%～50%的妇女曾受到过与其关系密切者的身体虐待。中国妇联的一项最新抽样调查表明，在被调查的公众中，

① ［英］安东尼·吉登斯：《社会学》，4 版，185 页，北京，北京大学出版社，2003。

有16%的女性承认被配偶打过，14.4%的男性承认打过自己的配偶。每年约40万个解体的家庭中，25%缘于家庭暴力，在离异者中，暴力事件比例则高达47.1%。据资料统计，目前，全国2.7亿个家庭中，遭受过家庭暴力的妇女已高达30%，而家庭暴力受害者有近15%是男性。家庭暴力引起的后果是严重而且是多方面的，因为发生在家庭中而得不到及时有效的制止和处理，很容易导致婚姻的破裂和家庭的离散，同时使加害人有恃无恐。并且，发生暴力的家庭中的孩子通过耳濡目染、潜移默化，在他们成长后大大增加了使用暴力的可能性。相比女人遭遇家庭暴力，男人遭遇家庭暴力，可能对孩子的影响更大。因为孩子总认为父亲是保护神，一旦父亲的这种形象坍塌，孩子更易缺乏安全感，就会产生心理缺陷。此外，暴力对女性来说与癌症一样是育龄妇女死亡和丧失生存能力的重要原因，因此，世界各国都应当建立更为健全的法律制度，以消除对妇女的暴力。

第一节 家庭暴力概述

一、家庭暴力的概念

家庭暴力简称家暴，是指发生在家庭成员之间的，以殴打、捆绑、禁闭、残害或者其他手段对家庭成员从身体、精神、性等方面进行伤害和摧残的行为。家庭暴力直接作用于受害者身体，使受害者身体上或精神上感到痛苦，损害其身体健康和人格尊严。家庭暴力发生于有血缘、婚姻、收养关系并生活在一起的家庭成员间，如丈夫对妻子、父母对子女、成年子女对父母等，妇女和儿童是家庭暴力的主要受害者，有些中老年人、男性和残疾人也会成为家庭暴力的受害者。家庭暴力会造成死亡、重伤、轻伤、身体疼痛或精神痛苦。

二、家庭暴力的类型

根据学界的研究，对家庭暴力的类型可以从不同角度进行不同的划分，比较典型的两种划分方式为：

从家庭暴力的表现形式来看，可以区分为身体暴力、精神暴力和性暴力。身体暴力主要指的是对家庭成员身体的攻击行为，如殴打，体罚，超重、超时的体力劳动等；精神暴力主要指威胁、恐吓、限制人身自由、造谣、侮辱等；性暴力主要指不顾对方的精神和身体等情况，在违背对方性权利的情形下，采用暴力性行为强行与之发生性关系的行为。

从施暴者实施暴力的方式来看，可以区分为热暴力和冷暴力。热暴力一般是指殴打、撕扯等极富攻击性的暴力行为。冷暴力指的是当夫妻之间或者其他成员之间发生矛盾时，不是通过理性方式处理，而是对对方表现出冷淡、轻视等，如不理睬对方、将语言交流降低到最低程度、夫妻之间停止或敷衍性生活、不做或尽量少做家务，乃至冷嘲热讽、侮辱对方人格等，从精神上伤害、虐待对方的一种非正式暴力行为。

此外，对家庭暴力相关的分类还有婚姻暴力、针对女性的家庭暴力、针对配偶的暴力、亲子暴力等。

【知识窗】

亲密暴力者之分类

霍尔茨沃思-芒罗（Holtzworth-Munroe）和斯图尔特（Stuart）于1994年用文献分析法分析了15篇关于殴妻犯的文章，归纳出殴妻犯的分类应有三个向度（dimension），即施暴的严重程度、施暴者只对其妻或亦对外人、有无心理病理或人格异常。该研究将殴妻犯分为三种：

（1）只打家人型（family only）。其施暴行为只及家人，一般无前科记录，无严重心理病理上之问题，且暴力程度较其他二者小，此型约占50%。此类个案之社会经济地位从高到低都有，也最常常会让处理人员无法想象某些社会经济地位较高的人也会打自己的妻子。

（2）反社会型（antisocial）。这种类型的人在家庭之外也有很多暴力行为，一般有犯罪前科，约占25%。此类个案较不会让处理人员无法想象，因其惯常以暴力来处理冲突。心理病理上可能有反社会人格异常，有自恋的倾向，这类人认为冲突的错误者永远是对方，因此需要出手教训；但他们并不害怕亲密对象离他们远去，他们自信随时可以找到性伴侣。

（3）边缘型（borderline）。这种类型的施暴者在家庭之外也有一些暴力行为，但并不多，这类人通常情绪易变且容易烦躁，约占25%。此类个案有边缘型人格倾向，其特点为“曾说过要分手就一起死”与“曾威胁要自杀或自伤”，个性起伏很大，认为如果妻子提出分手自己完全无法容忍。其伤妻行为常具有毁灭性，也常会杀妻儿后自杀，这种类型是最需要避免发生的悲剧型婚姻暴力。

三、家庭暴力产生的原因

家庭暴力是家庭冲突的极端形式，导致家庭暴力的原因是多方面的。

（一）宏观层面

从宏观方面来看，家庭暴力的原因主要有历史原因和社会原因。

> **你怎么看**
>
> 从传统向现代社会的发展过程中，普通民众对家庭暴力的认识发生了怎样的变化？

从历史层面看，我国虽然拥有着五千年悠久历史和灿烂文化，但也深受家庭暴力问题的困扰。长期以来，“男尊女卑”、“三从四德”等封建思想在人们头脑里根深蒂固，要求女人服从于男人，很多妇女在遭受家庭暴力侵害时只是被动地接受，在落后地区尤为严重，很多家庭暴力不为人们所关注，这种家庭内部的暴力被认为是天经地义的事情。我国传统文化对社会性别作出了明确的规定，在家庭伦理中，女性往往处于依附和服从的地位。这种以男子为中心的夫权文化赋予了丈夫使用包括暴力在内的各种手段管制妻子的权力，很多男人认为“打老婆”是天经地义的事情。这种思想同时也深深地影响着女性，她们不仅把丈夫看作经济、情感的支柱，更是主动地将性别的不平等合理化，不愿意寻求救助，采取一味忍让和退让的态度，从而助长了家庭暴力的恶化。

从社会层面看，社会环境是产生家庭暴力的又一因素。随着社会的变迁，一方面人民的物质生活水平得到了极大的提高，另一方面现代社会中来自各方面的竞争与压力变得空前沉重，当面临一些刺激后，个体情绪难以控制，以致很容易发生攻击他人的行为。此外，当前社会中各种不良的社会风气不断冲击着人们的价值观，享乐主义、拜金主义等不良思想不断侵蚀着人们，再加上传统的道德规范弱化，人们更易于染上赌博、酗酒、吸毒、婚外情等不良行为。另一个我们不能忽视的原因是，公众长期以来对家庭暴力的容忍和冷漠助长了家庭暴力行为的蔓延。目前我国的反家暴法还未正式实施，2015 年 12 月 27 日，《中华人民共和国反家庭暴力法》全文发布，将反家暴作为全社会的共同责任，尤其是各级政府都要给予经费保障，并明确了除司法机构外，中小学校、医院、用人单位、婚姻登记机构等各自的责任；不仅强调了反家暴重在防治，还创新了家暴处置的新机制，如告诫、人身安全保护令、撤销监护人资格等。而强制报告、合理分配举证责任、政府建立或指定庇护场所等规定也有助于对受害人权益的维护。目前，相关执法人员对家庭暴力缺乏正确的认识，他们通常认为“夫妻床头吵架床尾和”、“清官难断家务事”、家庭暴力是内部的事务等，因此，司法部门对家庭暴力案件打击不力、有关部门对于一般的家庭暴力案件重视不够等都会导致家庭暴力的频繁出现。当然，随着反家暴法的实施，我们能够看到这部法律对相关司法机构所应承担的责任的详细界定，从而能够更好地解决相关部门在处置过程中的职责不清问题。

（二）微观层面

从微观方面来讲，家庭暴力的原因主要有个人和家庭原因。

从个人层面看，一般实施家庭暴力的个人的人生观、世界观、价值观存在偏差，优良的道德品性严重缺失，道德素质低下，法律意识淡薄，存在比较严重的人格缺陷等。受害者一般受“家丑不可外扬”的思想影响，自身维权意识不强，不懂得使用相应的应对方法技巧和法律武器维护自身的权益，一味地懦弱忍让、逆来顺受，成为家庭暴力的牺牲品。此外，由于年龄身体变化，生活压力大而难以控制情绪，生理上出现各种不适症状，更年期导致的暴力可谓男女比例势均力敌。另外，个人的不良行为，往往是家庭暴力的直接诱因，比如男性赌博、吸烟、酗酒、吸毒、婚外情，女性不孝敬父母、好吃懒做等，都可能让对方反感，继而引发家庭暴力。

【知识窗】　白丝带运动

白丝带运动是由加拿大男士发起的结束男人对妇女的暴力的运动。起因是 1989 年 12 月 6 日，一位对妇女运动和杰出女同学心怀不满的暴徒，枪杀了 14 个年轻的工科女大学生。悲剧发生后，当时加拿大的一群男士认识到自己有责任站出来反对针对妇女的暴力，决定将佩戴白丝带作为男人反对男人对妇女施暴的象征，开始致力于消除对妇女的暴力。短短六个星期，加拿大约十万名男士佩戴上了白丝带，还有很多人加入了关于男人施暴问题的讨论。白丝带作为这个运动的标志，象征着男人对男人的暴力不再宽恕，不再沉默。佩戴白丝带是一种个人宣言，表示佩戴者承诺本人决不参与对妇女施暴，并且对针对妇女的暴力决不保持沉默。目前白丝带活动已在世界各地广泛开展。每年 11 月 25 日到 12 月 6 日，都有男人戴上白丝带。许多国家妇女组织认为白丝带运动能帮助从根本上解决对妇女的暴力问题。在联合国机构的支持下，白丝带运动由妇女组织传播到亚洲。在每年的 11 月 25 日“国际消除对妇女暴力日”或其他有关妇女的节日期间，联合国机构和许多国家的妇女组织、男性网络举办这一活动，使之成为世界上规模最大的为消除对妇女的暴力而开展的以男士为主要对象的宣传活动。

从家庭层面看，婚姻质量不高以及家庭收入不平衡都有可能导致家庭暴力。婚姻本应该建立在牢固的爱情基础上，但在现实生活中，利益型婚姻、维持型婚姻、金钱型婚姻等较为常见。由于婚姻的基础不牢固，婚后又不能建立感情，再加上夫妻之间调适能力差，不能够妥善解决日常生活中的各种冲突，致使普遍的家庭矛盾升级为家庭暴力。家庭收入不平衡也可能导致家庭暴力。戴维·来文森曾对全世界 90 个未使用文字的农业社会的家庭暴力形式进行研究并发现，在那些丈夫在家庭中掌握了经济和最终决定权以及成年人之间通常以武力解决冲突的社会，殴打妻子的事件更为司空见惯。男性一般是家庭收入的主要来源，同时也掌握了家庭的统治权。在我国的现实中，有相当一部分妇女仍然未能在经济上取得独立，而不得不服从于丈夫，从而进一步助长了丈夫的统治欲望、对妇女的肆意支配，增加了家庭暴力的发生。

四、家庭暴力的危害

（一）家庭暴力使受暴者身心受到伤害，侵犯其合法权益

家庭暴力侵犯了家庭中的弱者，如妇女、儿童、老人、残疾人这一群体的合法权益和身心健康。据全国妇联组织的抽样调查，有16%的女性经历过配偶的殴打，另有5%和2.6%的女性有过被配偶精神伤害和性虐待的经历。未成年子女遭家庭暴力的现象虽然普遍存在，但却因受害人处于弱势地位和惧怕心理，众多被调查者在调查时往往不敢直言，许多真相未能显现，成为“隐蔽的社会问题”。

家庭暴力严重地危害未成年人的健康成长。很难想象，在一个充满暴力、恐惧和怨恨的家庭中，其家庭成员会是幸福快乐的。在这样的家庭中成长起来的未成年子女深受家庭暴力的影响，其生理、心灵上必然会受到较大的伤害，留下灰暗、痛苦的心理阴影。在他们成年后，大多数患有恐惧、焦虑、孤独、自卑、不相信他人等心理障碍。与此同时，这些人成年后，很可能成为新的家庭暴力的实施者，长此以往形成恶性循环，对个体、家庭以及社会都造成较大危害。

（二）家庭暴力严重危害了婚姻家庭的稳定

家庭暴力危害婚姻家庭稳定，对于感情基础牢固或不牢固的婚姻都有严重的破坏作用。在一些原本就不太稳定的婚姻关系中，一旦出现家庭暴力，夫妻感情就很可能更为疏远，最终导致婚外情、离婚的发生。暴力给家庭蒙上阴影，直接影响家庭的幸福、安宁，给家庭和社会的稳定埋下隐患。

（三）家庭暴力破坏社会的和谐稳定

家庭暴力绝不仅仅是单个家庭的内部问题，它会影响到整个社会的和谐稳定。家庭暴力侵犯家庭成员的合法权益，在一定条件下引发青少年和其他家庭成员违法犯罪，诱发家庭悲剧，妨害婚姻家庭关系的稳定和谐，对社会整体发展进步产生不良影响。

在对家庭暴力的研究中，有一个专有名词叫“受虐妇女综合征”，简单来说，就是长期受虐的妇女因不堪忍受长期的身心折磨，在忍无可忍的情况下伤害或者杀害施暴人。在存在受虐妇女综合征的家庭暴力中，家庭暴力一般会呈现出暴力

周期逐渐缩短、暴力程度逐渐加剧的规律。受虐妇女每受到一次来自配偶的暴力袭击，无助感就会愈加强烈，久而久之削弱了受虐妇女的意志，她们变得消极、被动，认为即使经过努力或反抗也不会或不可能取得任何有益的结果，无论如何都无法逃避暴力，即习得性无助。这种忍耐会一直持续，直到家庭暴力的严重程度远远超过了她们所能承受的范围，从而爆发以致对施暴者作出过激反应，她们会采取极端手段，如杀伤、杀害施暴人，以求摆脱暴力。有一些妇女生活在长期的暴力阴影之下无法解脱，绝望之中选择了“以暴抗暴”的极端方式。据调查，在某省女子监狱 1 000 多名服刑女犯中，有 100 多人因为杀夫入狱，其中一部分杀夫是因不堪忍受暴力的虐待而选择铤而走险的犯罪方式。

有少数未成年子女由于长期生活在暴力环境之中，选择了杀死父母的极端行为。如浙江省某学校一高中生怨恨母亲因对自己学习成绩不满而长期责怪打骂，手持榔头将亲生母亲杀死；贵州省一对双胞胎姐妹对家长长期打骂并多次将自己锁在家中不满，采用投毒的方法将父母双亲杀死。父母因教育方法简单粗暴，长期使用暴力，使未成年受害人不堪虐待而将家长杀死的犯罪案件举不胜举。还有部分未成年子女因对家长的暴力行为恐惧和憎恶而不敢或不愿回到家中，在社会中流浪，受不良行为的引导，最终导致违法犯罪的问题也比比皆是。这既是家庭的悲剧，也是导致社会不稳定的原因之一。

【知识窗】　受虐妇女综合征

“受虐妇女综合征”原来是一个社会心理学的名词。在北美成为一个法律概念是在 20 世纪 70 年代末 80 年代初。它在法律上被用来指长期受丈夫或男友暴力虐待的女性表现出的一种特殊的行为模式。它由暴力周期和习得性无助两个概念组成，最早由研究家庭暴力的先驱、美国临床法医心理学家雷诺尔·沃柯（Lenore Walker）博士提出。

暴力周期指婚姻或同居关系中暴力的周期性变化。它分为气氛日趋紧张、严重暴力和柔情与悔恨的爱三个阶段。第一阶段持续的时间较长，伴有经常性的轻微暴力。施暴丈夫不断冲受害人表现出莫名的敌意和愤怒。受虐妻子为了避免挨打，拼命设法迎合他的意思，满足他的任何不合理要求，逆来顺受。这种紧张气氛一直持续到第二阶段。此时，两人间的严重暴力频频发生。施暴丈夫的脾气完全失控，动辄将妻子往死里打。研究发现，这一阶段暴力的严重程度和失控的性质与第一阶段的暴力相比，不可同日而语。这一阶段严重暴力的发生与受虐妻子的行为根本没有关系，而只与施暴丈夫自己的心境和他在外面碰到的不顺心的事情有关。有时候，当受虐妻子意识到第二阶段的暴力不可避免时，甚至会有意识地提前“引爆”，以便赶紧过这一关而进入第三阶段。在第三阶段，两人重归于好，就像雨过天晴，温馨甜蜜。施暴丈夫真心地忏悔，给妻子买来鲜花或贵重礼品，或带她去饭店吃饭等，以求得原谅。他真诚地保证永远不会再伤害她。受虐的妻子愿意相信他，相信这一阶段的丈夫才是自己当初嫁的人。虽然妻子知道第三阶段的好日子很快会被第一阶段取代，但是这一阶段施暴丈夫表现出的爱和温柔，使妻子有了留下来继续与他共同生活的理由。另外，大多数受家庭暴力侵害的妻子都对婚姻抱有传统的观念，即爱情和婚姻要从一而终。她们往往情愿留在这种时好时坏的充满暴力的婚姻关系中，无望地企图帮助暴虐的丈夫改掉“坏毛病”。家庭暴力因而周而复始，不断循环，受虐妇女长期过着提心吊胆、担惊受怕的日子。

与受虐妇女综合征伴随出现的是受害者的习得性无助。这是沃柯博士为了解释受虐妇女不能主动终止暴力婚姻的原因而提出的。“习得性无助”一词最初来源于心理学家马丁·塞利格曼（Martin Seligman）在20世纪60年代的一次实验。塞利格曼将几条狗放在一只铁笼子里，每天不定时地电击铁笼子的各个部位。一开始，狗们在笼子里不断左右跳跃，试图躲避电击，但它们很快便发现无处可躲。狗们于是停止了积极的躲避行为，而改为采取尽量减少痛苦的方式（如受到电击时，就脸朝下趴在铁笼子里一动不动，以尽量减少痛苦）。狗们似乎明白了，与其无望地躲避，不如静静地忍受。沃柯博士认为，受虐妇女对家庭暴力的反应，与狗们在铁笼子里受到电击后处于无处可躲的状态中的反应是相似的。受虐妇女长期遭受暴力后，在心理上就会处于瘫痪状态，她们从无数次的挨打中“认识”到，她们无力阻止丈夫或男友对她们实施的暴力。每一次来自丈夫或男友的暴力，都使她们更清楚地“认识到”自己的无助。久而久之，她们在这种心理状态下变得越来越被动，越来越顺从，也越来越无助了。大多数关于受虐妇女综合征的研究，都着重描述和解释受虐妇女的这种无助感现象。

第二节 社会工作者介入家庭暴力的角色及指导原则

一、社会工作者介入家庭暴力的指导原则

社会工作专业价值观要贯穿于家庭暴力干预的全过程。

首先，要求社会工作者在介入过程中，不论受虐者有着什么样的经历、背景，都要对其给予足够的尊重，对受虐者平等相待并且在此基础上对受虐者的情况和处境具体问题具体分析，运用个别化的介入策略和方法对其进行帮助。鉴于绝大多数的家庭暴力受害者都是女性，社会工作者在介入的过程中，要特别留意，作为社会工作者，助人技巧固然重要，但更重要的是检视自己的性别意识，例如：是否尊重女性作为独立个体，突破从属关系；是否认为妇女有能力及潜质改变自己的命运；是否确认妇女有发展满足自己的需要；妇女是否有参与及决策权；社会工作者与救助者是否应保持尊重平等的关系；等等。

其次，要求社会工作者在工作过程中避免带入个人情感、经历、价值倾向，以非批判的、积极的换位思考接纳服务对象。受虐者是一个身心遭受伤害的弱势群体，社会工作者要了解受虐者的具体情况，理解其境况和遭遇，不进行价值上的判断甚至批判，在积极接纳的基础上提供帮助。

再次，要求社会工作者在介入过程中保护受虐者及其家庭的隐私和信息，在未经本人同意的情况下不得泄露。即使在为了与同事、其他机构及工作人员合作，需要分享信息的情况下，也必须事先征得案主同意，避免造成不良影响和伤害。

最后，社会工作者要协助案主认清个人和家庭的现状及造成目前问题的原因，帮助其寻找和获得解决问题的途径和资源，使其认识到选择不同的解决问题的途径可能的结果和面临的问题，相信案主在信息充足且理解充分的条件下可以做出最有利于自己的理性选择。

社会工作专业价值观要求社会工作者在介入过程中综合考虑，既注重协助受虐者解决面临的现实问题和困难，又致力于提高其自身能力和信心，促进和维护其合法权益，协助遭受家庭暴力的人员获得社会资源和支持，发掘其处理问题的潜能，培养其解决问题的能力和信心，使其能够依靠自己的力量解决问题并面对以后类似的问题或困境。

【知识窗】现代妇女基金会台南工作站家暴被害人处遇服务标准作业流程

项次	项目	内容	备注
1	服务对象	本基金会服务对象为，以下遭受家庭暴力之女性家庭成员及其未成年子女： 1. 配偶及前配偶 2. 现有或曾有同居关系 3. 男女朋友	承接台南市政府委办业务： 1. 家防中心转介之亲密关系暴力中的女性被害人（以下简称案主） 2. 个案来源以“与本会台南站相关方案施作行政区域”，也就是北区、安平区、南区为首，其余区域为次

续前表

项次	项目	内容	备注
2	开案标准	符合第 1 条所述之服务对象，且 1. 现居于本市、联系得上，并有受助意愿之被害人 2. 个案之需求符合本会服务范畴	一、案主有遭受家暴之实，符合下列任一情形，经委办单位评估开案完成相关紧急处遇服务： 1. 身体有明显伤害 2. 情绪忧郁或焦躁不安 3. 遭相对人于公开场合殴打或羞辱 4. 资源系统薄弱或是无法取得资源 5. 暴力发生频率达每月一次以上 6. 曾有通报记录或有再度受暴之虞 7. 有目睹家暴之儿童少年 8. 其他经评估有开案必要之情形 二、委办单位转介两周内（工作日）完成初访与处遇计划
3	服务内涵	1. 法律咨询 2. 陪同服务（出庭、侦讯、医疗） 3. 警政联系 4. 费用补助（医疗、诉讼、生活及租屋） 5. 咨询协谈 6. 情绪支持 7. 心理辅导 8. 资源提供 9. 就学就业辅导 10. 协助申请保护令 11. 转介成长团体 12. 转介目睹儿童团体 13. 其他转介服务 14. 其他 (1) 受暴史：第一次/最近一次/最严重一次之导因与因应方式 (2) 危险评估：施暴者特质、司法介入程度、权控关系	1. 依案主安全与需要，每案每月至少联系一次 2. 除案主无法取得联系或拒绝外，每案应有与被害人面对面会谈或家访之处遇 3. 请在第一次与案主联系时，讨论联系不上转语音信箱时留言与否 4. 确认案主及其未成年子女的人身安全，并告以相关安全计划 5. 明确告知社工身份角色、联络方式以及可提供的服务内涵 6. 教导案主非上班时间遇有紧急状况的求救方式与场所 7. 确认案主可以安全收信的地址，事后寄送相关服务信息

续前表

项次	项目	内容	备注
		(3) 生活风险评估：心理、子女、经济、法律、关系等 (4) 相关教育信息：暴力防治教育、性别意识、案主充权、暴力因应方式、安全计划、情绪疏解、压力管理、亲职功能 (5) 自我觉察：了解“怕什么”及对害怕之事的因应方式 (6) 能力提升：对未来可能性有计划的观察（检视互动中案主对暴力的纵容度）、测试（如失去怎么办？再发生怎么办?）与采取行动（冷静、暂时撤退） (7) 协助案主面对相对人：检视暴力与冲突的分野，得以谈判抗衡的条件；要求相对人提交改过承诺书（内容含情绪管理与愤怒处理）	8. 激发鼓舞案主自助意愿与负责的行动 9. 结束前给予祝福、加油等正向充权 10. 个案服务过程中，若有就业与经济需求，介绍参与支持性创就业各项训练与工作媒合；同时鼓励参与耕心园社团
4	结案标准	1. 已达个案处遇之目标 (1) 自开案后，六个月（含）以上未再受暴或暴力状况改善，案主已具因应暴力能力，且安全无虞 (2) 案主自我能力提升，且生活状况稳定，无自伤伤人之虞 (3) 案主所需资源均已联结，且具备解决问题能力 2. 个案服务过程中，衍生其他需求且非属本会处理之范畴，转介其他单位 3. 案主死亡或移民出国（案主家庭若有未成年子女，需进一步评估是否有高风险或儿童保护需求，并协助通报或转介）	第二款备注： 1. 经评估案主危机升高为紧急案件，转回家防中心进行紧急处遇 2. 经评估可提前结案之特殊个案，经与委办单位协商后，不以一定服务满六个月为限

续前表

项次	项目	内容	备注
		4. 案主迁离本市服务范畴，将案件转回市府进行转介 5. 连续一个月在不同日期、早中晚不同时段主动与案主联系三次，均联系未果（新移民配偶因考量换证或其他事宜需返国，排除在外） 6. 联系时遭案主明白拒绝或径挂电话（DA 八分以上之高危机个案除外，须待个研确定退出高危机，案主仍拒绝）	3. 经评估案主无实际处遇之需求，但须提供阶段性情绪支持及关怀案件，结案并转介参与耕心园社团
5	危机指标	案主有下列任一情形者，需立即评估紧急处遇： 1. 有立即性生命危险 2. 受暴伤势需住院治疗 3. 人身自由受控以致求助困难 4. 有危险之虞，包括： (1) 案主相信相对人可能会杀害他 (2) 相对人以致命方式（如勒、掐、按头入水等）伤害案主 (3) 相对人持武器或工具威胁案主或其他家庭成员 (4) 相对人暴力严重程度加剧 5. 相对人疑有精神疾病或药酒瘾，且未就医、未持续就医或稳定服药 6. 相对人或家属以孩子生命安全威胁	1. 经评估案主危机升高为紧急案件，转回家防中心进行相关紧急处遇 2. 案主或相对人有自杀意图或行为，立即通报自杀防治 3. 案主、相对人或家属以孩子生命安全威胁，立即通报儿童保护
6	信念价值	1. 行公义，好怜悯，谦卑与案主同行 2. 对妇幼保护的使命感，捍卫爱与公义的决心 3. 若觉得个性或想法不适合，就勇敢走开追寻所爱	

续前表

项次	项目	内容	备注
7	服务心态	靠近案主时敞开胸怀接纳，全心陪伴、倾听支持；送上赞美肯定与祝福，看着案主离开，在最短时间内写下服务记录，整理出下一次处遇方向后，献上祝福祷告就全然放下，直到下一次的接触	
8	社工角色	二要： 1. 资源整合者：要媒合与统整案主所需资源信息，确认案主听懂 2. 鼓舞激励者：要鼓舞案主改善动机，并激励案主行动、使用资源一不：不挺身而出，代案主解决问题；至多是陪同（情绪支持）与解说（确认听懂）	
9	工作方式	一、用优势观点看自己与个案： 1. 相信每个人均有能力学习、成长与改变 2. 焦点放在每个人的优点而非病理 3. 案主是助人关系中的指导者，更是他个人问题解决的专家 4. 关系建立是基本且必要的 5. 外展访视是较佳的处遇方法 6. 社区是资源提供的绿洲 二、充权策略： 1. 由下而上的决策、行动、反馈 2. 平等的权力关系 3. 对话的非命令式互动 4. 互为主体的行动者互动关系	
10	服务评估架构	一、检视： （一）个人——心理、生活能力是否成长 （二）社会——网络及支持是否扩充 （三）制度——是否提供参与决策机会 （四）政治——是否有助于政策倡导与集体充权 二、指标： （一）个人—— 1. 自我觉察 2. 能力改变 3. 正向态度的建立 （二）社会—— 1. 支持网络的建立 2. 信息与资源的获取 （三）制度—— 1. 参与决策 2. 拥有决定权与选择权 （四）政治—— 1. 政策倡导 2. 社会制度或结构的改变	

续前表

项次	项目	内容	备注
11	工作原则	开案服务后每案至少提供一次面对面会谈，地点优先级为 1. 工作站 2. 案主家庭或案主工作场所 3. 以案主方便为考量的第三地	
12	工具	每案均需阶段性施测 DA 量表、ESSA 量表、风险评估与安全计划拟定服务清单	
13	记录	一、个案记录要点（附件一） 二、个案记录附件 1. DA 量表（附表一） 2. ESSA 量表（附表二） 3. 风险评估与安全计划拟定服务清单（附表三） 4. 资源清单（附表四）	
14	准备工作	最坏的打算： 1. 被拒绝： 尽可能抓住机会，告知自我保护方式，争取安全寄送相关资料供参的机会 2. 案主说没空： 体恤她的辛劳，提醒她注意身体健康，好好照顾自己，告诉她很是挂念，很想跟她聊聊天，不知道什么时候比较合适（请她提供合宜的几个时段） 3. 相对人或陌生人接到电话： 以“卫生局乳癌、子宫颈癌防治倡导电访”、“依据时势所需（如选举）捏造的媒体市调员”为由表明身份，请其转接 注：40 岁以上每三年健保给付免费健检一次 4. 家访时相对人在家： （1）告知自己是受政府委托前来关心的社工，想了解案主及其家庭的状况，倾听接纳两造的情绪、同理相对人的感受，但明确表示不赞同相对人以暴力处理夫妻冲突的立场；同时告知我们受托的内容是服务案主，并提供相对人男性关怀专线 （2）家访前确认相对人行踪，尽量避免相对人在家时访视 5. 案主想放弃努力或低潮重现回到原点： 先让案主发泄情绪，同理她的处境与难处，帮助案主回想自己曾经有的动力来源，鼓励案主大家都很关心，不要让亲者痛仇者快；再努力一下，状况只会改善不会更苦 6. 相对人恐吓： （1）尽可能录音影以保护自己 （2）提高警觉，注意自己的安全，倾听心声，体恤同理他的难处，告知动粗（不管是肢体还是精神）是违法的家暴行为，奉劝他采取正向沟通或找人协谈，我们的出现是依法行事，目的在终止暴力，也希望可以多少协助案主家庭，提醒他冷静以免违法，妨害公务反倒对他不好 最好的准备： （1）电话访谈技巧（附件二） （2）面对面会谈技巧（附件三） （3）多采用面质技巧，协助案主澄清思绪，自行找到答案	

续前表

项次	项目	内容	备注
15	安全访视	1. 外展访视登记（日期、时间、地点、对象、预定返回时间） 2. 访视结束后马上打电话回办公室报平安 3. 预定返回时间仍未联系，由安全联络人追踪确认安全 4. 设定危险暗号密语 5. 携带公文包（内含紧急简易拨码的公用手机、录音笔、警报器、瓦斯喷雾器、相机、相关法规、倡导单张） 6. 自备茶水杯，尽量不饮用案主家庭提供的饮料	
16	备注	家防中心转案至本会，由主任评估派案后，由接案社工联系一线主责社工，转主责给接案社工，同时开阅览与编辑权限给主任	

二、社会工作者在家庭暴力干预中的角色：个案管理者

社会工作者的角色是指社会工作者作为现代社会职业的承担者所应扮演的角色，是他们在社会服务过程中所应有的行为模式，主要包括基本角色和间接服务角色。基本角色包括服务提供者、支持者、倡导者；间接服务角色包括管理者、资源争取者、政策影响人、研究者。

社会工作常用的方法包括个案社会工作、小组社会工作、社区社会工作、社会政策、社会行政等直接和间接的工作方法。在运用社会工作方法介入家庭暴力的时候，我们发现，以单一的社会工作方法介入复杂的案例时效果往往受到限制。在实践中，由于家庭暴力问题的复杂性，常常需要同时运用多种社会工作方法去处理问题和提供服务，因此，需要整合多方面资源，综合运用社会工作各种方法，形成社会工作综合模式。

社会工作综合模式是根据案主的需要，同时使用社会工作的多种方法，社会工作者同时担负不同角色和使命，综合运用个案工作方法、小组工作方法和社区工作方法，结合儿童—青少年社会工作、妇女社会工作、老年人社会工作、矫正社会工作、社会救助社会工作、家庭社会工作、社会倡导和政策建议等多种理论和具体方法，介入家庭暴力干预。运用个案工作和小组工作方法，让施暴者、受虐者、家暴目睹者参与到工作坊中，以角色互换方式，体验家庭暴力对家庭成员的伤害，达成反思、检讨、矫治其暴力行为之目的。运用社区工作方法，动员社区参与，整合社会资源，给受虐者提供住所、心理辅导、经济支持、法律依据和子女照顾等。运用社会政策和社会行政方法，通过问卷调查、研究报告、宣传倡导、提交反家暴议案、提案等方式，以改变社会观念为起点来达到立法倡导的目的。

家庭暴力案件的本质决定了案主不仅是受暴者个人而已，往往还有子女和施暴者，以及个人与家庭的社会人际网络中的其他重要成员，案主所面对的问题既包括与法律诉讼相关的离婚、保护令和子女监护权，与医疗相关的验伤和治疗，

人身安全的庇护和安置，经济生活的协助或补助，心理创伤的慰藉和抚平，也要学会重建社会参与（包括就业或进修）、安排休闲生活、连接社会人际网络和有效运用社会资源等，最终达成自尊的恢复和自我主体性的建立。在这一过程中，社会工作者、政府行政部门、心理咨询师及公安司法人员、医护及复健人员等需要通过跨专业领域、组织单位、服务项目、社会资源等的整合联结与协调合作，来为案主提供综合的个案管理服务。

社会工作者在多机构合作反对家庭暴力的实践中，要整合运用社会工作的各种方法，承担着包括服务提供者、支持者、倡导者、管理者、协调者、资源争取者、政策影响人、研究者等多种角色。这就决定了社会工作者必须具备广泛的知识和技能，如正确预估案主及其家庭的问题和需求，熟知社区中的各种服务机构及其所开展的服务项目，熟练掌握与人沟通和协调的方法和技巧等，目的是整合社区资源，使案主利益最大化。社会工作者要以案主为中心，通过整合、协调社会服务资源，构建一个有多种服务项目、能够进行持续介入的整体性的服务方案，为案主提供专业化的、持续性的和个别化的服务。社会工作者需要根据案主的身心状况，评估其问题和需求，然后整合、协调资源，并决定对案主的服务项目，以保证案主在最不受限制的环境中接受服务。也就是说，社会工作者要以个案管理者的身份，运用整合社会工作方法为案主提供服务。

【知识窗】

深圳鹏星家庭暴力防护中心

2009年11月25日是“国际消除对妇女暴力日”，深圳市鹏星社会工作服务社的反家暴社工援助项目正式启动，该项目由深圳市福彩公益金资助，是国内首个民间反家暴社工援助项目。2010年5月6日正式注册成立家庭暴力防护中心，项目由短期服务向长期、持续的服务转变。项目还建立了深圳市鹏星家庭暴力防护中心网站，面向全国提供网络咨询、家暴新闻、家暴知识、研究成果、成功案例、法律法规、图片视频等相关内容的服务。该项目建立了反家暴三级干预机制：第一级别，预防宣导工作。面向所有社会人士开展反家暴知识及理念的宣传教育服务，并对深圳市家庭暴力的现状、需求进行调查研究，以便更有针对性地开展服务。第二级别，初级干预——危机因子的介入。主要面向在家庭关系、亲密关系等方面有困扰的人士以及实际遭受家暴的人士，通过开展各种知识讲座、小组活动、个案面谈、工作坊、网络咨询、电话咨询等形式进行服务。第三级别，危机干预。为受家庭暴力影响的人士提供危机干预服务，主动接触和关怀有需要者和受害家庭，为其提供长期个案跟进咨询服务，协助受虐者自我认识和成长，建立新的相处模式，协助施虐者自我认识和成长，建立以非暴力形式解决问题的模式，为有需要的人士提供法律援助服务。

第三节 家庭暴力的社会工作介入方法与策略

社会工作介入家庭暴力，我们首先要从社会工作的专业理念出发，深入了解家庭暴力的具体情况，分析问题产生的主要原因。下面我们主要从社会工作的几大方法来谈社会工作对家庭暴力的介入，并简要介绍一下社会工作介入的基本步骤。

一、社会工作介入家庭暴力的方法

（一）个案工作法对家庭暴力的介入

在家庭暴力辅导中，社会工作者要结合案件的实际情况和案主的需求及期望，从以下方面开展工作：

首先，与家庭暴力受助者建立良好的专业关系。社会工作者要以诚恳的态度倾听案主的述说，帮助案主分析当前所面临的处境，并对问题的严峻性有一个基本的认识。在这一过程中，注意以民主的方式探讨解决问题的方法。

其次，进行心理辅导和创伤愈合，拓展案主的能力、资源和潜力。在防治家庭暴力中，无论是施暴者还是受害者，都需要接受心理辅导和创伤治疗。

再次，教导案主个人权利的观念，提升自我价值感和应对暴力的技巧，鼓励他们拿起法律的武器、争取社会资源来保护自己的权益，学会正确地反抗暴力和自我保护的技巧。

最后，协助解决家庭暴力问题，根除产生家庭暴力的源泉。社会工作者针对家庭暴力的起因进行辅导，协助解决家庭的实际问题，从而争取最终解决家庭暴力问题。

案例 10—1

一妇女到派出所报告说，丈夫喝酒打儿子，派出所民警接到报案后立即到现场，见其丈夫和儿子正在楼下“对峙”。现场调解无效，民警将他们一家三口带到了派出所谈话调解，但父子互不相让，无法沟通，一直到夜里两点多。其丈夫回家后，对受害妇女找警察表示不满，一夜唠叨不停。第二天中午，其丈夫让受害妇女给他买香烟，遭到拒绝后便动手打人，用扳手打在了受害妇女的头上。后来，据受害妇女自己讲：当时多亏了自己用棉被护住头，否则就没命了。家中的用具也被其丈夫砸得一片狼藉。第二天，受害妇女在其亲人陪同下，头裹纱布到居委会反映情况。居委会把此事及时上报街道妇联，妇联当天接待了受害妇女，了解当时的具体情况，帮助其分析矛盾的根源。当得知受害妇女已经向法庭提出离婚时，妇联及时与社会工作者联系，安排社会工作者与她见面，并进行了干预。

1. 情绪排解

受害妇女开始见到我们时，先是在悲伤中保持沉默，待我们表达了对她的关心和安慰时，她哭了，开始诉说自己的受暴经过。

2. 了解受害妇女的想法和意愿

经过与受害妇女的详谈，我们发现，尽管受害妇女的离婚意愿很坚决，但对于离婚的准备不足。我们尝试与受害妇女一起分析如果她打算离婚，她有何准备，如孩子的抚养、教育，自己今后的生活支持等一些现实的问题。这位受害妇女在冷静思考后，清楚地表达了当时她的希望和具体的困难。她希望抚养孩子，但由于目前下岗无经济收入，家中又无积蓄，对于今后怎么生活，她表现出了犹豫。

3. 尝试深入了解受害妇女的社会支持网络资源情况

首先，我们和受害妇女探讨了她与丈夫的感情，发现她和丈夫之间还存在感情，尤其在丈夫对她与其家人的关系方面还是满意的。她与公公婆婆的关系还好，公公也支持她，她受伤后还是她的公公带她去医院疗伤的。丈夫也是孝子。其次，经过交谈，我们发现受害妇女目前还没有资源能够支持她找到一份工作，如果离开丈夫，她的生活会马上陷入困境。就她目前的情况，在孩子的抚养问题上她恐怕难以实现自己的愿望。

4. 鉴于受害妇女目前的处境，我们协助她作出了对未来生活的计划

经过上述一番探讨，受害妇女逐渐理清了自己的思路，最后向我们提出希望能够帮助她请求法庭延期开庭。①

(二) 小组工作法对家庭暴力的介入

小组工作可以从两个方面介入到家庭暴力中，一是对实施暴力行为的人群进行介入，二是对受虐者进行介入。

针对受虐者的小组工作主要是在社会工作者的协助下，通过小组成员之间有目的的互动互助，建立支持小组来解决问题。小组的目标是让有相同或类似经历的人彼此交流，舒缓情绪和心理压力，提供情感上的相互支持，通过集体行动，共同争取权益，以达到解决问题的目的。同时还可以把受虐者聚集在一起，让他们在小组中获得尊重、关心和帮助，使他们觉得自己并没有被别人歧视，从而重新找回自信，走出家庭暴力带给他们的阴影。在小组活动中，受虐者可以分享一些与人交往的技巧，从而提高他们与人交往的水平，在小组中尽情地展现自己的优点和独特的地方，获得支持和自信。小组的建立为受虐者提供了一个温暖、可以相互信任的平台，社会工作者及组员之间的无条件的接纳和关怀会鼓励受虐者

① 朱东武、齐小玉：《城市社区多机构干预家庭暴力的实践》，111～112页，北京，中国社会科学出版社，2011。

彼此交流类似的经历，宣泄负面情绪，使心理压力得到缓解。在小组当中获得的情感上的支持降低了受虐者的孤独感和无助感，使其对小组产生归属感并增强了自信心，同时，小组当中任何一个成员的成长都会对其他人产生激励作用。

对于家庭暴力的问题，小组工作本身便具有独特的治疗功能，主要表现在以下几个方面：（1）灌注希望。希望，令组员继续留在小组中接受辅导，对自己的改变有信心，组员对小组有期望，就能投入。（2）一般性。即“大家同坐一条船”和“不仅仅是我经历这种困难”的感觉，灾难痛苦一起分享，在心理上是一种解脱。（3）现实验证。小组是社会的缩影，同时为组员提供一个安全温暖的环境，组员会放下防卫，很自然地真诚相处，个人的问题亦会浮现，小组成为组员现实验证的适当场所，令其逐渐改变行为。（4）利他主义。组员不仅满足自己的需要，而且在帮助别人的过程中体现自己的价值，增强自信心。（5）情绪发泄。它是小组的重要功能，是建立小组凝聚力的基本要素。（6）基本家庭群体的重新定位。小组为组员提供机会察看自己在家庭中的定位，以及与其他家庭成员的关系。（7）知识的传授。（8）仿效行为。示范是一个帮助组员改变和成长的途径。（9）发展社交技巧。通过小组的互动，组员不但能看清楚自己的社交情况，还可学习基于对他人的信任和关爱所发展出来的有效沟通和融洽共处的方法。比如对那些遭受家庭暴力的妇女而言，小组工作方法使遭遇相似经历的妇女有坐同一条船的感觉，形成一种相互支持；妇女在小组中可畅谈个人想法，学习新的行为，培养新的自我形象。①

【知识窗】　**受虐妇女支持小组的主要设计**

宣泄情绪：通过各种途径让小组成员宣泄她们的不满和委屈，比如设立宣泄室，里面设有沙袋、扩音器等，让她们在里面尽情地发泄自己。

提升社会性别意识：开展“我能，我行”的社会活动，让小组成员多参加一些公益性活动，使其在活动中提升自己的价值意识，树立“女人也是半边天”的信念。

信心重建：开展小组活动，让小组成员摒弃忍让、无奈和无助感，学会讲道理和沟通，重建自信，相信自己能够处理好家庭暴力问题，尽量减少自己所受的伤害，以良好的心情迎接明天。

建立受虐妇女自助网络：通过小组活动，小组成员了解了家庭暴力的成因和危害，明白了妇女是主要受害者，学会了自助的措施，小组成员可以组成一个支持网络，一旦某个成员遭到家庭暴力，可以向其他成员打电话求救。

---

① 参见荣维毅、宋美娅主编：《反对针对妇女的家庭暴力——中国的理论与实践》，222页，北京，中国社会科学出版社，2002。

> **你怎么看**
>
> 如何打破"男性＝施虐者，女性＝受虐者"的二元对立框架去理解亲密关系中的暴力？

小组工作可以把一些施暴人群聚集在一起，采用治疗模式、互动模式等帮助他们把自己的真实想法表达出来，让他们在一起谈一下自己发生这些偏差行为时的内心想法。大家在一起共同寻找出产生施暴行为的原因以及克服这些问题的办法。在小组活动的过程中，通常小组的规范能够对组员的行为起到很好的制约作用，在某种程度上能够预防和制止一些家庭暴力的发生。在对施暴者成立小组时要注意一些策略的使用，比如：社会工作者在小组成立初期，要强调家庭暴力是对受害者的不尊重，并且侵犯了家庭成员的人身权利；在社会工作者的参与下，开展各种活动让小组成员从经历中学习，学会从不同的角度看问题，让施暴者学会控制自己的情绪、尊重其他家庭成员。

> **【知识窗】 施暴者成长小组**
>
> 小组活动的主要内容包括协助组员回忆曾经有过的家庭幸福时光，了解家庭暴力的定义、形式、发生原因及规律，认识自己的暴力行为给家人和自己带来的伤害，学习如何用尊重性的行为对待配偶、家人，树立构建自己美好家庭生活的信心。在小组活动中，运用自画像、经验分享、站立场、辩论、讲解、做作业等手法协助小组组员思考，教他们一些夫妻沟通的技巧、表达感受的语言和方式等。同时，男性社会工作者还可以站在男性立场与小组组员探讨男性在传统文化限制下的艰难处境，也从女性的视角向组员表达女性的感受和希望。①

（三）社区工作法对家庭暴力的介入

社区社会工作介入家庭暴力，主要是运用社会工作专业理念和方法协调受虐者与施虐者、受虐者与环境的互动关系，增加受虐者个人及环境资源，实现资源搭配，使社会介入各部门在社区层面上互相联系，相辅相成，综合、调动社区资源，不断创新资源，建立一个关怀互助的社区环境；矫正施虐者对施虐行为的错误认知，使之改变态度，变革观念、重塑行为；对目睹暴力的儿童，要缓解其恐惧情绪，并教导其对暴力行为有正确认知。

既然家庭暴力不是家庭的"私事"，而是社会的公害，那么，反家庭暴力就是全社会的共同职责。正是从这个角度看，以社区为依托，完善社会救助体系，充分

---

① 朱东武、齐小玉：《城市社区多机构干预家庭暴力的实践》，115～116页，北京，中国社会科学出版社，2011。

发挥社区作用，建立多部门的干预机制，比如将社区中的公安、司法、医院、妇联、中介组织及其他部门联合起来，共同推动全社区对家庭暴力问题的认识，形成合力来反对家庭暴力，就显得十分重要了。具体可以从以下几个方面展开：

（1）在社区建立多机构合作的工作网络。以社区为依托，建立社区的多部门的干预机制，如将社区中的公安、医院、妇联、中介组织及其他部门联合起来，共同推动全社区对家庭暴力问题的认识与干预，营造反对家庭暴力的社区氛围，消除社区中家庭暴力的发生。

（2）社会工作者进驻社区，并在社区建立及时制止、处理家庭暴力的工作机制。社会工作者在社区中建立家庭暴力调解委员会及咨询援助机构，以此向受虐者提供心理和法律支持，从而使受虐妇女免于再次受到伤害。有资料显示，13.4%的女性在经历10次以下的暴力侵害后，就会向法律和社会求救，但绝大多数女性则要经历21次以上的暴力侵害，才会求助于外界的支持。社会工作者可以帮助案主分析权利关系，促使其意识到“两性权利的不平等是导致问题产生的根源”，从而达致案主意识醒觉的不断提升，帮助其相信改变的能力在于自己，以协助她们产生自我概念、重要感及能力感，并鼓励她们为维护自己的人身权利，敢于向外界（如亲友、基层调解组织、妇女组织及庇护所等）求助。

（3）开展针对社区内不同人群的培训，进行多种形式的宣传。可以采用以下宣传方式：利用布告栏形式，登载有关反家庭暴力的内容；印发宣传小册子；定期召开一些家庭座谈会，以了解社区内的家庭暴力情况及开展宣传教育；聘请一些有闲暇时间并愿意发挥余热的社区积极分子，加入到家庭暴力防范的活动中；由社会工作者组建社区反家庭暴力的工作网络，并在社区中针对不同人群包括社区领导、干部、一般群众、受暴者、施暴者等，开展参与式的各种培训；等等。

（4）建立社区庇护所，向受虐者提供紧急援助。政府在社区中出资建立反家庭暴力的临时避难所，并向受虐者提供免费的食宿、法律及心理咨询等一系列的服务，由此促使受虐者脱离暴力环境，获得生活和心理上的支持。同时，在可能的情况下，庇护所也向有暴力倾向的男士提供相应的服务，并对施暴者进行劝告、调解，必要时还可以提起诉讼，以寻求法律的支持等。[①]

案例 10—2

2002年下半年，C社区发生了一件家庭暴力事件。W先生下班回到家里，晚饭后夫妻俩开始为孩子的学习问题争吵。小W是某职业中学的学生，因经常打架、学习不好等原因，老师经常找家长，这天老师又找到小W的母亲，要求小W转学，为此W先生与妻子发生了激烈的争吵，双方相互指责对方没有尽到

① 李晓凤、杜妍智：《家庭暴力中受虐妇女的社会工作介入模式探究》，载《中国社工时报》，2010-11-16。

责任，加上W先生喝了酒，争吵不断升级，最终导致暴力发生，W先生将妻子的脑袋都打出血了。小W打110报了警，又打电话给自己的大姨。很快，派出所的值班警察到达现场，W先生妻子的姐姐因住在相邻的楼里也来到现场，警察请妻子的姐姐带妻子去医院看病并一直陪着妹妹，把W先生带到派出所进行教育、做笔录，也为了让他清醒清醒。等到四个小时后，大概下半夜两点多，W先生写了不再殴打妻子的保证，警察认为夫妻俩继续发生暴力的可能性没有了，才让W先生回家。第二天一早，值班警察把情况用电话告诉了社区居委会主任，居委会主任立即与妇代会主任一起到W先生家进行家访，了解情况，做工作，对狼藉一片还未收拾的房间一一拍照。居委会在做工作的同时，向街道多机构干预家庭暴力网络领导小组、街道妇联进行汇报。应社区多机构的邀请，专业社会工作者也进行了介入，一起同W先生妻子谈话，进行心理咨询。了解到W先生妻子已经在姐姐的支持下向法院提出了离婚起诉，但是对离婚意味着什么并不了解，对离婚后的生活没有任何打算，经过谈话，她挺后悔起诉离婚。但第二天法院就要开庭审理。为此，街道领导小组同法庭家庭暴力案件审理小组进行沟通。由于法院已经向W先生发出传票，因此只是做了一个简单的问话，对W先生进行教育，在W先生表示不再施暴后，妻子撤诉了。在接下来的与双方及孩子的谈话中，妇联了解到这起家庭暴力事件发生的原因与孩子在学校学习不好、夫妻双方管教孩子方法不同有关系。妇联一方面请社会工作者继续对夫妻俩和孩子进行心理辅导；另一方面又与孩子所在学校联系，学校也加入到对这一事件的处理中。

（四）心理咨询与治疗在家庭暴力中的应用

在对家庭暴力的介入过程中，心理咨询也可以发挥重要的作用。

我们可以对施暴者进行心理矫治。首先要区分施暴者的不同类型，这里主要是讨论由于低自尊，缺乏安全感，从自我防御而转向对外攻击的这一类施暴者。通常是先与其建立良好的沟通关系，耐心地倾听其诉说，真诚地关注其内心的深层需求，对于其不安全感、无力感和无助感给予同理和共情，帮助其宣泄郁结在内心的负面心理能量。接着，对其实施赋权增能，帮助其增强自信心，克服自卑心理，重新建立起安全感。同时，与其一起分析使用暴力的危害和将承担的后果，鼓励其寻求解决问题的正确途径和方法。另外，还要从其原生家庭和其成长经历中，去探究暴力行为与其不良性格形成的关系。心理学的依附理论认为，在童年期，如果儿童没有与父母亲建立起良好的依附关系，得不到应有的关爱，就会产生焦虑、愤怒、悲伤、冷酷等负面情绪，这种负面情绪会持续到成人期，形成不安全型的依附模式，直接影响到日后他们对亲密关系的处理方式。男人对最亲密的家人施暴，其深层的原因是不安全的依附特质造成的，他们无法与最爱的人建立起信任关系和亲密关系，无法拥有稳定的情绪与控制能力。心理矫治的形式有个案治疗，具体方法有家庭系统疗法、现实疗法和催眠疗法等，也可以采取小组治疗的形式。

针对施暴者，我们要构建起对施暴者的心理干预机制。美国和中国台湾地区的经验是，一旦发生家庭暴力并经过法院判决确认后，施暴者将被迫定期接受“团体心理辅导”，辅导老师由专门的心理专家和社会工作者组成，他们将一定数量的施暴者集中起来形成一个团体，通过团体成员之间互相交流和观照来实现施暴者的悔过和进步。定期辅导可以折抵刑期，尤其是判决一年以下的监禁等轻刑。

心理咨询同样也要针对受害者来展开。这既包括未成年人，也包括成年的受害者。家庭暴力受害者在长期的暴力环境中，形成了抑郁、恐惧、焦虑等负面情绪，这同样需要引起救助者的关注，适当的时候应当转介给专业的心理咨询师，接受专业的帮助。另外，我们要特别关注遭受或目睹家庭暴力的未成年人，社会工作者要辅助心理咨询师对已遭受家庭暴力的青少年进行心理疏导，帮助他们缓解创伤后遗症（见表10—1）。

表10—1　　不同阶段未成年人目睹家庭暴力后的创伤反应

阶段	创伤反应
婴儿	过度警戒和夸张的惊吓反应、发展上的退化、偏执的行为、身体的不规律（deregulation）、做噩梦等。
幼童 （3～5岁）	会出现较多的行为问题与一些退缩的逃避症状。出现强烈的依附现象，无法单独进行活动和发展社交技巧。
学龄期儿童	退化行为（如大小便无法控制、无法沟通等）、社交发展受限、过度焦虑、过度警戒（hypervigilance）、身心障碍过度集中（impaired concentration）在某一方面的自动化唤起状态（autonomic hyperarousal）干扰学习能力、强迫式防卫、攻击行为等。
青少年	反社会行为、常重演威胁生命的事件。

（五）家庭治疗在家庭暴力中的应用

家庭治疗理论认为家庭是一个系统，而暴力关系是家庭系统的产品，是夫妻互动的结果，而不仅仅是个人行为。虐妻的原因在于婚姻关系本身的失调。施暴者、受虐者的性格特点以及特定的环境因素等，构成了整个家庭系统运作的要素和机制。家庭治疗或婚姻治疗被推崇为最合适的解决方法，治疗的目的是在婚姻关系中创建一种更加健康的互动机制，使失调的婚姻系统得到调整。解决家庭暴力问题需要家庭中所有成员的参与，功能健全的家庭为家庭暴力问题的治疗提供了良好的环境。发生家庭暴力的原因很大程度上是施暴者的个人原因，通过成功的个人整合以及自我实现，个人能力就会自然浮现，自己就能够发现和利用解决问题的资源，自己成为自己的决策者，解决自己的问题。比如在萨提亚模式下，社会工作者的角色主要是解释者、示范者和引导者，而不是主导者。社会工作者通过解释，让案主和家庭了解他们中间所存在的沟通问题，通过表里不一的沟通形式向他们展示诚实和直接的沟通方式，引导他们学习改变、彼此建立更好的关系。对待家庭暴力这样的敏感问题，社会工作者引导家庭成员自己认识到问题、自己寻求改变而不是外部主导，能够起到更好的效果。

案例 10—3

作为一个典型的中产家庭，张家有着稳定而丰厚的收入来源，在香港拥有有一间舒适的复合式公寓。张先生和张太太两人都是专业人士，结婚近二十年，夫妻关系和谐，育有一儿一女，大女儿张玫 17 岁，小儿子张廷 15 岁，都是一家顶级的国际学校的学生。张玫是学校的尖子生，目前正在积极准备大学考试。张廷曾经也是一名优秀的学生。但是两年前开始，这个和谐的家庭发现他们的家庭生活有所变化。张廷开始旷课、逃学，整日把自己锁在房间里，日夜颠倒地玩网络游戏，每天睡觉的时间只有上午的几个小时。他也开始减少自己的社会交往，不再参与任何家庭活动，除非必要，否则不和父母有任何沟通，甚至不再与父母姐姐一同吃饭。一次张廷在与张先生争吵之后动手打了父亲，造成张先生左手骨折，精神状况也变得不好。而在这一事件之后，情形变得更加严重。事隔不久，张太太因为关心儿子的状况，去敲张廷的房门，结果儿子开门之后便是对母亲一顿拳脚，张太太吓得逃到了自己的房间，反锁房门，却不知道如何是好。当张先生、张太太准备报警时，他们的朋友却警告他们，这样做便会毁了儿子的前途，他们只好放弃求助。在整个家庭暴力的事件过程中，张家女儿张玫一直使自己远离风暴的中心，专心于学习，甚至在目睹了她的母亲遭她弟弟毒打的全过程之后无动于衷。张先生和张太太对他们所经历的孩子的暴力一方面感到无比羞愧，不知道该不该将这件事情公之于众；另一方面也很困惑，不知道该向谁求助。他们只好带孩子去看精神科医生，希望医生能够帮助儿子处理情绪问题。然而结果是，他们接连见了很多专业人士，没有一个可以帮助他们改变现状。最后，他们只好转而寻求家庭治疗师的帮助。①

（六）社会政策层面对家庭暴力的介入

1. 立法层面：反家庭暴力专门法的制定

制定反对家庭暴力的专门立法，为反对家庭暴力提供法律依据。通过制定法律，为受害者提供更多的救济方法，确保遭遇家庭暴力损害的受害人能够得到充分的法律保护。在美国，对于家庭暴力的定性以及对受害妇女的法律保护相对比

① 葛丽莎、马丽庄：《忤逆——香港青少年对父母施暴现象及临床干预模式的探讨》，载《青年探索》，2012（3）。

较完善，美国人认为，家庭暴力不仅是犯罪行为，而且是侵犯人权的行为。美国宪法的13条修正案，也规定禁止非自愿奴役的存在。美国法院阻止家庭暴力的最主要途径是民事保护令，通过该程序，受到家庭迫害的妇女可以得到保护。施暴者除了违反民事保护令可能被起诉外，也可能因为其攻击行为和施暴行为而直接受到逮捕和起诉，这也是美国数次法制改革的结果。美国已经有14个州颁布了专项的反家庭暴力法。英国在1994年就已经颁布了《反家庭暴力法》。瑞典、韩国、新加坡等国家对家庭暴力也有专项的立法。我国台湾地区在1998年制定了关于家庭暴力防治的有关规定，香港地区目前也有《家庭及同居关系暴力条例》。我国于2015年12月27日正式公布了《中华人民共和国反家庭暴力法》，作为首部防止家庭暴力的专门法，该法将反家暴作为全社会的共同责任，并创新了家暴处置的新机制，如告诫、人身安全保护令、撤销监护人资格等。这部法律在我国的反家暴历史上可以说具有里程碑的意义。

2. 司法层面：司法制度的完善

在完善有关立法的同时，对完善相关的司法执行制度也必须给予高度重视。从某种意义上说，完善的司法比完善的立法更重要。就司法部门来说，公安机关是名副其实的第一道防线，明确公安机关担负对家庭暴力的司法控制的主要职能至关重要。公众对公安机关制止家庭暴力的期望值也在不断上升。因此，公安机关应从多方面入手，提高处理家庭暴力的能力。在目前已经公布的《反家庭暴力法》中，已明确要求司法机关、妇女联合会等应当将反家庭暴力工作纳入本系统的业务培训和统计工作。同时，也对相关司法机关的职责做了明确的规定。

3. 社会层面：充分利用社会资源

要着手建立一套完善有效的社会支援系统，多方面预防、控制家庭暴力的发生。从当前我国的情况来看，内地的社会救助体系目前还存在较大的不足，虽然在对受害者提供支持与救助方面取得了一定的效果，且在政府牵头下建立起了一些庇护中心等救助站，但其实际发挥的作用与人们的理想相差尚远，政府机关、医疗机构、基层社区、妇联和社会组织等机构之间对防治家暴工作缺乏灵活畅通的沟通渠道，而每个组织的救助力量又有限，各自为政，既增加了各个组织的救助压力和成本，救助力度和救助实施也不理想。我们可以参考借鉴其他国家或地区的经验。如美国的警察与社会工作者构成了“社区为本”模式，在家庭暴力出现时，由社会工作者了解评估并形成书面报告，作为警察或法庭行使执法权或审判权的重要依据。加拿大法律规定了“医生、护士、精神病医生、社会工作者、教师等有对家庭暴力进行报告的义务”。英国则设立了“家庭暴力注册簿”，将施暴者记录在案，方便日后处理重犯时翻阅，及供一些用人单位作为评估应聘者诚信的参考指标，通过多方协作、多角度的预防以及处治，严格控制家庭暴力的发生。

【知识窗】 国外家暴防治工作的模式

1. 美国

针对严重的家庭暴力现象，美国社会采取了积极的行动。为了有效地干预家庭暴力，美国政府进行了大量的宣传，如1995年10月的“警惕家庭暴力月”，每年拨款3.9亿美元用于司法部的反对家庭暴力项目，为地方政府和非官方机构提供指导和资金上的支持，发行“停止家庭暴力”邮票，建立“家庭司法中心”，为家庭暴力的受害者提供司法援助，扩大社区和社会团体防止家庭暴力、为受害者提供咨询和其他服务的范围。经过30多年的探索与研究，美国总结出“社区为本”的反家庭暴力模式。所谓“社区为本”的反家庭暴力，就是整合社区内的政府力量与非政府力量，充分挖掘社区内资源，预防和控制社区内的家庭暴力。工作重点包括：警察的配合；妇女权利的倡导；司法单位的参与；社会服务的介入，包括在社区成立庇护中心、以社区为基础的社会支持系统、教育团体及就业训练机构等。在“社区为本”的反家庭暴力模式中，美国警察开始从传统的、持消极处理态度的调解者角色向现代的、持积极处理态度的执法者和社区服务者角色转变。

2. 英国

英国反家庭暴力立法及司法制度在防控家庭暴力违法犯罪方面起着重要作用。多年来，英国出台了一系列涉及家庭暴力的法律，如《1976年家庭暴力和婚姻诉讼法》、《1978年家庭暴力与治安法院法》、《1983年婚姻家庭法》、《1994年刑事和公共秩序法》、《1996年住房法》、《1996年家庭法》、《1997年保护免受骚扰法》、《1998年人权法》等。其中，《1996年家庭法》的第四部分对以前的民事法律作了许多必要的修改，明确规定在发生家庭暴力的情况下，受害人可向法院申请两种判令：一是禁止骚扰令，二是驱逐令，并可实施逮捕。刑事司法制度在预防和反对家庭暴力方面起着重要作用。地方和全国性的注意力已集中于鼓励更多的妇女从警察和司法制度中寻求帮助以及促进该制度在她们需要时能为她们及其子女提供更好的帮助。在英格兰，43支警察队伍全部都制定了关于家庭暴力的政策，有的还成立了专门的反家庭暴力小组，或者设置反家庭暴力的联络官员。在实践中，英国有关机构、组织和热心人士围绕着家庭暴力的预防、援助、救治三个环节进行了坚持不懈的努力，形成了不少值得借鉴和推广的经验。通过零忍耐运动，反对家庭暴力得到了民众和政府极大的支持。另外，英国妇女救助联合会的社会救济服务（在家庭和社区中支持遭受家庭暴力“生还者”而做出的各种反应）也举足轻重，包括提供容易接近和性质灵活的服务点，介绍可以为妇女提供的服务和提供后续接触机会；社会可以向处于家庭暴力情境中的妇女提供支持、信息和建议；从事家庭暴力救济的工作人员或志愿人员可以帮助这些妇女与其他机构或组织进行沟通。同时，英国还建立了多机构合作的反家庭暴力的运作机制。这些机构包括警察局、法院、住房部门、社会服务部门、社区法律服务部门、医疗单位、检察机关、律师所、妇女援助机构、议员及志愿团体等。所有相关机构必须团结协作，形成反家庭暴力的合力，遇到任何类型的家庭暴力事件，都要在工作上配合一致，以减少受害人求助成本，改变以往受害人四处投诉、求助无门、相关机构推诿不管的做法。任何一个机构都是一个工作接触点，一旦接到受害人的求助，即应以积极负责的态度开展工作，并主动与其他相关机构建立联系，即使受害人尚未求助，也可进行相应的工作。整个工作的运行，在对施暴者采取措施的同时，要把受害人的需要放在第一位，对受害人提供更有针对性的照顾。

建立受暴者庇护中心也是当前在面对家庭暴力时我们亟须做的一件事情。受暴者需要有一个安全的空间，在危急的时刻得到庇护，在安全的环境里休养身心，暂时脱离受暴环境，接受专业人员的辅导，冷静反省婚姻历程，分析自身处境以及选择今后的道路。庇护制度的建立，应有相配套的社会资源跟进。虽然目前很多地方都成立了家庭暴力庇护中心，但是这些短期的庇护中心毕竟无法保障受暴者长期的生活。对于经济困难的受暴者，尤其是对没有经济来源的女性而言，独自或带着子女离家，早期生活的压力非常大。

二、社会工作介入家庭暴力的基本策略①

（一）与服务对象一起行动

首先，帮助服务对象认识和运用现有资源。许多服务对象的问题是与服务对象缺乏所需资源相关的，在这种情况下，使服务对象运用现有资源就成为恰当的介入策略。其次，对服务对象进行危机干预、危机调适。当服务对象处于危机中，帮助其尽量将危机的时间缩短、减轻危机的严重影响的危机干预是最有效的介入策略。最后，运用活动帮助服务对象。通过活动可以更好地帮助不善于语言表达的服务对象，可以帮助服务对象增强自信、发展能力。例如，对刚刚发生的家庭暴力进行紧急介入，制止家庭暴力继续，帮助家庭暴力受害者到医院就诊，对家庭暴力受害者进行心理抚慰，对家庭暴力当事人进行咨询辅导，帮助他们改变行为等。

---

① 朱东武、齐小玉：《城市社区多机构干预家庭暴力的实践》，48页，北京，中国社会科学出版社，2011。

（二）代表服务对象采取相关的策略

第一，争取有影响力的人士参与工作，共同为实现社会工作目标而努力。第二，协调各种服务资源与系统，将它们联结起来，以达到服务的。第三，发展、创新资源，满足服务对象的需要。第四，改变服务对象所处的环境，从而达到服务的目标。第五，改变组织与机构，以更好地为服务对象服务。第六，集体倡导。通过倡导为服务对象争取所需的资源，改变社会不公正的现象，促进社会公平公正。例如，呼吁全社会关注家庭暴力问题，呼吁政府出台救助家庭暴力受害者的政策等。

复习思考题

1. 家庭暴力有哪些类型？产生家庭暴力的原因有哪些？
2. 社会工作介入家庭暴力的原则是什么？
3. 社会工作介入家庭暴力的策略有哪些？

推荐阅读书目

1. 陈敏．呐喊：中国女性反家庭暴力报告．北京：人民出版社，2007.

2. 张亚林，曹玉萍，主编．家庭暴力现状及干预．北京：人民卫生出版社，2011.

3. 李洪涛，齐小玉，编著．远离家庭暴力 共享美好生活．北京：中国社会科学出版社，2004.

4. 张李玺，刘梦，主编．中国家庭暴力研究．北京：中国社会科学出版社，2004.

5. ［美］Alan Kemp. 家庭暴力．台北：洪叶文化事业有限公司，1999.

参考文献

［美］Alan Kemp. 家庭暴力．台北：洪叶文化事业有限公司，1999.

［美］Barry Cournoyer. 社会工作技巧手册．上海：华东理工大学出版社，2008.

［美］Christina E. Newhill. 案主暴力与社会工作实务．台北：心理出版社股份有限公司，2007.

［美］Donald Collins，等．家庭社会工作．2版．台北：洪叶文化事业有限公司，2009.

［美］Frederic G. Reamer. 社会工作价值与伦理．台北：洪叶文化事业有限公司，2009.

［美］Irene Goldenberg，Herbert Goldenberg. 家庭治疗概论．6版．西安：陕西师范大学出版社，2005.

［美］J·罗斯·埃什尔曼．家庭导论．北京：中国社会科学出版社，1991.

［美］Kris Kissman，Jo Ann Allen. 开创生机——单亲家庭权能增强社会工作．台北：亚太图书出版社，1999.

［英］Lena Dominelli. 女性主义社会工作——理论与实务．上海：华东理工大学出版社，2007.

［美］Michael P. Nichols，Richard C. Schwartz. 家族治疗概论．台北：洪叶文化事业有限公司，2002.

［美］Michael P. Nichols，Richard C. Schwartz. 家庭治疗基础．2版．北京：中国轻工业出版社，2005.

［美］阿黛尔·法伯，伊莱恩·玛兹丽施．如何说孩子才会听 怎么听孩子才肯说．修订版．北京：中央编译出版社，2012.

［英］安东尼·吉登斯．社会学．4版．北京：北京大学出版社，2003.

［美］大卫·诺克斯，卡洛琳·沙赫特．情爱关系中的选择——婚姻家庭社会学入门．9版．北京：北京大学出版社，2009.

［美］萨尔瓦多·米纽庆．家庭与家庭治疗．北京：商务印书馆，2009.

［美］维吉尼亚·萨提亚，等．萨提亚家庭治疗模式．北京：世界图书出版公司，2007.

[美] 维吉尼亚·萨提亚．新家庭如何塑造人．北京：世界图书出版公司，2006.

陈敏．呐喊：中国女性反家庭暴力报告．北京：人民出版社，2007.

陈新欣．“当代中国婚姻与家庭研讨会”综述．浙江学刊，1995（2）.

程继东，张丽．婚外恋心理咨询的临床研究．中国行为医学科学，2002（3）.

邓伟志，徐新．家庭社会学导论．上海：上海大学出版社，2006.

费孝通．乡土中国　生育制度．北京：北京大学出版社，1998.

葛丽莎，马丽庄．忤逆——香港青少年对父母施暴现象及临床干预模式的探讨．青年探索，2012（3）.

何式凝，主编．中国社会工作案例．上海：格致出版社，2008.

黄维宪，等．社会个案工作．台北：五南图书出版公司，2009.

李彩娜，赵然，编著．家庭治疗．北京：中国轻工业出版社，2009.

李洪涛，齐小玉，编著．远离家庭暴力 共享美好生活．北京：中国社会科学出版社，2004.

李晓凤，杜妍智．家庭暴力中受虐妇女的社会工作介入模式探究．中国社工时报，2010-11-16.

李中莹．亲子关系全面技巧．北京：现代出版社，2008.

刘梦，陈丽云，主编．小组工作手册：女性成长之路．北京：中国人民大学出版社，2004.

陆士桢，王芳，陈颖，编著．中国儿童社会工作实务案例精选．上海：华东理工大学出版社，2010.

梅陈玉婵，等．老年社会工作．上海：格致出版社，2009.

穆光中．挑战孤独：空巢家庭．石家庄：河北人民出版社，2002.

彭怀真．婚姻与家庭．台北：巨流图书公司，1996.

荣维毅，宋美娅，主编．反对针对妇女的家庭暴力——中国的理论与实践．北京：中国社会科学出版社，2002.

宋林飞，朱力，主编．社会工作概论．修订版．南京：南京大学出版社，2002.

仝利民，编著．老年社会工作．上海：华东理工大学出版社，2006.

王成彪，林红，编著．家庭心理学．北京：开明出版社，2012.

王世军．坚强与无奈——单亲家庭．石家庄：河北人民出版社，2002.

王思斌，主编．社会工作概论．2 版．北京：高等教育出版社，2006.

马伊里，吴铎，主编．社会工作案例精选．上海：华东理工大学出版社，2007.

香港·社会服务发展研究中心．家庭社会工作实务手册．广州：中山大学出版社，2013.

谢秀芬．家庭与家庭服务——家庭整体为中心的福利服务之研究．台北：五南图书出版公司，1997.

徐安琪．夫妻伙伴关系：中国城乡的异同及其原因．中国人口科学，1998（4）.

徐安琪，主编．世纪之交中国人的爱情和婚姻．北京：中国社会科学出版社，1997.

于晶利，刘丽艳，编著．家庭社会工作实务．上海：上海人民出版社，2012.

张李玺，刘梦，主编．中国家庭暴力研究．北京：中国社会科学出版社，2004.

张莉萍．亲子关系促进工作坊——家庭社会工作的示范．华东理工大学学报：社会科学版，2006（1）.

张文霞，朱冬亮．家庭社会工作．北京：社会科学文献出版社，2005.

张亚林，曹玉萍，主编．家庭暴力现状及干预．北京：人民卫生出版社，2011.

周月清．家庭社会工作：理论与方法．台北：五南图书出版公司，2001.

朱东武，齐小玉．城市社区多机构干预家庭暴力的实践．北京：中国社会科学出版社，2011.

朱东武，朱眉华，主编．家庭社会工作．北京：高等教育出版社，2011.

朱眉华．家庭社会工作实务//中国社会工作协会，组编．中国社会工作发展报告（1988～2008）．北京：社会科学文献出版社，2009.

朱佩兰．安老与社会工作．香港：香港中文大学出版社，2000.

朱强．家庭社会学．武汉：华中科技大学出版社，2012.

Bloomquist，M. L. Skills training for children with behavior disorders：A parent and therapist guidebook. New York：Guilford Press，1996.

Collins，D.，Jordan，C.，Coleman，H. An introduction to family social work. 3rd edition. UK：Cengage Learning，2009.

Collins，D.，Jordan，C.，Coleman，H. An introduction to family social work. Belmont：Brooks/Cole，Thomson Learning，1999.

Constable，R. Social work with families：Content and process. Chicago：Loyola University，2004.

Egan，G. The skilled helper：Models，skills and methods for effective helping. Pacific Grove，C. A.：Books/Cole，1994.

Ginott，H. Between parent and children. New York：Three Rivers Press，2003.

Rooney，R. H. Strategies for work with involuntary clients. New York：Columbia University Press，1992.

Wikler，L. Chronic stresses of families of mentally retarded children. Family Relations，30，1981：281－288.

图书在版编目（CIP）数据

家庭社会工作/张翠娥主编．—北京：中国人民大学出版社，2016.3
21世纪中国高校社会工作专业系列教材
ISBN 978-7-300-22630-9

Ⅰ.①家… Ⅱ.①张… Ⅲ.①家庭问题－社会工作－高等学校－教材 Ⅳ.①C913.11

中国版本图书馆CIP数据核字（2016）第046695号

21世纪中国高校社会工作专业系列教材
家庭社会工作
主　编　张翠娥
副主编　孔海娥　钟　华
Jiating Shehui Gongzuo

出版发行	中国人民大学出版社		
社　　址	北京中关村大街31号	**邮政编码**	100080
电　　话	010－62511242（总编室）		010－62511770（质管部）
	010－82501766（邮购部）		010－62514148（门市部）
	010－62515195（发行公司）		010－62515275（盗版举报）
网　　址	http://www.crup.com.cn		
经　　销	新华书店		
印　　刷	北京市鑫霸印务有限公司		
规　　格	185 mm×260 mm　16开本	**版　　次**	2016年4月第1版
印　　张	14.75 插页 1	**印　　次**	2020年1月第4次印刷
字　　数	288 000	**定　　价**	28.00元

关联课程教材推荐

书号	书名	作者	定价
978-7-300-22333-9	小组工作	万江红	32.00 元
978-7-300-22246-2	社会管理	周长城	28.00 元
978-7-300-22448-0	社会工作实务（第二版）	库少雄	48.00 元

配套教学资源支持

尊敬的老师：

衷心感谢您选择使用人大版教材！

秉承“出教材学术精品，育人文社科英才”的出版理念，我社为教材打造配套教学资源，帮助老师拓展教学思路，革新教学方式。相关的配套教学资源，请到人文分社网站（www.crup.com.cn/rw）下载，或是随时与我们联系，我们将向您免费提供。联系人信息：

地址：北京海淀区中关村大街 31 号 211 室　　龚洪训 收　　邮编：100080

电子邮件：gonghx@crup.com.cn　电话：010-62515637　QQ：6130616/195761402

欢迎您随时反馈教材使用过程中的疑问、修订建议等，让我们与教材共成长。建议一经采纳，即有好书奉送。

如有相关教材的选题计划，也欢迎您与我们联系，我们将竭诚为您服务！

选题联系人：	电子邮件：	电话：
潘　宇	pany@crup.com.cn	010-62515634
宋义平	songyp@crup.com.cn	010-62511866

俯仰天地　心系人文

www.crup.com.cn/rw

中国人民大学出版社　人文分社网站

欢迎登录浏览，了解图书信息，下载教学资源